本书出版得到教育部人文社科规划课题［编号13YZA840037］与华东政法大学社会发展学院的资助。

东村往事

1930~1970

郑卫东 著

中国社会科学出版社

图书在版编目(CIP)数据

东村往事：1930～1970／郑卫东著．—北京：中国社会科学出版社，2015.12
ISBN 978－7－5161－7457－9

Ⅰ.①东…　Ⅱ.①郑…　Ⅲ.①乡村—地方史—日照市—1930～1970
Ⅳ.①K295.25

中国版本图书馆 CIP 数据核字(2015)第 309573 号

出 版 人　赵剑英
责任编辑　孙铁楠
责任校对　邓晓春
责任印制　张雪娇

出　　版　中国社会科学出版社
社　　址　北京鼓楼西大街甲 158 号
邮　　编　100720
网　　址　http://www.csspw.cn
发 行 部　010－84083685
门 市 部　010－84029450
经　　销　新华书店及其他书店

印　　刷　北京君升印刷有限公司
装　　订　廊坊市广阳区广增装订厂
版　　次　2015 年 12 月第 1 版
印　　次　2015 年 12 月第 1 次印刷

开　　本　710×1000　1/16
印　　张　15
插　　页　2
字　　数　254 千字
定　　价　56.00 元

前　言

20 世纪前半叶的中国乡村社会生活状况对于70 年代出生的我来说已经相当陌生，更遑论“80 后”“90 后”，乃至“00 后”的青少年。其实，比较而言，这段时间距离我们并不久远，产生如此隔膜的原因，主要有二：其一，对中国来说，20 世纪是满盛动荡、变革与革命的世纪，整个社会发生了翻天覆地的变化，这种变化深入到个体的思维模式，国家的治理结构，乃至人与自然的关系，确实是几千年未有之大变局。再加上近现代以来的中国社会追崇改革创新，新生事物层出不穷，令人应接不暇。人们在热情追逐新事物的同时，“旧”事物乃至“旧”的生活方式或被抛弃，或被遗失，或被灭失。其二，中国现当代史的书写模式缺乏底层的叙事视角，历史教科书呈现的主要是重大的历史事件、显赫的政治、历史人物，广大的底层民众依然是“沉默”的大多数。宏大叙事式的史学缺少对底层民众丰富多彩生活的关注，以至于接受如此史学教育成长起来的人们对现、当代史的了解缺乏全面性和丰满度。因此，当我们回望20 世纪前半叶的中国社会生活状况的时候发现，本应熟悉的生活场景生疏了，本应连续的文化传统出现了裂痕。

人类社会的变迁自有其来路。不了解过去，就难以知晓现在，更无法预测未来。近在咫尺的历史不应被过早地遗忘，我们需要重识已经生疏的生活场景，弥补文化传统中的裂痕。这既是做好当下社会治理、改革创新等实务工作的客观需要，也是当代社会学人不可推卸的历史责任。而帮助我们了解20 世纪前半叶中国社会生活状况的最有效的、最直接的途径是采集经历了那些年代的人们的历史记忆。这些生活记忆对于今天的人们来说，具有无可估量、不可替代的价值。正是出于上述认识，近些年来，一些社会学、人类学、历史学、政治学等学科的学者开始把目光转向底层民众的日常生活，“通过社会调查等手段，从民间社会的点点碎影中补充这历史的残缺，从社会下层发掘足以反映历史变动的轨迹，以最大限度地接近历史的真相”[①]，人们“自觉走向田野，铢积寸累个人化的口述题材”[②]，“重新创造那些过去一直被人们所遗忘的历史”。本书的分析资料主要是对东村[③]年长者的访谈记录，对他们生活记忆追问的时间跨度集中于20世纪30年代至80年代。

东村是一个普通的鲁东南村庄，历史上没有出过显赫的科举人士，也没有真正的地主，在20世纪二三十年代最富裕的家庭不过是拥有三十多市亩良田的富农。抗战时期，这里是根据地前沿游击区。在记录20世纪大事记的地方县志或市志中，除了全县土改复查大会于1947年在东村召开并被记入《日照市志》之外，东村发生的故事没有在当地的史志上留下任何痕迹。就是这样一个不起眼的村庄，却不妨碍它成为我们的调研对象，因为我们就是要看普通村庄的普通人在历史的洪流中经历了什么？在他们的人生中发生了哪些事件或故事？这些事件或故事如何影响了他们的人生？他们又是如何看待这些事件的？等等。这些来自社会最底层的声音更能反映当时民众的日常生活状态，能够从细节上还原历史的原貌。本书中的口述资料尽量保持访谈原话，包括语序、情绪与口吻，因为笔者体会到，最有价值的学术信息可能恰恰隐藏在受访者无意流出的只言片语中，乡土语言的用词及词汇顺序中都蕴藏着信息，句末的一个语调变化可能使整句话变为反意。作为研究者对此不能不察，读者阅读时也需要把受访者的话语放入整个对话语境中去理解和体会。在书中，对于容易产生歧义的方言表达，会通过页下注释的形式予以说明。

笔者在2004—2009年间多次前往故乡山东东村开展田野调查（部分调查工作由南京大学博士学位候选人钟霞同学协助），前后总计整理出逾50万字的口述史资料。根据这些田野调查数据，已经出版《村落社会变迁与生育文化：山东东村调查》[④]《集体化与东邵疃村经济社会变迁》[⑤]两本专著。但是笔者认为，还有很多有价值的信息蕴藏在资料中间尚未得

---

① 陈支平：《历史学的困惑》，中华书局2004年版，第104—105页。

② 杨念群等：《新史学（上卷）序言》，中国人民大学出版社2003年版，第7—8页。

③ 遵循学术惯例，书中东村及周边村庄的村名、东村所属镇名、被访者姓名，以及其他可能涉及调研对象隐私的人名、地名等均已做处理。

④ 郑卫东：《村落社会变迁与生育文化：山东东村调查》，上海人民出版社2007年版。

⑤ 钟霞：《集体化与东邵疃村经济社会变迁》，合肥工业大学出版社2007年版。

到有效挖掘，特别是研究中自己的一些困惑及学术问题，有待继续深入思考，如：（1）为什么20世纪30年代初的东村村民放着“安生日子”不过，加入中国共产党？（2）20世纪30年代国民党治下的山东县治处于一种什么样的秩序状态？（3）在20世纪三四十年代，中共如何在乡村组织动员村民参加革命活动？（4）20世纪三四十年代的村落经济、社会、治理结构如何？（5）日寇铁蹄下的村落生活是何种样态？村民持有哪些“抗战”记忆？（6）作为一个“穷汉村”，东村的土改工作是如何开展的？（7）土改复查时扫地出门的决定是如何做出的？其间发生了哪些冲突？（8）新中国成立前后的乡村社会生活状况如何？（9）合作化运动如何在村级层面展开？（10）“大跃进”运动如何在村级层面展开？（11）“大跃进”时期村民的具体生产、生活如何？（12）集体化对中国村落社会变迁产生了哪些影响？等等。本书所呈现的内容会帮助我们思考上述问题的答案。

关于口述史资料的特点，有必要做些交代。口述历史（Oral History）这个学术词语，是美国哥伦比亚大学教授亚伦·内文斯（Allan Nevins）在1938年创意发明的。不过，内文斯的贡献仅在于发明了这个词汇，现代口述史则是从20世纪50年代初的美国发端。到80年代，口述史学在美国已经受到空前的重视。[①] 经过50多年的发展，美国的口述史学已经成为“人皆用之法，因为它广泛地应用于社会学、文学、民族学、灾难学、人类学、新闻学、种族学、艺术和医学等社会和自然科学领域，在推动跨学科研究中起到了非常重要的作用”[②]。“口述史学因其在认识上的直接性、真实性、具体性，在叙事上的生动性和感人性及在表现形式的灵活性等特点，使读者可以更直接和深切地体会、感悟和理解历史，从而使其产生吸引读者的独特魅力。”[③]“读者所以喜欢口述历史，除了独特的学术取向和历史眼光之外，很重要的一点，恐怕还在于读者从这些口述历史中发现了被以往那些历史记载忽略或掩盖了的鲜活的史实……口述者的个人身份使得他们可以不必根据既定的结论剪裁史实，从而能给读者提供更多的了解历史的视角，有助于人们刷新历史的成见，填补历史记载的空白和

---

① 傅光明：《口述史：历史、价值与方法》，《甘肃社会科学》2008年第1期。

② 杨祥银：《当代美国的口述史学》，载王俊义、丁冬主编《口述历史》（第一辑），中国社会科学出版社2003年版，第276页。

③ 徐国利：《关于中国抗日战争口述史研究的几个问题》，《抗日战争研究》2006年第3期。

盲点。"[①] 社会学研究口述史资料，"不同于历史学的研究，社会学的路径试图将个人的口述史与宏大的社会结构变迁结合起来，'从普通人的日常生活中构建历史'。"[②] 而且，郭于华认为，"口述史研究的要务并非'粘合历史的碎片'、'填补历史的空白'或'治疗充满病患的历史'。底层生活的口述史不是为正统的文字史、精英史拾遗补缺。口述历史的任务在于以不同的立场，倾听无声的底层发出的声音，记录普通生命的'苦难'历程，书写从未被书写过的生存与反抗的历史。"[③] 口述史资料的这些优点无疑是我们对其青睐有加的主要原因。当然，我们对社会史的关注归根结底源自现实的需求。意大利著名历史学家贝奈戴托·克罗齐曾经说过，"只有现在生活中的兴趣方能使人去研究过去的事实。因此，这种过去的事实只要和现在生活的一种兴趣打成一片，它就不是针对一种过去的兴趣而是针对一种现在的兴趣的。"[④] 对当下新农村建设方向的思考以及乡村治理的诸多现实问题，均需要我们回望传统，把中国乡村的过去、当下与未来这条线连接起来，如此才能做到知所来、晓所往，使中国乡村建设少走弯路、歧路。本书关注 20 世纪早、中期的中国乡村社会生活状况，目的是了解现当代中国农民的生活状态，理解他们的处世规则、意义归属系统等，总结中国乡村社会变迁的内在路径，为有效治理当下的中国乡村获取思想、理论、方法及经验的资源。

保尔·汤普逊曾经热情地指出，"口述史凭着人们记忆里丰富得惊人的经验，为我们提供了一个描述时代根本变革的工具。"[⑤] 在充分肯定口述史的工具价值之外，我们亦需直面学界对口述史的批评。"回忆无论多么明确、生动，都受了事后经历的影响，可能由于受其他方面（特别是宣传媒介）的影响而使回忆变得不纯；可能因人们的怀旧情绪使回忆带有感情色彩或因童年不幸的遭遇一直深藏心底而使回忆变形""既使认为口述证据是真实而未受影响的，仅用它来整理过去仍然是不够的，因为历

---

① 解玺璋:《势头强劲受青睐 忽然火了"口述史"》,《北京青年报》2003 年 10 月 9 日。

② 郭于华:《作为历史见证的受苦人的讲述》,《社会学研究》2008 年第 1 期。

③ 同上。

④ ［意］贝奈戴托·克罗齐:《历史学的理论与实际》,［英］道格拉斯·安斯利（英译）,傅任敢译，商务印书馆 1982 年版，第 2 页。

⑤ ［英］保尔·汤普逊:《过去的声音——口述史》，转引自徐雁斌《浅论口述史的发展与特色》,《国外社会科学》1993 年第 4 期。

史事实并不是个人经历的总和”。[1]“对口述者而言，的确存在一个记忆如何运作以及是否可靠的问题。他们在回忆的过程中，无论主观上是多么趋向于再现历史真实，但在客观上，受记忆规律的制约、受个人情绪、情感以及后来经历的影响，回忆在很大程度上存在着残缺、变形的可能性。此外，我们甚至不能排除这样一种情形的出现，即口述者根本就无意于提供真实的历史记忆。”[2]

如何面对口述资料的真实性问题，学界提出了两种思路：其一，“除了要尽可能多地搜集口述史料而不是依据一个传闻、一次个人谈话，还应该同文字史料和实物史料结合起来相互印证，才能较有效地克服口述史料本身的局限性。”[3] 其二，陈春声提出了另外一种思路：“在是否更接近事实真相的意义上争论口述资料和本地人记述的学术价值，是没有价值的。研究者的责任不在于指出传说中的事实的对错，而是要通过对百姓的历史记忆的解读，了解这些记忆所反映的现实的社会关系是如何在很长的历史过程中积淀和形成的。正是在这个意义上，口述资料和本地人的记述，可能更深刻地反映了乡村历史的事实和内在脉络。”[4]“口述史的价值不仅在于再现历史真实，还在于重构历史意识。不仅在于描述历史，还在于解释历史。不仅在于佐证与补充旧有的书面文献资料，还在于发掘新史料。基于此，我们可以从社会心理学和人类学的角度，寻找处理记忆偏差的有效方法，分析产生记忆偏差的原因，解释此记忆偏差背后所揭示的历史意识，使主观非真实转化为客观真实。”[5] 我们的田野调查既注重多元资料的收集与相互佐证，也注意对同一事件的多主体回忆的比对，方便读者从中寻觅记忆偏差产生原因的踪迹。

以重识20世纪上半叶中国社会状况为目的的口述史工作具有紧迫性、抢救性的特点。[6] 随着当事人因年事已高而自然逝去，他们的生活记忆亦

---

① ［英］约翰·托什：《口述的历史》，《史学理论》1987年第4期。

② 王艳勤：《中国口述史学的历史、现状与未来》，《史林》2004年增刊。

③ 沈固朝：《与人民共写历史——西方口述史的发展特点及对我们的启发》，《史学理论研究》1995年第2期。

④ 陈春声：《乡村的故事与国家的历史——以樟林为例兼论传统乡村社会研究的方法问题》，载黄宗智主编《中国乡村研究》（第二辑），商务印书馆2003年版，第31—32页。

⑤ 王艳勤：《中国口述史学的历史、现状与未来》，《史林》2004年增刊。

⑥ 沈固朝：《与人民共写历史——西方口述史的发展特点及对我们的启发》，《史学理论研究》1995年第2期。

随之消失，使得弥补“生疏”与“断裂”的努力越发困难。在笔者结束东村调查之后不到十年的时间里，当年70岁以上的受访者中有7位已经离开人世，在当年60多岁的受访者中也有6位已去世。这更让笔者认识到当年田野调查资料的弥足珍贵，坚定了把这批资料整理分析出版的决心。衷心感谢东村父老乡亲给予我们调查的支持，感谢日照市档案馆的热情接待，感谢日照史志办王宜峰同志给予的关心和帮助，感谢丁权军、丁权布、丁权后、丁佩银、丁佩源等的突出贡献，感谢钟霞同学的一起调查及专业帮助。本书出版受惠于教育部人文社科规划课题（编号13YZA840037）、上海市哲学社会科学规划课题（编号2014BSH003）、上海市教委科研创新重点项目（编号14ZS144），以及华东政法大学社会发展学院的资助，一并致谢。

目　录

一　村落概况

（一）东村地理、人文状况

东村现行政隶属山东省日照市东港区 H 镇①。

日照市地处东经 118°35′—119°39’，北纬 35°04′—36°02′，在山东半岛南翼，东临黄海与日本、韩国隔海相望，西接沂蒙老区临沂，南与江苏省赣榆县接壤，北与青岛市、潍坊市毗邻。至 2013 年底，日照市辖东港区、岚山区、莒县、五莲县、日照经济开发区、山海天旅游度假区，共 11 个街道、4 个乡、40 个镇、1782 个村，总面积 5359 平方千米，人口 290.13 万人。在 1985 年之前，日照县隶属于临沂地区。1985 年国务院批准日照县升级为县级市，1989 年正式成为地级市。②

日照市属暖温带湿润季风区大陆性气候，四季分明，雨热同季。受海洋的调节，与同纬度内陆相比，夏无酷暑，冬无严寒。春季干旱少雨，风多回暖迟；夏季湿热，降水集中，易成涝；秋季凉爽温差大，晚秋旱；冬季干燥无严寒，雨雪稀少；构成了春旱、夏涝、晚秋又旱，旱涝不均的气候特点。日照市年平均气温为 12.6℃，全市年平均降水量为 868.5 毫米。年平均无霜期为 213 天，市内受季风气候影响，降水量年际和季节变化大。旱年出现概率为 29.6%，成为主要自然灾害之一。旱灾特点是发生频繁，持续时间长、范围大、危害重。

在历史上，日照人杰地灵，英才辈出。古有姜尚［子牙］、吕母、刘勰、焦竑等；近有 1905 年加入同盟会的山东分会主盟人丁惟汾，山东倒

---

① H 镇地处日照市东港区西南部，陆域总面积 125 平方千米，辖 61 个村，总人口 5.9 万，是山东省政府确定的“小城镇建设中心镇”。

② 1985 年 3 月 22 日，国务院批复日照县与临沂行署石臼港办事处合并成立日照市（县级市），5 月 1 日正式对外办公。1989 年 6 月 12 日，国务院批准日照市升为地级市。

袁护国军司令薄子明，五三惨案烈士尹景伊，同李大钊一起被军阀绞死的革命党人郑培明，还有诺贝尔物理奖获得者丁肇中等。

东村位于日照市区西15千米处，交通方便，村前有日十公路与市区相接，坐汽车到城区单程约需半个小时，沿日十公路西行2.5千米即是镇政府驻地。该村东西长1.5千米，南北长8千米，村境面积12平方千米，呈长方形。村庄北依丘陵，南临河溪，面南背北，规划齐整。村前的曲河，平时潺潺，雨季大量洪水从西部山区奔涌而下，是原日照县境内最大河流傅疃河的支流。1975年日照发生特大洪灾，倒塌房屋若干，村庄被迫从原来日十公路南面整体搬迁到现在的日十公路北200米地势较高处，并做村庄的整体规划。原居北岭的自然聚落也迁至新村居住。庄前至曲河间约有旱涝保收田500亩，主要用于菜园、种桑和蔬菜大棚。曲河南岸是地势陡高的丘陵山地，称作南岭，再往南就是横亘东西、海拔220米的南山。东村村后有两条道路通向北方，一条是通向村后丘陵农田的生产通道，一条是与北岭后皋陆村相连的村间马路。村后丘陵地主要是黄壤土，土质较差，易旱涝。为了浇水抗旱，集体化以来先后在村北两条沟壑上修建了6座小型水库（按一般标准只能算作塘坝），现在基本能解决一般旱情时农田之需。

2004年东村有251户，730口人，以丁姓居民为主，约占总户数与总人口的70%，第二大姓为赵姓，是集体化时期从皋陆三村搬来，约占总户数的15%；其他还有张、李、毛、刘等姓，户数很少。在集体化以前，丁姓家族按祖先埋葬的地点，分为李家林、狄子林、东北洼、东北大场子、东老林5个支股。现在村民相处融洽，家族观念较强。

在1980年以前，村里只有一条土公路，每天有一班途径该村从南麻去日照的客车，村民往返村与县城，主要靠步行，约需1.5个小时。当时村边的集市不多，最近的是村北2千米外的皋陆村集，往东距离将帅沟集8千米，往西距离马庄集6千米，往南距离范家村集9千米。现在随着新集市的兴起，这里形成村周围约2千米半径内的5天轮回制的集市群，其中有往东距离1.5千米的山字河集，往西距离2.5千米的H镇集［镇政府驻地］，往北距离2千米的皋陆村集，往西北距离2.5千米的陈家沟集，马庄集算是远的了。

自20世纪90年代后期，村组织开始在日十公路北边批建居民楼盘，现已建成并入住的有11栋沿路边一字排开的二层居民楼。

（二）行政沿革

东村的前身叫作丁家疃。1950年根据原来村中一条南北向的主干道，把丁家疃划分为东、西两个行政村。主干道以西部分和南岭自然村组成西村；以东部分与西北岭、北岭、东岭三个自然村组成东村，各自然村的位置没有变化，各户土地随各户走。至此，东村正式成为一个行政村。

丁家疃的前身叫作邵村。邵村的由来，据村碑记载，此处先有邵姓居住，人称邵家场。明朝万历年间（1573—1620年），邵姓他迁，丁姓徙此居住建村，改名为丁家疃。东村的建制最早可以追溯到明代。明代，日照县以下实行乡、隅、里、甲制，乡设乡约，隅设隅头，里设里正［也称里长］，甲设甲首。据1590年（明万历十八年）《日照县志》记载，全县分4个乡、8个隅、92个里。丁家疃属于观兰乡尚义一隅丁家疃里。清乾隆年间，改为乡、社制，据1758年（乾隆二十三年）《青州府志》载，全县分1个镇、5个店、4个乡、84个社。清朝末年，实行乡、社、村制。据1885年（光绪十一年）《日照县志》载，全县分关厢［城关］、东乡、南乡、西乡、北乡，共辖81个社。丁家疃属于西乡［旧名观兰乡］丁家疃社，"丁家疃社领15个村"[①]。为便于钱粮征收，乡下设牌，每乡分4个牌，牌设牌头，每牌辖4至6个社不等，全县共分16个牌。丁家疃属于西乡西上一牌。1912年（民国元年）县地方自治筹办处将全县划为15个区，每区设议事会，丁家疃属于皋陆区。这时，原有乡、社仍旧保存。1931年（民国二十年），将15个区并为7个区，共辖162个乡、19个镇、1083个村。丁家疃属于第7区。区被正式作为县政府的派出机关，设立区公所，置区长1人，下设财粮助理员、文教助理员等各1人，区丁数人。乡、镇建立乡、镇公所，设乡、镇长各1人，乡丁数人。村实行邻、闾制，5家为邻，5邻为闾。村设村［庄］长1人。1935年，将192个乡、19个镇划为23个乡镇，撤销区长，保留区制。[②]

1939年6月，日军侵占日照县城。不久，即组织傀儡机构—日照县治安维持会。丁家疃没有被日伪控制，属于抗日根据地的前沿地带，是日

---

① 日照市地方史志编纂委员会编：《日照市志》，齐鲁书社1994年版，第46—47页。

② 同上书，第47—49页。

伪军队、国民党武装［包括正规军与游击队伍］、共产党武装，以及杂牌军的游击区。1940年3月16日，日照抗日民主政府成立。1940年，在根据地各村庄陆续建立了村政权，实行闾邻制，设村长［亦称庄长］、账先生等。办公场所为村公所，一直沿用至1954年。①

1947年丁家疃包括1个大自然村和4个小自然村，其中小自然村分别是南岭、西北岭、北岭和东岭，全村总人口1322人，当时丁家疃隶属望海区丁家疃乡。② 1949年2月17日，日照县委拟定各区划乡草案，丁家疃隶属太平区丁家疃乡，全村250户，总人口1326人。③ 1950年“分村后东村有140多户，450多口人；西村600多口人。”［丁权军，050319］④

在新中国成立之后，东村行政沿革经历了如下几个时期：

1950年5月，全县划为16个区，1个镇，229个乡。区按序数排列，东村隶属第12区东村乡。1956年1月，全县个别区镇进行合并，调整为14个区、2个镇、202个乡。东村隶属望海区东村乡。1958年1月，撤区建乡，改为26个乡、3个镇。东村隶属的东村乡与古城、十里、代疃、皋陆、山字河、曲河等7个乡并入将帅乡。⑤

1958年8月，29个乡镇被改划为25个人民公社，实行“政社合一”，东村隶属将帅乡幸福公社。出于“大跃进”发展的需要，1958年9月，29个乡镇被合并为25个乡镇，东村仍隶属将帅乡。11月，为解决公社化运动中山林、水利、农业经济作物区域等协作的问题，又将原有的25个乡镇合并为21个乡镇。将帅乡所辖的48个村按地理方位拆散分别并入城关、马庄、高兴、南湖等乡，其中东村在内的23个村［都在傅疃河以西］并入了马庄乡人民公社。马庄乡人民公社辖51个村，8814户，41535人。⑥

---

① 日照市地方史志编纂委员会编：《日照市志》，齐鲁书社1994年版，第507页。

② 新中国成立前日照县委档案1947年永久卷59，《1947年县委组织部关于各区划、干部配备工作的材料计划》。

③ 新中国成立前日照县委档案1949年永久卷103，《1949年关于区划、干部配备等方面的登记、统计表》。

④ 访谈记录后面的“［丁权军，050319］”系指访谈对象是丁权军，访谈日期为2005年3月19日，下同。

⑤ 日照县委档案1958年永久卷295，《县委组织部1958年关于整编区划干部任免工作的讲话通知意见》。

⑥ 同上。

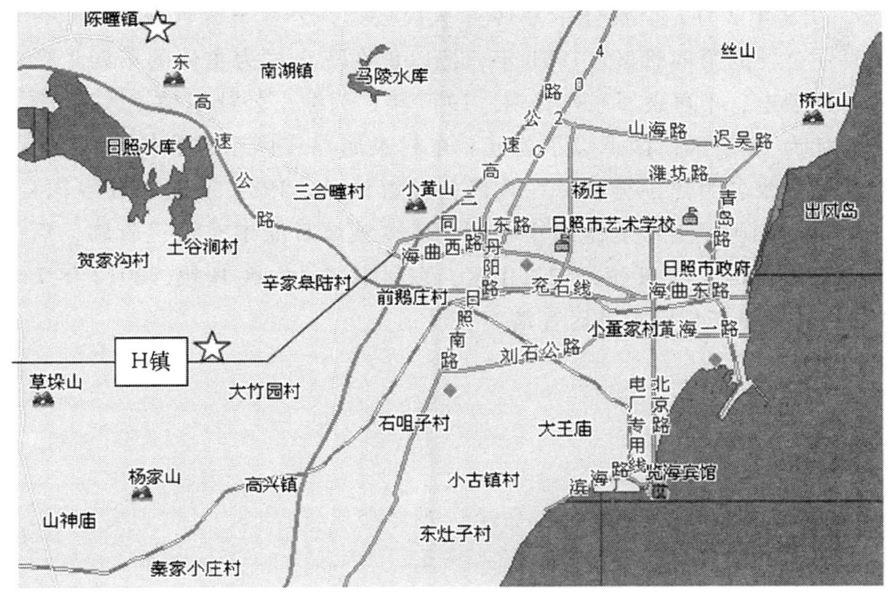

图 1 东村区位图

注：地图中的☆为东村所在位置。

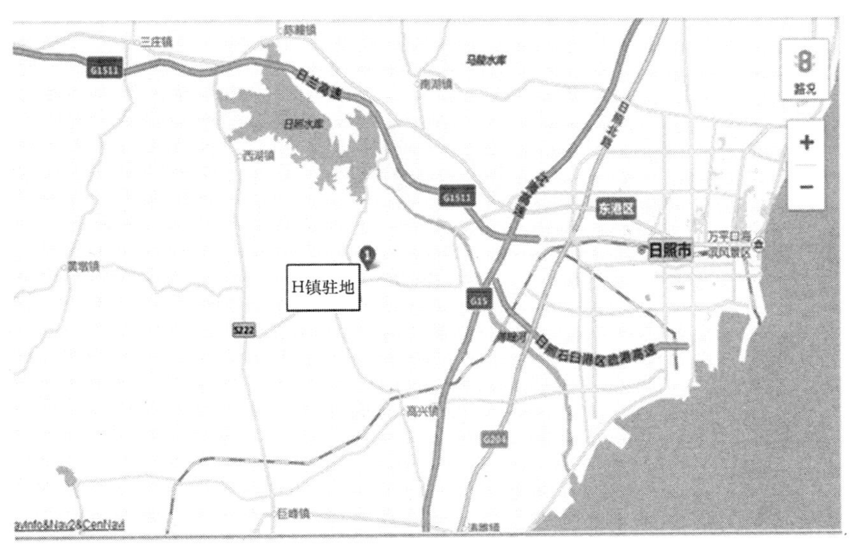

图 2 东村附近交通图

注：地图中 1 为东村位置。

1959年2月，全县合并为19个人民公社，公社下设管理区，东村隶属马庄公社的第四管区。1961年，把以现在三合村为主体的第四生产队从东村划走，不再隶属东村管辖。1963年，为缩小公社规模，改19个人民公社为15个区，区下设小公社。东村隶属马庄区东村公社。1981年，马庄公社改名为焦山公社。在人民公社解体后，1984年建立H乡政府。1989年，日照县升级为地级市建制，H乡隶属日照市东港区管辖，后改为H镇。2004年，H镇划归岚山区，东村隶属岚山区H镇。2012年7月3日，H镇重新划归东港区管辖。

二　20世纪三四十年代的土地占有与农作物种植情况

（一）新中国成立前东村［丁家疃］土地占有情况

根据《日照市志》记载，在新中国成立前，由于封建土地所有制的长期束缚，农业生产发展缓慢，加上连年战乱，灾害频繁，农村经济萧条，农民生活困苦。1945年，全县共有109330户，518245口人，耕地1185767亩，人均2.29亩。其中地主2056户，12217人，占有耕地256248亩，人均20.97亩；富农3336户，20132人，占有耕地152565亩，人均7.58亩。另据1933年国民党山东省政府统计：全县自耕农50835户，占总户数的59.1%；半自耕农21222户，占总户数的24.6%；佃农8147户，占总户数的9.5%；雇农5844户，占总户数的6.8%。[①]

丁家疃的村民构成完全是自耕农和半自耕农，没有地主和佃户。“丁家疃没有像样的大财主，有三四十亩地的户就不赖了。”［丁权军，050319］“1947年大复查的时候，中间不动，两头打烂平分。富农都扫地出门，加上中农主动献田，丁家疃总共得二三百亩土地。复查之后当时全庄人均土地有一老亩[②]多地。”［丁权军，050410］

根据村民回忆，土改前丁家疃所谓的富农财主户有8户，平均每户有30多亩土地，以好地为主。其中子平［人名］一生以教师为业，在村民中声望甚高。权聪［人名］、树国［人名］两家开着油坊。

在访谈对象中，对能够确切记得土改前家里有多少土地的家庭，笔者做了简单统计。（见表1）

---

① 日照市地方史志编纂委员会编：《日照市志》，齐鲁书社1994年版，第245—246页。

② 1老亩=2.4市亩。

表 1 丁家疃部分家庭土改前拥有土地数量统计

姓名	仕赞	佩杏	少宁	权桥	佩农	仕礼	相凤	权厚	权军	权平
阶级成分	中农	贫农	中农	中农	中农	贫农	中农	中农	贫农	贫农
人口(口)	8	4	12	14	1	8	7	12	4	6
土地亩数(市亩)	19.2	5.6	24	16.8(另有山场)	4.5	10.8	12	18	7.68	8.4
人均占有土地(市亩)	2.4	1.4	2	1.2	4.5	1.35	1.71	1.5	1.92	1.4

在上述统计对象中,各户平均人均占有土地1.94亩,中农户人均占有土地2.3亩,贫农户人均占有土地1.5亩。根据1947年土改复查中丁家疃共斗争出二三百亩土地,以及复查后丁家疃人均占有1老亩左右土地的情况,可以说上述统计数字基本上反映了东村土改前的土地占有状况。

(二)作物种类与产量

据1885年[光绪十一年]《日照县志》记载,当时县境内农作物主要有黍、稷、䅟子、稻、高粱、大麦、小麦、荞麦、玉米。其中䅟子耐旱耐涝,秕糠皆可食,农民赖以度荒,故种植面积较大。民国年间,主要有大麦、小麦、䅟子、稻、谷子、黍子、稷子、高粱、旱稻、糯稻、绿豆、豌豆、玉米、荞麦、爬豆、黄豆、黑豆、红薯等作物,以大麦、小麦、䅟子、谷子、高粱、稻、黄豆、红薯的种植面积较大。① 在基本靠天吃饭的生产力条件下,农民种植作物以抗逆性强的品种为主,例如䅟子、红薯、高粱等。

根据山东省农会1919年[民国八年]调查报告,日照县农作物情况如表2②:

① 原文把民国八年写为1917年,有误。日照市地方史志编纂委员会编:《日照市志》,齐鲁书社1994年版,249页。

② 同上。

表2 1919年日照县农作物调查情况

作物名称	耕地亩数	亩产	平均价格	总产量	说明
大麦	133510	1斗	每斗17元	133510斗	查该县全面积1208923亩，除山河荒田道路坟墓村庄所占土地外，实种地851352亩，唯黄豆、甘薯、萝卜等均系麦后连作，故耕作亩数较实种地多435918亩，又该境当年因旱灾致各种作物较丰年均歉收。
小麦	212408	1斗	每斗30元	212408斗	
穇子	166725	2斗	每斗15元	333450斗	
谷子	87920	2斗	每斗23元	175840斗	
黍子	6520	2斗	每斗13元	13040斗	
稷子	2442	2斗	每斗12元	4884斗	
高粱	95344	1斗	每斗12元	95344斗	
旱稻	14682	1斗	每斗10元	14682斗	
糯稻	8850	1斗	每斗10元	8850斗	
绿豆	3574	1斗	每斗15元	3574斗	
豌豆	7380	1斗	每斗10元	7380斗	
玉蜀黍	9257	2斗	每斗10元	18514斗	
荞麦	3118	1斗	每斗8元	3118斗	
爬豆	2410	1斗	每斗14元	2410斗	
黄豆	141580	1斗	每斗14元	141580斗	
甘薯	172828	1500斤	每担0.8元	259242000斤	
萝卜	31510	1200斤	每担0.7元	37812000斤	
花生	98212	500斤	每担3元	49106000斤	

表注：亩以240步计。花生产额为鲜果。小麦1升=16斤，10升=1斗，10斗=1担。

根据1931年《山东农林报告》记载，日照县粮食亩产量：小麦和稻子约70公斤，大豆约90公斤，红薯约750公斤［鲜］。山东省人民政府农林厅整理了20世纪30年代相关几年的数据，制作出1931—1936年日照县作物平均亩产量统计表①（见表3）。根据1931年日照县建设局调查，该年小麦播种面积为12万亩，总产111600吨；其他粮食总产：大麦11020吨，稻子3690吨，穇子42935吨，高粱6277.5吨，粟2885吨，黍905吨，玉米860吨，大豆6820吨，红薯93106吨。② 另据1931年《山东农业调查》记载，日照县农业作物产量为：大麦133510斗，小麦

① 山东省人民政府农林厅编印：《山东省农业生产调查统计资料》，1950年。

② 日照市地方史志编纂委员会编：《日照市志》，齐鲁书社1994年版，第253页。

212408斗，谷子933450斗，黍子13040斗，稷子4884斗，高粱94344斗，旱稻4682斗，糯稻8850斗，绿豆3574斗，豌豆7380斗，玉米18514斗，荞麦3118斗，爬豆2410斗，黄豆141580斗，红薯259242000斤，花生49106000斤。粮食总产量为86428吨。①

表3 1931—1936年日照县作物平均亩产量 （单位：公斤）

作物名称	小麦	大豆	大麦	玉米	高粱	红薯	粟	豌豆	花生干果	合计
产量	60	80	90	75	65	140	75	130	87.5	96.4

根据上述相关的调查数据，可大致了解20世纪30年代日照县农作物的种植结构与作物单产水平。东村60%以上的耕地是低矮丘陵地，新中国成立前的作物种类以旱地作物为主。因为缺乏肥料、农药和灌溉条件，农业生产基本靠天吃饭，再加上农作物基本上沿用自留老品种，作物平均亩产在150斤左右［干重］。丁权军老人回忆旧社会粮食收成："小麦一老亩地有三斗产量就不错了；红薯干一老亩地收一担就不错了；穇子一老亩地一担多就不错了。"②［丁权军，050319］一讲起新中国成立前的粮食产量，丁少宁老人就感慨："那时产量'完'③了，一亩地能产百八十斤的麦子，打不着粮，产量不高，要不怎么挨饿了，人都饿毁了。"［丁少宁，050426］

丁权军老人回忆的农作物产量水平与日照县历年统计资料基本一致。20世纪三四十年代东村农作物的种植结构，以穇子、高粱、红薯等为主，小麦、大麦等细粮因为产量低，种植面积比较少。在访问贺淑芳老人的时候，她讲了一个趣话："我记得公公曾经对我们说，他小时候问妈妈：'麦子好吃，咱为什么不多种麦子少种穇子？'他妈妈说：'胡说！不种穇子，牛吃什么？'"［贺淑芳，050504］原来穇子连籽带壳不仅是村民的主要食粮，而且穇子秸杆也是牛等牲畜的主要饲料。特别是那些无牛户，如果雇佣别人的耕牛，报酬就是所耕土地上产的穇子秸秆。新中国成立前的农村基本上没有机械化条件，可以想象农民的劳动强度很大，因此，能养一头牛或一头驴就成了普通村民梦寐以求的事，大牲畜也成了家庭财富情

① 日照市地方史志编纂委员会编：《日照市志》，齐鲁书社1994年版，第121页。

② 一斗约等于40多斤，一担等于10斗。一斗等于10升，一升等于8斤。

③ "完"是指产量水平太低。

况的主要标志。

在漫长的王权专制社会中，日照经济一直是以农业为主体的自然经济。1919 年［民国八年］《山东各县乡土调查录》记录了日照农民经济生活的基本状况："土地石尧瘠，沙田无量，故生计异常艰窘。近年乡民多糊口于四方，而移垦于东三省者尤伙，富庶之家不过十之二三"[①]。在抗战胜利后及新中国成立以后的相当长的一段时间里，东村的农业生产力水平并未发生根本变化。因此，这一时期的农作物种植结构与单产水平仍是评估新中国成立以后东村村民生活状况的基本参考资料。

根据前文介绍，旧时日照农村，一方面土地稀缺，另一方面作物单产水平低，农作劳动强度大。在正常年景，东村普通村民人均粮食消费大致维持在 120 公斤左右的水平，这应该是一种非常窘迫的维生经济，如果说 20 世纪上半叶的东村村民过着"半年糠菜半年粮的日子"，应该是恰如其分的。与此同时，还面临繁重的苛捐杂税，以及不期而至的天灾人祸，生活极端困乏劳顿。

---

① 日照市地方史志编纂委员会编：《日照市志》，齐鲁书社 1994 年版，第 121 页。

三　旧时农民“打工”

自改革开放以来，越来越多的农村人口进入城市寻找活计，形成涌动城乡历久不衰的“打工潮”。几亿“打工仔”“打工妹”的工作、生活与未来成为当代中国最具理论与实践意义的公共话题之一。其实，历史上的中国农民对“打工”并不陌生。笔者在东村访谈时，不止一位老人说，旧社会的“扎觅汉”“做工夫”就像现在的“打工”一样。

《日照市志》记载，新中国成立前日照农村的雇工形式主要有5种类型。一是长工，俗称“觅汉”，做长工又叫作“扎觅汉”，雇佣时间多为一年。一般农历二月初上工，十月初下工，负担雇主的田间农活和日常活计。除管吃外，年报酬一般为1—2担高粱。二是短工，即农忙季节工，亦称“工夫”，打短工又叫作“做工夫”，时间一天或数天不等，工酬按日计算。三是女工，大多成为从事洗衣、做饭等家务劳动的“老妈子”，哺育小孩的“奶妈”，伺候主人的“婆子”等，年酬为3—5斗粮食。四是童工，包括买和雇佣两种。买进的童工终身为地主服役，地主可随时转卖。女童工称为“丫头”“丫环”，多伺候地主女眷；男童工称为“小厮”，多给地主放牛和担负零杂活。童工年酬为2—3斗粮食。五是杂工，一般为地主看守茔地、祠堂、园林等，并担负一定量的零工，地主给少量土地耕种，不收地租作为工酬。①

在新中国成立前，丁家疃没有地主，用村民的话说“连像样的富农都没有”②，是个“穷汉村”。本村没有出租土地的户，以自耕为主。虽然本村没有“客家子”[佃农]，但“扎觅汉”“做工夫”的人却很多。根

① 日照市地方史志编纂委员会编：《日照市志》，齐鲁书社1994年版，第249页。

② 此处“连像样的富农都没有”，意指东村的富农本身并不十分富裕，与其他村庄真正的富农相比还不足以被称为“富农”。后文中东村有几户富农，他们是在土改确定阶级成分时被划定的。

据丁权军老人讲，新中国成立前丁家疃“扎觅汉”的人口占总人口的18%左右。在农忙季节，只要家里能余出劳动力，都普遍出去“做工夫”。丁家疃村民“扎觅汉”或“做工夫”主要在外村做。在东村70岁以上的14位男性受访对象中，就有丁权军、丁权布、丁少子的二哥丁少韦、丁佩杏、丁仕堂曾经有“扎觅汉”的经历（见表4）。这些人多出身贫农，中农户一般做“短工”，“扎觅汉”的比较少。

表4　　东村部分被访问70岁以上的男性老人“打工”记录

丁权军	1922年生，贫农，17—18岁的时候给丁树红家做长工 。
丁权厚	1928年生，中农，几个哥哥做过工，自己无做工经历。
丁仕赞	1934年生，中农，上2年小学，无做工经历。
丁少子的二哥丁少丰	1919年生，贫农，到北疃做长工。
丁佩杏	1928年生，贫农，“扎觅汉”小放牛；寡妇母亲给人家做女佣。
丁少宁	1930年生，中农，给本村做过短工。
丁佩农	1927年生，中农，在8岁后在外婆家抚养长大，无做工经历。
丁仕礼	1928年生，贫农，无做工经历。
丁佩昌	1917年生，中农，上过2年学，无做工经历。
丁权布	1921年生，贫农，在本村做过长工。
丁权平	1932年生，贫农，无做工经历。
丁仕堂	1933年生，贫农，“扎觅汉”小放牛。

丁家疃8户富农常年雇工，雇工情况如表5。有些富裕中农家庭雇个小孩子放牛。

表5　　土改前丁家疃富农家庭雇工情况统计

姓名	丁学南	丁权积	横春	丁权聪	丁子叔	丁树国	丁树高	丁树书
雇工数量	1长1短	1长1短	1长1小	1长1短	1长1小	1长1客	1长1短	1长1短

表注：“长”指长工，“短”指短工，“小”指小放牛，“客”指客家子（佃户）。

丁权军老人回忆旧时家庭生活及村民“打工”的情况：

“我一个字不识，树栽［人名］、权布［人名］也一个字不识，那时候穷上不起［学］。丁家疃没有像样的大财主，有三四十老亩地［的户］

就不赖[1]了。村东头学南［人名］雇人，他是教学的，雇一个长工和一个放牛的，阴历二月二上工，阴历十月下工。一个长工其实一年也就挣自己吃，［挣］不够两个人吃的，弄好了可以剩十块八块钱。那时红薯、小麦也没有什么固定价格。咱这地方1升等于8斤，10升等于1斗。红薯干1秤是100斤，1秤红薯干值1块多钱。长工一年下来也就糊弄一个人的口粮。‘扎觅汉’的家里［经济情况］都不行，平时干活时，家里没得吃，就预支点工钱，所以到秋天下工也就没剩多少东西了。‘小放牛’的年龄得十多岁，平时放牛，忙时也要下地干活。小放牛就挣自个儿吃，一年收入几块钱。雇主对长工有剥削，打骂的不多。在丁家疃没有打骂的，因为虽说是财主，也不是正式的财主，地不很多。丁家疃就横春［人名］横行霸道，凶人，和长工吵架，别人没有。咱村雇工的有十多户，包括：学南、权光［人名］雇一个大人[2]和一‘小放牛’，权积［人名］雇一个整长工[3]和一个短工，横春雇一个大人和一小放牛，权聪［人名］雇一个整长工和一个短工，子平［人名］雇一个大人和一个‘小放牛’。村街西边［现在的西村］树国［人名］雇人，他不光雇人，还有客家子负责看山，南山南岭那一块地是他家的。那时南山就牛栅栏［地名］是公家的，属于学校，其他都是私人的，归十多家所有，每家一份。村街西边树高［人名］雇一个长工和一个短工，树书［人名］雇一长工和一个短工。没有雇更多工的，地都不很多。雇工雇给东家了，家里再忙也不能干自己的活。在东家吃饭，雇给本村的住在自己家里，雇给外村的就住在外村。长工过年没有给东家送鱼肉和新鲜蔬菜的。因为咱这里‘扎觅汉’一年一个东家，合作得好第二年再接着干，合作不好就不给他干了。丁家疃雇主与长工没有结下很大仇恨的。小村就有，但咱不了解具体情况。村里等级很明显，有老爷、下人这种情况。咱村做长工的不少，我还做过长工，雇给树红［人名］家。新中国成立后分庄，丁家疃分为东村与西村，其中，东村400多口人，西村600多口人。东村有长工七八十人，其他还有做短工的，春天锄地到［南］山前［面的村庄］‘做工夫’。［‘做工夫’一年

---

① “不赖”是“不简单”的意思。

② “大人”是指成年男性长工。

③ “整长工”是指青壮年男性长工。做长工的人可能是青壮年，也可能是孩童，还可能是成年男性年龄偏大者或者是妇女。与孩童、妇女和年龄偏大的成年男性相比较，青壮年男性长工被视为“整长工”。

总共］干十多天，天好就多干几天，天不好，没有管饭的就回来了。我家那时有四口人，［父亲，母亲，还有一个姐姐。我六岁时，父亲就去世了。我十八九岁‘扎觅汉’时，家里有三老亩多地，以薄地为主，种䅟子、红薯、谷子，也种小麦，但以大麦为主。种花生不为榨油，以前［单个户一般］不榨油，庄户人家一年总共才收三五十斤花生米，量太少，油坊不愿意接这个活。［家里］吃油就买点，来卖油的就买二三两。平时舍不得吃［油］，也就烙煎饼时［蘸油］擦擦鏊子。庄户人家平时没钱吃猪肉，更没有钱供孩子上学。一年中只有收了小麦后，各家才吃一次猪肉。这时，村集体买一头猪杀了，把肉剁剁，分给各家。各家拿猪肉祭天，放一点肉做水饺，把其余的腌着吃很久。过大节日时会买点猪肉，过中秋节时每家买一斤左右的猪肉，过年时每家也是买一斤左右的猪肉。本村没有财主出租土地，外村有些富户雇客家子。小村的‘炮楼家’［地主的绰号］有地200多老亩，他的地基本上在外庄。当时地主买地不只在本村买，还到外村买地。小村‘炮楼家’就到［南］山前［面的］牟家村买的地。那时候，如果某家地主败落了，他们都一次卖地好几亩，由其他村的地主一下买去，不零卖。本村西边的一块地就被山字河［村名］的地主买去了。秋收完毕，租地的客家子要给东家交清一年的粮草；一年中客家子必须给东家送礼物，要送鸡鸭鱼肉；客家子收获的新鲜果蔬要先送给地主吃，称为‘献小鲜’。客家子和‘扎觅汉’的地位不一样，‘扎觅汉’秋天干完就回家了，第二年可以另寻东家，比客家子自由，而且他还有点地；客家子无地无屋。地主剥削客家子比剥削长工厉害，因为客家子不租地主的地就没有活路了。如果客家子不能及时交清东家的粮草，东家就会把客家子赶走，叫作‘揭锅锁门’。小村‘炮楼家’在咱这附近算个大地主了，其他山字河、井沟［村名］、丁家院［村名］也有大地主。在土改复查时候，小村‘跑楼家’的权参［人名］被砸死了。他哥哥［丁东府］在［青岛］东来银行做行长①，却被划成贫农，因为共产党一到青岛，他就把家产一下子捐给共产党了。丁东府是个开明人士，他曾经从青岛拉回老家一汽车高粱，想借给穷老少爷们吃，结果被其弟丁权参放了高利贷。他回家知道这个情况后，就批评他弟弟了，他说：‘你养

---

① 据小村退休教师丁佩银（人名）介绍，丁东府在东来银行只是个一般职员，并未做到“行长”职位。

的狗不少，贫穷的人却连你的一碗饭也吃不上。’他这个人很好，所以才被划为贫农！”［丁权军，050319］

据丁权后回忆：“咱这里农忙的时候很多劳力出去打短工，叫‘做工夫’。我没赶上，我的两个哥哥赶上了。‘做工夫’主要是在锄地的时候，咱这里的人扛着锄到海边臧家荒村的工夫市场找活干。那里海边人都出海，农忙季节缺人干活。到外面‘做工夫’挣粮食寥寥，人家管吃饭，一天挣5斤米就很高兴了。一个人顶多干15天，能挣50斤小麦就是最多的了。咱村的富户雇长工都是现用现雇，到秋天干完了，长工就回家，叫‘下工’。到春天有活了，雇个小孩放牛，雇个大人种庄稼，有‘把头’［主事的长工］负责管理长工。”［丁权后，050218］

丁佩杏在年幼时做过“小放牛”：“我6岁爹就死了，9岁时母亲雇给地主‘扎觅汉’烙煎饼，8岁到14岁干‘小放牛’。放牛也就挣个吃饭，到十月份不放牛就回家了，没有一点粮食给我。开始在姨家放牛，她家是一般家庭；9—11岁在大姐家放牛，冬天没有被子盖，姐姐在人家家里受气；12岁时雇给相兴［人名］家，他是富农，干了一年；第二年雇给权知［人名］家，干了两年，他家与国民党有关系。在权知家做长工受了罪，好处是他家除了老汉吃点好的外，其他人吃的都一样，能吃饱了。我在他家放一头牛和一头驴，第二年他们还让我在那里干，但我提了个条件，要求东家帮我家耕地。他孙女让我给她挑水洗衣服，我故意把水倒在她屋里，她以为我担不动水也就不让我挑水了。在权知家受了两年罪，没有闲时候，割牛草等。最后一年我雇给仕宗［人名］的老爷爷家，只放一头驴，仕宗的老奶奶对我很好，放牛回来就给我卷一个煎饼，拿草、做饭、挑水、轧牛草等一天闲不着。”［丁佩杏，050504］

丁仕堂也做过“小放牛”，他清晰记得：“1944年日本鬼子来丁家疃放火是在［阴历］十月十七日，那天是我在山字河做‘小放牛’的结束工。一年做‘小放牛’从三月份开始，十月十七日结束，工资是16元钱。”［丁仕堂，050225］

丁少宁曾经在本村“做工夫”：“我家有十二口人，弟兄三人，有两个姐姐，我妈去世早，还有一个老奶奶，家有十老亩地，成分是下中农。以前家里养有一头牛，养一头猪，养个小鸡。那时没有粮食养畜禽。中农一般土地好点，为了耕地养个小牛。一个小牛拉不动，两家合起来，我牵你的牛，你牵我的牛，凑合着耕地。个人的牛自己喂，给其他户耕地挣点喂牛的草，不养一头牛不行，人操不了那个地，还能攒点粪。那时产量很低，一亩地产百八十斤的小麦，收不着粮，所以挨饿了，都饿坏了。没有化肥，没有农药。雇不起雇工，都是自己干，到夏天自己放牛。我没有‘扎觅汉’，我去‘做工夫’了。我二十多岁去‘做工夫’，那时我已经出过夫子了[①]。‘做工夫’挣人家的饭吃，就在本庄做，一般是农忙的时候给人家推车送粪。我在佩修［人名］家干的，到农忙的时候就干两三天，一天给两三毛钱，管饭吃。如果东家不管饭，其实挣不着钱。那会‘做工夫’的多，都到海边去‘做工夫’，挣几个铜板，人家管顿饭。生活困难的时候，村民有借粮的，向财主家借，产下新粮食赶紧还上，不算利息。能借给你的户都是和你家关系不错的，要是借不到粮就饿死了。”［丁少宁，050412］

在言谈之间，笔者明显感觉到东村老年村民以本村没有“客家子”为荣。丁权布老人对旧社会的压迫有深刻的感受：“‘客家子’没有地，到交粮的时候就要交粮。‘客家子’的女儿一般雇给地主家做丫头子，地主一般侮辱了她，最后给找个婆家算了。那个受压迫很要命啊！山字河‘客家子’的闺女就被地主看中了，就侮辱她，根本不可能要她。”［丁权布，050327］

20 世纪二三十年代，东村的农业生产仍然主要依靠农家土杂肥、本地传统作物品种、人畜力投入与传统耕作方式，处于黄宗智所谓的农业生产“内卷化”[②]［或叫作“过密化”］的状态。当地农民通过在有限的土地上，大量增加劳动投入进行精细化生产，使土地产出水平达到当时生产条件下的最大化，但没有显著增加农民的粮食收入，糊口经济是绝大多数家庭生活的真实写照。与笔者以往认识不同的是，当时农民对于“劳动力”商品化习以为常，他们“打工”［俗称“扎觅汉”］的经历非常丰富。从东村的情况来看，“觅汉”群体数量庞大，人员构成复杂。而一位农民一旦成为“觅汉”，即在一定程度上摆脱了家庭的束缚，进入了新的工作生活环境，面对较为复杂的雇主、同事关系，有可能接触更多的外部

① “出夫子”指村民在解放战争时期的做支前民夫，或者是在新中国成立后到大型水利建设中做民夫。

② 黄宗智把“involution”一词应用于中国经济发展与社会变迁的研究中，他把通过在有限的土地上投入大量的劳动力来获得总产量增长的方式，即单位劳动的边际效益递减的方式，称为没有发展的增长，也称为“过密化”。

信息，使之成为具有共同业缘关系的特殊的社会群体，客观上为乡村基层的政治、社会动员准备了一支力量。

施坚雅（G. William Skinner）曾经提出“基层市场社区理论”[①]。他认为：中国农民是生活在一个自给自足的社会中，那么这个社会不是村庄而是基层市场社区，农民实际生活区域的边界不是由他所住村庄的狭窄的范围决定，而是由他的基层市场区域的边界决定。施坚雅的理论对于我们突破囿于村庄社区讨论农民生活的传统做法有很大帮助，但“基层市场社区理论”仍有极大值得商榷之处。从农民外出“打工”的情况来看，农民活动的区域远远突破了基层市场的范围，更遑论驻村地主、富农等的活动范围，他们甚至可以跨镇域、县域购买土地，并组织佃户耕种。在财产私有、村庄行政区划边界并不明显的情况下，农民实际生活区域的边界划分并不容易。但是可以确定的是，如果农民的生活区域可以用费孝通先生所谓的同心圆结构来表示的话，村庄只是这个同心圆结构靠近内核的圆圈之一。

在20世纪二三十年代的东村，存在明显的社会分层，不同阶层有不同的身份和行动规则。从整体来看，村民皆坦然接受了这种分化。处在这个阶层结构最底层的是佃户，他们必须千方百计讨好东家，不仅要给东家按时交纳粮草，还要给东家送礼，送时令果蔬，以免“揭锅锁门”。佃户对东家的人身依附还延续到下一代，其子女有可能成为东家的使唤家奴。有了佃户作为参照对象，同样贫困的“觅汉”却有了些许的优越感，弱化了其贫困意识与苦难自觉。农村地主、富农的构成颇为复杂，从东村及周围村庄的情况来看，有些靠勤勉节俭而成的财主，往往依然过着非常俭朴的生活，其中“守财奴”亦不鲜见；有些靠外面发达亲友资助而置下产业的财主则多显示暴发户嘴脸，多有为富不仁之举；那些延续几代的富裕人家，大多注重耕读传家，发挥着地方“绅士”的功能。可以发现，传统村庄有其内在的秩序机理，同时潜隐着不安定的因素。

① ［美］施坚雅：《中国农村的市场和社会结构》，史建云、徐秀丽译，中国社会科学出版社1998年版。

四　曙光小学*与日照暴动

在与东村相邻的小村有一座在日照市享有一定知名度的学校——曙光小学。这座学校不仅以其创建之早，开日照新学风气之先闻名四乡，更因其与中共在日照县的早期活动紧密相连而载入日照革命史册。我们考察曙光小学校史兼及中共早期以曙光小学为中心的活动，可以了解20世纪上半叶的乡村教育情况及农民的政治生活。

在清代，日照县的办学形式主要是私塾和县学。在清末改革旧教育的过程中，1903年［光绪二十九年］，改县奎峰书院为县立高等小学堂。1905年，废除一年一度的“童生试”，乡村小学渐次兴起。[①] 至1909年，全县共有高等小学生35人，初等小学生269人。到1910年，境内有初、高等小学堂7所。[②] 曙光小学的前身“邵疃两等小学堂”就诞生于1909年。[③]

根据居住在小村的退休教师丁佩银介绍，“当时办洋务，小村有位留学日本的学生丁绕宾回到家乡，推广种桑养蚕，宣传废除科举制度，兴办学堂。过去人口少，仅平地就够种的，所以山地、河崖多数归庙宇，属庙产。他回来后，倡导山河庙宇归学堂，改革声势很大。丁绕宾在日照建了一所书院学堂后，又回家乡会同本村老同盟会员丁树绅［字自书］自筹资金办学堂。当时，丁家疃、小村、马家店和李家洼等附近村庄几乎村村有塾学，共有私塾30多家。尤以小村读书风气为盛，该村出的人才基本上是靠上学而跨出农门。当时多数学童只是在农闲时上学，只有有钱人家

---

* 关于“曙光小学”的校史材料主要参考丁佩银编的《曙光小学校史》（征求意见稿）一书。

① 日照市地方史志编纂委员会编：《日照市志》，齐鲁书社1994年版，第601页。

② 同上书，第603页。

③ 丁佩银编：《曙光小学校史》（征求意见稿），1999年。

的子弟才上得起私塾。这时，30多处私塾之大部被归拢合并到一起，办起一所具有反帝、反封建色彩的新式学堂：邵疃两等小学堂，本地学生免费上学。当时校舍是借用小村村民丁树镛家的房屋，学校董事为丁树绅，教师有丁树璨、丁权型等。学制初等4年，设国语、算术、修身、音、体、美等；高等3年，设国语、数理、历史、地理、英语、音、体、美等。学生多系私塾学生集中而来，有一部分新生，所有学生在一个教室复式班上课。首批学生有40余人，其中日后闻名乡里的郑培明①、郑培干②等都是首批学生。”［丁佩银，050417］

丁绕宾的改革声势很大，但改革遇到的阻力并不大。丁佩银对此的分析是：“那时社会上的对立面还没有锻炼出来。所有建校的活动都是以民间力量进行的，民间力量作用很大，群众听话。丁绕宾宣传‘人可以上

① 郑培明（1899—1927），字镜秋。山东省日照市东港区H镇李家洼村人。民主革命志士。小学毕业后，升入县中学。五四运动时带领县中学和高小同学，结队演讲，查封日货。1920年，考入青州省立第四师范学校。1923年，地方劣绅郑鄂廷霸占邵疃小学公产，引起公愤。郑培明挺身而出，串联有志青年，揭露其罪恶，受到广大民众的拥戴。当年夏师范毕业，于青岛台东镇小学任教。1925年春，在济南加入国民党。后经丁惟汾介绍去北京，任国民党北方执行部会计干事，兼任黄埔军校招生委员会委员。1926年“三一八”惨案中，郑培明与北平大中学校师生一起，向段祺瑞政府请愿，遭到军警弹压，刘和珍等多人惨遭杀害，郑培明颈部、腿部被击伤。大革命开始后，他赴广东，任国民党中央党部秘书处译电专员。秋又回北京，任北方交通局总机关部会计主任兼任交通处总务科长。1927年4月初，北方反动军阀镇压革命党人，他与路有余奔走京津，联络革命党人，当行至北京宣武门外香炉营时被奉系军阀张作霖密探逮捕。经多方营救无效，于4月28日同李大钊、路有余等革命者被处以绞刑。1929年，烈士灵柩被迎归故里，各界上千人唱着悲壮的“苏武牧羊”曲，为其举行了隆重的追悼大会。一些社会名流，亲自为烈士执绋抬棺。县中学师生为烈士送的挽幛写道：“天祸中华，军阀专政，外媚列强，内残百姓。上下勾结，窃权弄柄，十余年来，国民交病。聿维烈士，青年之英，奔走革命，志切廓清。南去岭表，北赴燕京，荆天棘地，驰驱长征。张逆督鲁，厚敛黩武，君撒传单，痛言其苦。段氏执政，民众是侮，请愿伤兄，饰词慰父。奉系当国，凶焰益逞，侦探密布，骑徒纵横。风疾草劲，君志弥贞，身在虎穴，继续斗争。方冀胜利，革命观成，乃系缧绁，竟为牺牲。呜呼噫嘻，自古有死，死重泰山，名刻青史。兹君之灵，归葬故土，既育国殇，复念旧雨。爰陈俚词，跪奠琼浆，魂兮有知，来飨来飨。”（日照市地方史志编纂委员会编：《日照市志》，齐鲁书社1994年版，第745—746页。）

② 郑培干（1896—1933），号贞若，H镇小村人。青年时代即任邵疃乡乡长，因积极参与和策划斗争侵吞邵疃小学校产的恶霸地主郑鄂廷，被群众推选为校董事会长。1931年冬，郑培干经县委负责人郑天九介绍，加入中国共产党。从此，他以乡长的合法身份进行党的工作。1932年，他参加日照暴动的策划，因需要，未公开活动。在暴动失败后，国民党“康团”和县军警联合“围剿”，小村有群众70余人被捕。郑培干临危不惧，愿以乡长身份为乡人担保。他跟军警头目一起到县后，因叛徒告密，被国民党县长当场抓捕。在狱中，他受酷刑也决不供出党的重要机密。1933年3月10日就义于日照城。（日照市地方史志编纂委员会编：《日照市志》，齐鲁书社1994年版，第772—773页。）

天'‘有的车还有四个轮子'‘有的车在天上跑'。但老百姓［对这些］听不进去。"［丁佩银，050417］

由于学校办得好，学生人数大量增加，发展很快。原学校无固定校舍，建立新学校已成为群众的迫切要求。此时，小村丁树绅、丁树燧两人捐地五亩［市亩］，各村献工捐料，新建学校。群众公推丁子平［东村人，原私塾老师，一生从事教育工作］为校长。丁子平一面领导教学，一面指挥建校。1914 年建成 5 间堂屋。

"当时南山之阳有白云寺、望海寺两座寺庙，南山的大片山场属于庙产。此时丁绕宾率众乡邻要求山场归学堂，为盖学校大屋与南山前五村［东、西牟家村、范家村、卜家村等］打了一场官司，惊动了县太爷。县太爷说南山后盖学堂，让我们打赢了官司。人家不服，官司又打到省，省里维持原判。人家又准备到青岛打官司，碰上青岛事变[①]，事情就搁下了。"［丁佩银，050417］

山场归学堂使学校有了充足的办学经费。三四年后又陆续盖了 5 间西堂屋、5 间东屋和 3 间西屋，学校一共建成 18 间屋，粗具规模。"邵疃小学办得很好，方圆半径三四十里的村庄的孩子都有来上学的。那时一个村子有一两个上学的就很多了，家里没有三四十亩地的户谁上起学了！就像现在上大学差不多。"［丁佩银，050417］离家远的学生可在校内食宿。初、高级班［有复式班］保持 4 个班，学生百人左右，每年可毕业 20 人左右。后来，又开设补习班［又名国文专修班，专修左传、礼记古文等］1 个，20 人左右，学制 2 年，相当于初中程度，此补习班一直延续到抗日战争爆发前。

学校较好的经济收入，使一贯贪得无厌、横行乡里的地主恶霸郑鄂廷［绰号"土虺"，马家店人，"土虺"代表一种最毒的毒蛇］为之动心。他借建校之机，倚仗封建势力，采取欺骗、强制等手段，窃夺了校董事职务，独揽学校财权，侵吞学校财产。他私下把学校山场偷偷卖掉，大概卖

---

① "青岛事变"：早在第一次世界大战前，日本就多次派出军政要员来青岛进行调查，窥探驻青岛德国军队的情况。在第一次世界大战爆发后，德国把驻青岛军队大部撤回本土，这给对青岛垂涎已久的日军以可乘之机。1914 年 8 月，第一次世界大战在欧洲爆发，8 月 15 日，日本向德国提出最后通牒，要求将胶州湾移交给日本，以便归还中国。德国未予理睬，日本遂于 8 月 23 日借"英日同盟"名义对德宣战。11 月 7 日，德国人投降。11 月 11 日，日本军队进入青岛市区，日本如愿以偿，开始对青岛进行统治。1922 年 12 月 10 日，中国收回青岛，设立胶澳商埠督办公署，直属北洋政府。

了2万大洋，但是只报7000多元，又把这7000元钱放高利贷，用利息维持学校的运转。这顿时改变了学校的财政状况，原来学校很富裕，教师工资很高，可以高薪聘请好老师，办公经费充足，现在经济变得非常拮据。学生［有的学生都20多岁了］、教师对此意见很大，大家开始和“土虺”打官司，一直斗了十多年。但是因师生势单力孤，有的教师被“土虺”强行解职，有的学生被开除，14年间仅校长就换了4任，教师换了数十人。“土虺”勾结官府、土匪，越来越猖狂。

1928年春，中共日照县委成立后，派郑天九①到丁家疃、山字河一带开展地下工作。在他的宣传和支持下，以郑平②［本校毕业生］为首的部分社会青年，会同学校教师［特别是被“土虺”解职的教师］于1928年夏天查封了学校，同“土虺”清算学田公账，展开了面对面的斗争。在

① 郑天九（1905—1933），原名鸿锡，字天九。日照市东港区H镇山字河人。日照暴动主要领导人之一。出身于地主家庭。1921年入县立高等小学读书。1924年考入济南正谊中学。1925年夏，结识了共产党员丁君羊、中共山东地方执委会书记邓恩铭。与安哲、牟春霆等一起成立了“少年日照学会”。1926年春加入中共。1926年10月，受中共山东省执行委员会委派赴武昌参加北伐，被分配在国民革命军第四军宣传队。蒋介石叛变革命后，郑天九回乡开展农民运动。1928年春，安哲被派回日照组建县委。安哲任书记，郑天九负责宣传工作，牟春霆负责组织工作。郑天九在扇子河办起“平民夜校”，利用夜校培养积极分子，先后发展党员50多名。1932年春，日照县委改为中心县委，他任宣传部长。10月13日至26日，中心县委组织发动了日照暴动，他任南路指挥。但因敌我力量悬殊而失败。暴动失败后，郑天九化装经青岛、上海去了北平。与北平市委接上关系，化名丁九，开展地下工作。1933年7月不幸被捕并作为要犯押往南京。面对酷刑，他大义凛然，视死如归。10月19日，在南京雨花台英勇就义。（日照市地方史志编纂委员会编：《日照市志》，齐鲁书社1994年版，第746—747页。）

② 郑平（1908—1970），又名绳五。山东日照市东港区H镇马家店人。幼年给地主放牛，13岁始读小学，后以种田为业。18岁时就曾参与反对军阀和盐警的斗争。1928年济南五三惨案发生后，郑平愤于日军暴行，联络爱国青年，组织了反日会皋陆分会，进行反日宣传和抵制日货的活动。1929年，他以反日会员为骨干，同土豪劣绅进行斗争，被推选为邵疃小学校董。斗争胜利后，又被推举为日照县反日会负责人兼石臼反日会特派员。1929年秋，领导农民抗捐抗税，震动全县。1929年冬，郑平被选为县农民协会委员后，仍回邵疃小学任校董。1931年，被选为县抗日协会主席。1931年10月加入共产党，任日照县邵疃区区委书记。1932年，日照暴动前夕，他深感暴动条件不成熟，向组织提出建议，但未被县委采纳。暴动失败后，他与郑天九疏散至京津一带，在中共中央华北发行站工作。1933年秋，河北省委遭破坏，郑平因叛徒出卖被捕判刑。1937年10月保释出狱后，由长江局介绍去延安学习，并恢复党籍。1938年后，先后任西华县委组织部长、县委书记、豫东地委宣传部长、运河县委书记、苏中区委组织部部长、地委书记、华中地委组织部副部长、华中五地委书记等职。新中国成立后，历任中共苏北区委组织部部长、苏北区党委书记，上海市委组织部副部长兼任市纪委书记，1958年3月任浙江省委常委，省委组织部长兼监委书记，1962年调任中共华东局纪委副书记。中共中央监察委员会驻华东局监察组组长等职。“文化大革命”期间被迫害致死。1978年中共中央为其平反昭雪。（日照市地方史志编纂委员会编：《日照市志》，齐鲁书社1994年版，第758—759页。）

掌握材料之后，全校师生群众掀起了驱逐“土飑”运动。首先罢免了“土飑”校董事和名誉校长的职务，夺回了学校的领导权，“土飑”被逐出了学校。1929 年，社会上开明士绅和学校教师商量，又将反“土飑”功臣、办学元老、老校长丁子平请回学校继任校长。1930 年，丁子平扩招一个女生班［学生年龄较大、复式班］，表现出妇女解放的曙光。[①]

“土飑”郑鄂廷虽然被逐出学校，但是他狡诈无赖，始终不肯退还贪污校款，并变本加厉，在社会上为非作歹。1930 年他勾结土匪流氓郑大瘤子、史日成绑“肉票”“压捐条”[②]，到处敲诈勒索，还时常派人到学校捣乱破坏，学校师生和当地群众深受其害。为了狠狠打击“土飑”的嚣张气焰，中共县委一方面领导邵疃小学的全体师生和当地群众与“土飑”进行针锋相对的斗争，另一面争取日照县中师生及丁姓公证人，以及被“土飑”害过的上层士绅等外援力量结成统一战线。经过调查，掌握了“土飑”的犯罪证据［如霸占校产伪造的证据、盗买学田的买主、勾结土匪的信件、捐条，以及被害户、被害人等］。在条件成熟之后，于 1930 年，由郑平、郑培干等人出面，代表邵疃小学师生和群众，向国民党日照县政府提出控诉。在铁证如山、群愤如潮的情况下，国民党县政府不得不将“土飑”逮捕法办，并追回贪污的校款。反霸斗争终于取得胜利，邵疃小学获得新生。这时丁子平年纪大了，打官司使其身心憔悴，遂推荐郑平当校长。为纪念斗“土飑”胜利，在郑平当校长时将校名改为“曙光小学”。

在斗“土飑”胜利后，中共日照县委经常来学校进行秘密工作。1931 年冬，经过多次酝酿，县委来曙光小学发展一批党员。这次一同入党的有校长郑平、教师郑凡伯［后叛党，中山字河村人］、县中学生郑野云［中山字河村人，本校毕业生，入党后任县中学生第一任党支部书记］，还有社会青年郑益生、郑宗鲁、汉常运［此三人都是东山字河村人］等共 6 人。日照县委主要领导安哲、陈雷、郑天九、于共芳［后叛

---

① 丁佩银编：《曙光小学校史》（征求意见稿），1999 年。

② “肉票”：土匪的生财之道之一是抢劫人质索要赎金，他们把抢来的人质叫作“肉票”。“压捐条”：土匪的另一种生财之道是摊派，收保护费。有些土匪巧立名目，设置苛捐杂税，强行征收，如烟捐、赌捐、戏捐、花捐、军队捐、门牌捐、铺路捐、普通捐、特别捐、子弹费、过节费、优抚费等。土匪把写有捐款、捐物名目的纸条暗地里用石头压住摆放在群众大门口，以此通知对方按时按量捐献，称为“压捐条”。

变］到会，县委书记作形势报告，县委对新入党党员逐一做了谈话。县委要求：这批新党员回去［村庄］后，根据这次会议精神，以各自的公开身份为掩护，配合县委开展地下工作，宣传发动群众，培养积极分子，发展党员，壮大革命力量。曙光小学校长郑平以工作之便，在学校中经常宣传中共政治主张，传播进步思想，并深入到周围村庄发展农村党员。不到一年的时间共发展党员 90 多名，建立了丁家疃、小村两个农村党支部。郑平任丁家疃区委书记，学校成了党的秘密联络站。县委经常来此开会，区委、农村支部也时常来学校联系工作。

“民国三十一年共产党暴动之前，在曙光小学大屋召开全县共产党代表大会，到会人员有 100 多人。暴动前学校成了共产党的天下，就像井冈山一样了，外面也知道。”［丁佩银，050417］

为了保证党组织安全，学校于 1931 年整修了围墙和大门，并在大门上建起了瞭望台［炮台］，学校安排两名农村党员，坚持昼夜设岗哨。特别在召开秘密会议时，更严加岗哨保卫工作。

1932 年 9 月，中共日照县委在曙光小学和西山字河炮楼召开了第二次党代会。在这次会议上，各地党代表汇报了党组织的发展和农运情况，在政治上、思想上、组织上为日照暴动做好准备。这次会议规模较大，涉及面较广，由于学校师生和革命群众积极配合，做了大量保卫工作，没有发生意外，使会议圆满成功。经过一段时间的酝酿，日照暴动于 10 月 13 日晚分南北两路同时举行。

北路在安哲、于共芳指挥下，于 13 日晚 7 时在县城北安家村、于家村等村同时行动，14 日晚北路各路暴动队伍会师两城，整编成立中国工农红军鲁南游击纵队，共 280 余人。南路在郑天九、牟春霆带领下分两路活动，东路以牟家小庄为中心，西路以山字河为中心，东西两路会师集中进攻涛雒，未克。于 16 日晚在曙光小学进行整编，编为 2 个大队，6 个中队，共 300 余人。25 日暴动失败，部队就地疏散，领导人潜逃外地。“当时由山东省长韩复榘派往日照征剿大土匪刘桂堂部的八十一师运其昌旅康占魁团正驻日照，积极参与镇压日照暴动。”[①] 康团［即康占魁团，

① “1931 年 9 月，匪首刘桂堂率匪袭扰日照。山东省政府主席韩复榘派八十一师运其昌旅康占魁团来日照剿匪。康团分驻岚山头、虎山堡、高旺庄、涛雒等沿海村镇。1932 年 10 月，康团积极参与镇压日照暴动。”（日照市地方史志编纂委员会编：《日照市志》，齐鲁书社 1994 年版，第 576—577 页。）

下同］进驻山字河、丁家疃一带，封锁村镇、搜山清乡，曙光小学作为中共的秘密联络点已经暴露，惨遭洗劫。

在日照暴动失败后，国民党集团和其军警联合“围剿”，小村有共产党员及群众70多人被捕，掳到曙光小学学校大院准备押到县城。在这紧急关头，小村共产党员郑培干临危不惧，以国民党乡长的合法身份挺身而出，为本村共产党员及群众担保，营救了70多名党员群众，但他自己却因叛徒告密而被捕，英勇牺牲，当天在县府门前一起被杀害的共有48人。康团包围了丁家疃和小村“剿共”，“当时说准备屠平丁家疃。康团凌晨进村，把丁家疃、小村包围起来。”［丁权布，050327］“把丁家疃的十几个人抓起来绑到菜园里，后来检查看手上有老茧都放了。我那时不到12岁。”［丁权军，050319］“那时丁家疃人丁权黄［人名］刚从东北回来，打扮与一般人不一样，康团就说他是共产党员被带到县上。后来，村里去人才把他保了出来。”［丁权布，050327］“向康团告密的人是东皋陆［村名］一陆姓人，他说丁家疃18岁以上的人都挎着双匣子枪，意思是丁家疃的共产党势力厉害。康团长遂派人着便衣到丁家疃村耍狗熊、猴子，其实是派暗探来做调查。那天碰巧共产党员在佩肖［人名］家开会，佩汪［小青年，很毛躁，不稳重］出来对着南墙打了两枪，被耍猴子的看到了。康团来了就想抓他，结果没有抓到。他藏到驴草垛里，康团的兵用刺刀插也没有找到。”［丁权布，050327］

在日照暴动失败之后，国民党政府除镇压广大人民群众外，还在山字河［村名］安置了所谓“劝共产党员自首”登记站。这时山字河的郑凡伯①已经公开投国民党，拿着小红旗，敲着锣串村说，“谁是共产党，快出党啊，出党搁上一块钱上山字河村找郑寿卿［人名］”。郑寿卿是国民党党员，他就明说，“我是国民党员，只要共产党员选择退党就什么事情没有了。”那时退党的共产党员要到山字河交一块现大洋。郑凡伯本是共产党员，后来秘密叛变了，是他派人暗杀了郑培宣。这一天，郑凡伯找到大佛［“大佛”是绰号，大名郑世果，共产党员］，欺骗他说住在丁家疃

① “（郑）凡伯土改时被拿起来了，他是真叛变。”［丁权布，050327］

的大德［即郑培宣[①]］叛变了，今天大德到高兴［镇名］做地下工作，你去把他杀了。大佛就暗杀了大德。事后，郑凡伯又故意叫大佛去南山前做事情，结果在风门口［地名］把他杀害了。郑培宣被杀害后，他和另一个共产党员的头被挂在皋陆［村名］南门的柱子上示众。

日照暴动时，丁权布当时还小，只有10岁，没赶上参加。那天晚上他在南岭割黄豆，看到从南岭下来不少人，还打着黄裹腿。到以后听说他们是在学校暴动。当时，在曙光小学活动的这支暴动分队据说只有70多人，没有多少枪，最后被打垮了。暴动队伍还曾经到了西边的宅科村，战斗了一场。那时宅科村有一个共产党员，跟着［参加］暴动，他给该村的恶霸袁界三［人名］家点上火，结果西北风把火蔓延到全村。村里人都到外面躲避暴动了，没人救火，把全村烧了。暴动失败后，形势恶化，东村参加暴动的权知［人名］、少潜［人名］、贵红、树红等影响大一点的人都潜逃外地，有些人跑到烟台，有些人躲藏到青岛。参加暴动的多数人没有外逃，潜藏在家里。到秋天跑到外面的少潜等人都回来了，老百姓在那里时间长了不行，跟上边联系不上。那时共产党员参加活动、上青岛等地都是花自己的钱，真是自愿的。最后，东村的权知［人名］等三十几个共产党员基本上都退党了，还有少数几个没有退党的，谁也不知道，他也不说，不找组织，也就算完了。这些人并没有叛变，事后组织没有处分他们。

创建邵疃两等小学堂，并对本地学生实行免费入学，这一方面说明了该地开化早，得洋务风气之先；另一方面说明本地有重视教育的传统。该校对本地农村子弟迈出农门奔向更广阔天地提供了有利条件，周边村庄在外面闯出名堂的70岁以上的人都受益于这所学校的教育。不过，即便不收学费，让孩子上学对大多数家庭来说也是件奢侈的事情，实际上每个村庄来校上学的儿童数量很少，正如丁佩银所讲“家里没有三四十亩地的户谁上起学了！［那

---

① 郑培宣（1912—1933），日照市东港区后村镇小村人。1929年考入北平第十七中学。高中毕业，又考入北平师大，参加了马列主义学习小组。寒假回乡，他和郑野云在邵疃小学创办《曙光小报》，宣传反帝反封建的进步思想。1932年加入中国共产党。同年10月，日照暴动失败，郑天九到了北平，通过郑培宣与中共北平市委接上关系。为尽快恢复日照党组织，郑培宣受命秘密回到家乡，与山东省委派到日照工作的负责人祝刚及中共党员日照中学教员李云鹤接上头。在白色恐怖中，他不顾个人安危，四处寻找暴动失败时隐蔽下来的党员。他还用父亲卖地的80元钱，到上海买药品，救治受伤的同志。当时在大连的安哲也派人潜回日照，协助他恢复党组织，计划秘密召开党组织代表会议，酝酿发动二次暴动。1933年2月19日，郑培宣外出活动，在日照县芳沟西岭被叛徒郑世果暗杀，年仅21岁。（日照市地方史志编纂委员会编：《日照市志》，齐鲁书社1994年版，第747页。）

时上小学］就跟现在上大学差不多。”［丁佩银，050417］东村只有富农和个别中农户家庭有子女上学，在所调查的70岁以上的本村男性老人中只有中农户丁仕赞、丁佩昌、丁权桥在新中国成立前正式上过私塾或学堂。丁仕赞的话很有代表性：“我上了两年学就回家放牛，因为家里没有放牛的（人）。那时没有特别重视文化教育的，能吃上饭就不错了。”［丁仕赞，050419］由此可见，尽管有免费的学堂和重视教育的传统，如果让农民在教育与谋生之间做选择，他们会毫不犹豫地选择谋生。通过教育来改变命运，对绝大多数农民来说，还是一件可望而不可即的事情。下文引述汉皋陆村曹吉鸿的回忆，让我们从另一个侧面了解新中国成立前农村父亲望子成龙的无奈：

“我家到汉皋陆［村名］以来，就给本村姓丁的看林①，我父亲除了种地以外，还以做短工为生，他一生受尽了封建社会的种种痛苦，也尝尽了剥削阶级大鱼吃小鱼、小鱼吃虾的层层剥削和残酷无情的各种压榨。但是他想出气，他想翻身，才在少吃无用饥寒交迫的家庭里抽出我来上学。本想我会学有所成，有一天能站着和人家一样高，坐着和人家一样齐。谁知他多年来，不知挨了多少饿，遭了多少罪，结果，我出得学来还得‘扎觅汉’，还得做短工，他怎样我还是怎样。对他本人的愿望没有丝毫实现，相反的还受到当地的地富分子们讽刺说：‘喜鹊窝里抱不出凤凰’‘庄户孙骨头’② 坐不得八抬轿，癞蛤蟆想吃天鹅肉向哪里去捞？’我父亲争取翻身的心理老是不死，接着又让我弟弟上学。当时，他才7岁。一个穷佃户的孩子，早已养成见人害怕的性格，好容易动员说服送到学校里，常是来家哭着要求不去。我父亲认为他是没出息，想逃学，老师打是应该的，就逼着他非去不可。就这样吵一回，打一回，撵一回地逼来逼去，经过一个相当长的时期，弟弟病了，先是咳嗽后是喘，最后力不能支，宣告辍学。而我弟弟的病也逐渐由轻转重，现在基本成了个废人。原来该校老师是一个破落地主出身，他教学，认为教有钱人家的孩子，能给老师送礼，能请老师吃酒，孩子也长得体面；穷人的孩子既没有什么贪图，又脏又瘦，干脆揍出去了利索。所以他采取了一系列毫无人性的极为严重的肉体体罚。据说，他拳打脚踢是家常便饭，板子敲、竹条抽是没头没脸地任意抽打，更厉害的是叫学生把火石砸碎，把有尖有棱的石子铺在月台上，叫他跪在上面。有时用细麻绳子从凳子缝里串出来把他两手的大拇指拴住

① “看林”是指看护“坟场”。

② 这是骂人的话，意指“乡巴佬贱骨头”。

跪在有石子的地方用木板打手。他这样的学校生活，在一个体质幼嫩的学生身上实在难以忍受。不上［学］来家，又怕吃打受骂，迫不得已每天上学就去村东边长满蒲草的池塘里藏着，约莫到了放学时间再回家吃饭，有时从上午直到日落才回家。就这样折磨出来的病。"①

丁佩银这样评价日照暴动："从现在的材料看，日照暴动是在党的'左'倾路线指导下进行的。② 当时县委乃至郑平等对暴动其实都不甚积极，但上头来命令压。再一个上边寄来号召暴动的信件被学校无关老师看了，暴动情报泄密，也是不得不提前举行暴动的重要原因。现在看当时准备不足，内部意见也不统一。13 日暴动，北路由安哲指挥，南路由郑天九指挥攻打石臼［地名］、涛雒［镇名］，准备在日照县城集合。可是久攻石臼、涛雒不下，农民队伍不行啊！向西退却到平家村［村名］，再到宅科［村名］，16 日退到曙光小学重新整顿一下，向北走准备会师却被敌人追上，队伍解散隐蔽，头头［即暴动领导］逃到外地：安哲到大连，后来被叛徒告密，死在监牢；陈雷［牟春霆］③ 到上海；天九跑到北京。

---

① 《我家的血泪史》（汉皋陆小学曹吉鸿同志口述），载后村档案 1963 年永久卷 9。

② 1931 年 1 月，中共中央六届四中全会上，王明"左"倾路线在中央取得了统治地位。1932 年 6 月，中共临时中央在上海召开北方各省委联席会议，山东省委书记武平与会。会议批评了"北方落后论"，否认革命发展全国的不平衡性，通过了《革命危机的增长与北方党的任务》《开展游击运动与创建北方苏区的决议》，错误地提出了不切实际的立即创造北方苏区的要求，促成了山东农村自 1932 年 8 月博兴暴动后，相继爆发的益都、日照、沂水、苍山、龙须崮和胶东"一一·四"等一系列暴动，再次掀起山东农村武装暴动的高潮。［参见《山东各地农村的武装暴动》，2011 年 3 月 25 日，中国年鉴网（http：//www.zhongguonianjian.com/a/gjjy/diqujiyi/shandongjiyi/2011/0325/69249.html）。］

③ 陈雷（1907—1991），原名牟春霆，又名牟敦雷，奎山街道牟家小庄人。中共日照县委第一任组织部长，日照党组织的创立者和主要领导人之一。1926 年 10 月，在党团组织的发动下，赴武汉参加北伐，任国民革命军第十一军政治部干事。1927 年初，入中央农民运动讲习所学习，3 月经邓恩铭介绍加入中国共产党。"马日事变"后，参加独立师保卫武昌。大革命失败后，他遵照山东省执委的指示，于 1927 年 9 月回到家乡日照开展农民运动。1928 年春中共日照县委成立，他负责组织工作。此后，他以在本村担任教员的身份为掩护，秘密从事党的组织活动，先后发展了一批长工入党，并在牟家小庄建立了党支部。1932 年春中共日照县委改为中心县委，他任组织部长。10 月 13—26 日，日照暴动中任中国工农红军鲁南游击纵队政治部主任。暴动失败后遭通缉，11 月到上海。1933 年由党中央派往福建第十九路军工作。不久，回上海在中央特科工作。1935 年去天津工作，任天津、北京、华东五省联络局负责人。1938 年到延安学习，后任延安中社部工读学校校长、陕北边区保安处驻绥米情报站站长、陕甘宁边区交际处副处长。1946 年任北平军调处执行部中共方行政处副处长，山东救济分会秘书长。1948 年任中共中央山东分局副秘书长，青岛市军管会委员兼秘书长等职。新中国建立后，历任山东省人民检察院检察长，省人大常委会党组成员兼秘书长，政协山东省第四届委员会副主席，中共山东省纪律检查委员会书记，中共山东省委委员，第一、二、三届全国人大代表，第六届全国政协委员，山东省人民政府副省长，山东省第五届、第六届人大常委会副主任、党组副书记等。1991 年在济南因病逝世，享年 84 岁。

天九到北京找到郑培宣，郑培宣直接受北京市委领导，组织派郑培宣回日照重建组织。郑培宣回来后看见伤病员没有医药伤口溃烂，他知道陈雷在上海还没有找到组织，就到上海找到陈雷，帮他找到组织［那时党中央在上海］，另外批［指成批购买］一些药回来给伤员发下去。郑培宣很能干，找上原来的老党员、老领导，准备在他家开党代会，结果在山前［地名］被郑世果暗杀，年仅 21 岁。”［丁佩银，050417］

日照暴动共坚持了 13 天，经历大小战斗 30 多次。这是当时山东省内战斗规模最大、坚持时间最长的一次武装暴动。暴动中有 137 人牺牲，失败后又有 85 人被敌人逮捕杀害。暴动虽然失败了，但共产党在东村附近的早期活动及暴动对当地老百姓产生的影响却是深远的。“暴动失败了，学校停课了。从 1932 年一直到抗日时期，这里基本上没有革命的气息了。暴动前共产党说什么老百姓就信什么，暴动失败后，国民党占了优势。国民党大肆宣传，说共产党怎么坏，老百姓不相信，因为他家可能就有当共产党。”［丁佩银，050417］“日照暴动虽说在中央挂不上号，在山东可是了不得的事情。”［丁权军，050319］共产党之所以能够借着抗日的潮水重新活跃起来，与日照暴动不无关系。“咱村没有向敌人告密的，其他村有这种情况。咱村思想上好点，为什么呢？因为咱这里开化早，从民国二十一年暴动就有影响。咱这里的农民没有见到共产党说害怕的，有些地方造谣共产党吃小孩什么的，咱这里不信那个事，说不定谁家就有共产党。三几年共产党在咱这里干的事都是正事，没有干非法的勾当，都是给老百姓办的事。所以后来来了共产党还是相信共产党的。”［丁权军，050319］

1983 年，日照暴动领导人陈雷同志谈起这次暴动失败的原因时说：“现在我觉得，这次暴动用一句话说，就是王明‘左’倾冒险主义错误指导下的一次盲动。因为革命总要从客观实际出发才能胜利。暴动，建立革命根据地也要有个客观条件，而我们当时不具备这个条件：第一，我们那地方没什么名川大山，都是些小山，根本隐蔽不下；第二，当时山东的军阀正处于比较稳定的阶段，敌人力量太大；第三，‘反对北方落后论，创造北方苏维埃’这句口号本身就是‘左’的，错误的。在这个错误方针的指导下，这一时期山东先后组织了博兴、日照、苍山、沂水等一连串的暴动，没有一个成功的。此外，我们的干部缺少经验，组织不严密，也是暴动失败的原因之一。"①

陈雷对日照暴动失败原因的总结是比较全面的。虽然它是"一次悲壮的尝试"，但是我们依然为共产党人在敌强我弱的情况下毅然举起暴动大旗的壮举感到震撼，对数量很少的青年党员能够在如此短的时间内组织动员起这次暴动深感钦佩。这是共产党组织在日照地区第一次正式登上政治舞台；这次暴动建立了革命武装，日照人民第一次有了自己的军队，在中国北方燃起了共产党领导的革命的烈火；这次暴动造成巨大的革命声势，动摇了国民党政府的统治基础；这次暴动有明确的政治目标和行动纲领，解放了人民群众的思想，"打倒封建阶级""人民当家做主"不再是大逆不道，而是天经地义的可实践行为。暴动把共产党的影响扩展到了百姓身边，在组织上留下了革命的火种，为后续革命活动奠定了基础。②

---

① 邓撰相：《日照暴动：一次悲壮的尝试》，《大众日报》2012年12月4日第9版。

② 秦洪河：《"日照暴动"三思》，2013年5月17日，日照党史网（http://www.rzdangshi.com/dsqk/tts/20130517110846.htm）。

五　对农民参加暴动的思考

中国民间有句俗语，“宁为治世犬，不为乱世人”，反映老百姓对和平安宁生活的渴望。那么，在20世纪二三十年代的东村村民究竟是出于何种动机，放着“安生”日子不过，而敢于参加有可能掉脑袋的革命暴动呢？对于这个问题的答案，需从两个维度来考察：其一，当时日照县的县治秩序状况；其二，日照县共产党组织早期的活动情况。

从《山东省日照县中共党史大事记（1921—1949）》（讨论稿）[①] 记载之点滴可以管窥20世纪二三十年代日照县的县治状况：（1）1927年3月30日晚，因张宗昌的直鲁联军第八军第十三师顾震部某营，在安东卫催逼给养，勒索民财，引起民愤。王冠三等率领大刀会300余人攻打安东卫，杀死官兵50余人，擒100余人。（2）1927年4月4日，大刀会6000余人，包围攻打涛雒数日，有力地打击了盐巡和奸商。不久，直鲁联军旅长王恩毓率部来日照弹压大刀会，因“放纵大刀会”被师长方永昌擒杀，其部被缴械收编。（3）1927年6月12日，五省巡阅使孙传芳部，被国民革命军在长江以北击溃。其第二师、第四师残部乘民船50余只从连云港由海上溃逃至岚山头一带；另一部从台儿庄退至日照境内，然后逃至青岛。溃军所到之处，无恶不作。（4）1927年6月28日，国民革命军第十七军曹万顺部北伐攻克日照，驻城南。县中师生和地方各界人士组织大规模活动，欢迎曹部。（5）1927年7月22日，孙传芳部自青岛又卷土重来，在傅疃［地名］与北伐军激战数日。后北伐军撤走。不久，军阀毕庶澄窜来日照，扩充武装，鱼肉百姓。接着自称第三十六军军长的陈宝初率领一批日本浪人占据了日照城。（6）1928年2月19日，县西北部红枪

① 中共日照县委党史资料征集小组办公室：《山东省日照县中共党史大事记（1921—1949）》（讨论稿），1983年。

会千余人包围县城，同顾震部激战数小时。（7）1928年10月，刘桂堂率千余匪兵窜扰日照。始占石臼所、涛雒等地，后到安东卫、碑廓一带。（8）1930年9月，巨匪史义成在大坡、巨峰一带烧杀抢掠，无恶不作。11月，八十一师奉韩复榘令将其逐出日照。（9）1931年9月中旬，刘桂堂由莒县窜至日照沈疃一带。21日，刘匪包围日照城，22日晨攻陷，恣行杀掠，县长胡相蘅被掳。23日，韩复榘部运其昌旅来日照剿匪。24日，刘匪退出县城，窜至坪上一带，抢掠人畜而去。（10）1931年10月，史义成、郑全钦匪部40余人复窜至日照，独霸大坡一带50余村。（11）1932年10月1日，韩复榘之康占魁、陈延年两团和日照县警备队，以及朱信斋部，合剿史义成部于大坡，史被击毙。

从《山东省日照县中共党史大事记（1921—1949）》（讨论稿）短短几年中的几项记载，清楚可见20世纪二三十年代的日照人民除遭受天灾、疾疫之苦外，还经常遭遇兵患、匪患的折磨。在军阀混战的背景下，社会秩序可谓动荡不安，甚至县长都被土匪掳掠而去。广大底层民众在帝国主义、封建军阀、官僚、土豪劣绅、地痞无赖的多重压迫和剥削之下，过着朝不保夕、牛马不如的生活。这同样说明，20世纪二三十年代的老百姓想过一份安定的生活是不现实的。覆巢之下，安有完卵？为了求得生存，争取自由，日照人民自发地不断地进行一些局部和零星的反抗斗争。这些斗争在官军和巨匪面前，可能无济于事。但是，人们求安定、求保命、求发展的抗争火焰已经在日照大地上燃起。

同时，20世纪二三十年代又是一个革命思潮涌动的时代。一方面，辛亥革命推翻帝制，在华夏大地滚过革命惊雷。破除旧社会，建设新生活，成为当时主要的意识形态。求新求变成为大众普遍的呼声。民主共和在民间传播、主流社会对革命牺牲者的纪念仪式等，皆宣扬了革命英雄主义，参加革命党成为当时农村有志青年的一种自然选择。另一方面，辛亥革命后直至抗日战争爆发前这段时间，日照县一直没有建立起行之有效的行政管理系统，社会秩序比较混乱。蒋介石在形式上统一中国之后，韩复榘出任山东省政府主席，但他为巩固山东地盘、保存实力，一直与蒋介石的中央政府分庭抗礼，山东省实际上处于半独立的状态。军阀混战、地方割据、匪乱冲击、会党迭兴，这一切使得时局动荡不已，也为共产党组织的早期活动提供了空间。

从《山东省日照县中共党史大事记（1921—1949）》（讨论稿）看，

日照县党组织的初期发展大概经历了如下过程：（1）1925 年 8 月，安哲、郑天九、牟春霆（陈雷）、李平章等十余名日照籍青少年在济南成立“少年日照学会”。（2）1926 年春，安哲、郑天九由丁君羊介绍在济南加入中国共产党。（3）1926 年 10 月，安哲、郑天九、李平章、牟春霆等人受中国共产党党组织派遣，赴武汉参加北伐。（4）1927 年 9 月，在大革命失败后，遵照中共党组织指示，牟春霆、郑天九回到日照开展农民运动。（5）1928 年春，中共山东省委派安哲回日照县建立中共日照县委。安哲任书记，郑天九负责宣传，牟春霆负责组织。（6）1928 年 9 月，郑天九在山字河村吸收汉成运入党，并建立党支部。同时，还在三官庙办起“平民夜校”。（7）1931 年春，县委发动邵疃一带农民及各阶层人士开展反对“土胣”郑鄂廷的斗争，揭露他强占农民 2000 余亩荒山等罪行，迫使国民党山东省政府将其关押。（8）1932 年 2 月，中共山东省委决定将日照县委改为中心县委，辖日照、莒县、诸城、沂水等 4 县党组织。安哲任书记，牟春霆任组织部长，郑天九任宣传部长。日照县涛雒、夹仓、巨峰、邵疃、河山、两城等 6 个区委先后建立。（9）1932 年 8 月，中心县委在驻跸岭［地名］召开第一次党代会。安哲传达省委指示，决定秋后举行暴动。（10）1932 年 9 月，中心县委为准备暴动，在曙光小学和山字河郑李氏炮楼召开第二次党代会。（11）1932 年 10 月 4 日，中心县委在驻跸岭召开第三次党代会，议定了有关暴动的具体事宜。（12）1932 年 10 月 13 日，日照暴动按中心县委统一部署，南北两路同时发起。①

让我们再从细微处考察安哲、郑天九等日照县委领导人对贫苦大众的组织动员工作：1928 年春，安哲被派回日照组建县委。为便于开展工作，安哲在家乡安家村与牟家小庄当起了小学教员，郑天九任山字河村国货贸易公司推销员。在县委建立后，安哲负责城北区的工作，他以教学为掩护，利用多种形式接近群众，在安家村发展长工李芹年、佃户明世厚和织袜工安茂祥等人入党，建立了党支部。到 1932 年 10 月，安家村已有党员 40 多名。当时，党组织活动是十分秘密的。召开党组织会议的时间多是夜间，地点多是在草木丛生的坟地里、河滩或沟底。还要预先规定集合的暗号，例如，在坟茔地开会，谁去了就在预先规定的

① 中共日照县委党史资料征集小组办公室：《山东省日照县中共党史大事记（1921—1949）》（讨论稿），1983 年。

坟桌上放一块石头，然后躲到一边，主持会议的人看放齐了石头，就把坟供桌敲几下，大家才凑上来开会。安哲在驻跸岭上还搞了养鸡场，各个村的支部、党员来联系工作，都以买鸡蛋的名义到山上来。郑天九在山字河三官庙创办了“平民夜校”。他利用夜校，教育发动贫雇农，并首先发展了看庙的贫苦青年汉成运入党，建立了党支部。“平民夜校”办了3年多，培养出100多名积极分子，其中有50多人入党。1932年，是全县党组织大发展的一年。中心县委先后在日照县建立了涛雒、夹仓、巨峰、邵疃、河山、两城等6个区委、45个党支部、25个团支部，发展党、团员500余人，百余个村庄有党的活动，同时在诸城、胶南等周边县建立了一些外围点线联系，日照县成为山东省革命力量发展最快的几个县之一。与此同时，佃户会、觅汉会、盐民[①]会、车伙子[②]会、放牛会、匠人会等各种群众团体，也相继建立起来。[③] 郑天九在家乡山字河一带组织觅汉会要求增加工资待遇的斗争和组织佃农会开展减租减息的斗争，以及反对地主迫害佃农的斗争，这些活动都取得了胜利。特别是打击恶霸地主郑鄂廷的斗争，在铁证如山、群愤如潮的情况下，国民党县政府不得不将郑鄂廷关押，并追回他变卖校产所得的钱款，作为邵疃小学的固定基金。所有这些活动，都实实在在地解除了人民群众的切肤之痛，使群众得到了实在的利益。正因为如此，人民群众才真心地拥护共产党，跟着党干革命。[④]

共产党作为一支组织严密的外生力量经由本乡土人士嵌入到日照乡村社会之中，在较短时间内就显示出强大的动员能力，在一定程度上改变了既有的社会秩序。日照县委早期党的领导人，充分发挥党的理论优势与组织优势，充分利用当地的社会矛盾，敏锐发现并利用党组织可资活动的社会空间，积极响应群众希望组织起来反抗压迫的呼声，从社会最底层的受压迫者的动员开始，隐蔽开展活动，通过带领群众与恶霸做斗争，吸引群众并积极发展党的外围组织，培养积极分子并发展党员，快速壮大党组织

---

① 日照靠海，海边有不少制盐的盐场，盐民是指从事盐业生产的人。

② “车伙子”是指受雇于东家负责驾驭骡马牵引大车的长工。有时把受雇于东家负责推独轮车运货（俗称“赶脚”）的长工也叫作车伙子。

③ 日照市地方史志编纂委员会编：《日照市志》，齐鲁书社1994年版，第438页。

④ 秦洪河：《“日照暴动”三思》，2013年5月17日，日照党史网（http：//www. rzdangshi. com/dsqk/tts/20130517110846. htm）。

的力量。概括而言，混乱的地方秩序、群众反抗压迫的斗争需求、党的理论与组织优势、务实的科学工作方法等都是日照县委早期党组织有效开展组织动员工作的基本条件。

六　祠堂、族谱与村政

（一）祠堂、族谱

在费孝通先生看来，传统中国乡村是一个差序格局的宗法社会。宗族关系历来是中国乡村研究的基本内容。一般认为新中国成立前华南宗族势力比较强大，有较大规模的族田义庄等经济基础。而北方村落的宗族势力则大多趋向式微。东村及其周围十几个村庄均以丁姓居民为主。在20世纪上半叶，东村的宗族势力呈何种存在状态呢？

居住在曙光小学院后的丁佩银老人从教师岗位退休后，曾经张罗着为丁氏家族续族谱，但几年下来无果而终。“我今年75岁了，现在我们这些上年纪的人关心家族的事情。‘四清’时党委派了工作组，驻在东村，把老书、丁氏家谱都烧了。丁氏家谱一部共四本，这是咱这里唯一的一部，原来已经与涛雒［的一家印刷厂］联系好重印，但来了日本鬼子，把这事情搁下了。‘四清’时连这本也烧了，现在关心家谱的人也没有办法了。我可惜文化太低了，没有头绪，没有基础，很难搞［族谱］。现在连几大支都搞不清，我们这些人都不清楚，谁还清楚？丁姓唐朝过来日照海曲，河南信阳是丁姓的老根。咱这一块的老祖在山字河［村名］，山字河有丁姓文忠、文孝先祖。文忠的后人有［家］谱，文孝没有谱。为什么呢？因为文孝当时被姓张的招［赘］去，过了三辈以后，又认祖归宗。所以，这里的丁姓都是从这两支繁衍下来的。你看到村口的村碑内容全凭口述①，很少文字参考，要是有［族］谱参考一下多好！［前些年］小曲

---

① 东村碑内容：据考，此处先有邵姓居住，人称邵家场，明朝万历年间（1573—1620），邵姓他迁，丁姓徙此居住建村，改名为邵村。小村建村后，改称丁家疃。1949年分为东西两村，本村居东，称为东村。

河［有人］从台湾带一个分支谱过来，它也仅仅是个分支的谱。这个族谱的谱头与咱的族谱都是一样的，但后面不一样，所以我把谱头——《丁氏族谱序记》抄了抄。”［丁佩银，050417］

《丁氏族谱序记》记载了山字河、大曲河、小曲河、李家溇、东村、西村、马家店这一带丁姓后代的始祖来源。《丁氏族谱序记》分：《祖茔碑记》《日照丁氏迁徙记》《谱例之区别》三部分内容。其中《祖茔碑记》摘录如下：

丁氏至元二年岁次丙子季冬辛丑踵门来，告予曰：“不肖先人亡有年矣，兹谨附葬于先茔，敢以千纪，请予兴思。”会面之雅，义不容拒。谨按所具图谱而叙，次之始祖年代幽邈，逸讳可考者。高祖有一，治家有法，其余子孙妇氏难以备举具，载碑阴之右，窃谓：恩之家世自显至于今凡五世，即日照县进贤乡涛雒场人也，有子孙七十余，……

《日照丁氏迁徙记》内容摘录如下：

丁氏之居海曲也，前明旧谱谓肇自唐初与居诸邑济宁者，均出自北祖。唐时居港南，进贤乡涛雒场丁家村。元时老长支泉祖由涛雒场迁居山字河。前明万历初老长支之长支祖其身公由山字河居丁家疃，老二支德祖之后元时徙居于东港堐，又由东港堐析居灶上，厥后遂别为灶上一支，东港堐一支，又港南一支（旧谱云在唐初祖茔旁），又有宅阔一支。迄今惟山字河与灶上昭穆可序，余虽知其为一脉，而世系无从考矣。其由海曲迁徙于外者，青州临朐一支，沂州一支，城子一支，天津卫一支，因从军家于辽阳者一支，又由港南徙于版石一支，莒州纸坊一支，诸城封家岭一支。支派总目：

支派总目
山字河一支　系长孙
灶上一支　系二支
继仁一支
东阳一支
世郎一支
邦化一支
东港一支
怀一支
宅阔一支
北堐一支
港南一支
京师一支

以上十三支[1]出自灶上，虽各别为世，均系一脉［据古碑］

《谱例之区别》内容如下：

泉祖由元朝迁居山字河，自元及明先人皆归葬灶上，东茔名讳失记。明末始葬山字河立石门为志。始葬之祖亦失讳子二人。长文忠葬父墓左山字河，七支其后也。次文孝葬无所考。子五人兹由文孝祖公起历宦，祖至贡祖为郑家顶子一支，郎祖为大屯一支，历□[2]，祖至魁祖为荆家沟一支。石门茔祖公失讳，故世系由第二世起山字河，七支之后以文忠祖为第一世，自为一谱，文孝祖为第一世，自为一谱。旧例以文忠文孝系泉祖后，故山字河谱为老长支系德祖后，故灶上谱为老二支，兹由长支分排，文忠祖之谱为老长支之老长支，文孝祖之五支则为老长支之老二支。排世二十字：作、淑、全、培、世、承、家、笃、守、仁、得［德］、昌、方［芳］、致、庆、为、善、以、常、存。

“丁姓从日照分到山字河是元朝，从山字河到丁家疃是明朝，分出小村是清朝。［建在小村的丁氏］祠堂在什么时候建立不清楚，这是东村、西村、小村、石岭子、马家店的丁氏祠堂。过节时候我都记得去祠堂磕头，里面供奉着牌位，一个姓赵的客家子给我们照看。磕头时客家子给点点心说回去［给小孩吃了］好养。原来族谱都是木板印刷的，很厚的一摞。现在祠堂早没有了，祠堂是在1970年拆的，原来很早就做了教室。咱这里进步得早，开化得早，在抗日时把神祇收拾出来烧了。后来没有供奉神像，就是祭祖，［祠堂前面］还立有一个石碑，现在字还能看一部分，碑中间断裂了。”［丁佩银，050417］

在曙光小学内“中共日照县第二次党代会旧址”房屋的左侧5米处，笔者发现了这块长1.5米、宽1米的石碑。碑身中间有裂缝，中间的字已经被破坏，两头的字依然清晰可见。祠堂碑文内容如下：

---

① 实际只写了十二支。另“怀一支”原文如此。

② 此处原文字迹模糊，无法辨识。

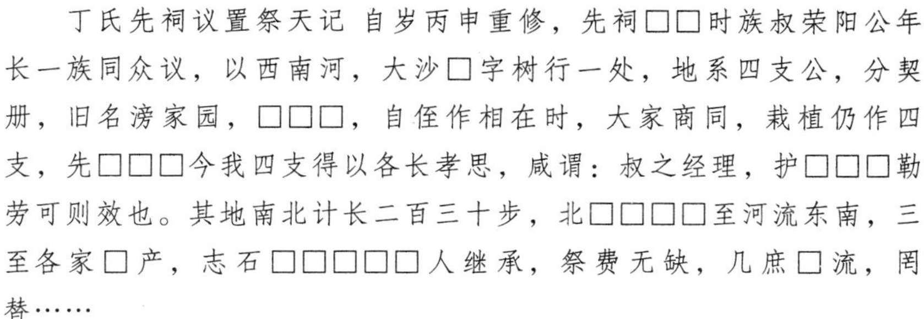

丁氏先祠议置祭天记　自岁丙申重修，先祠□□时族叔荣阳公年长一族同众议，以西南河，大沙□字树行一处，地系四支公，分契册，旧名滂家园，□□□，自侄作相在时，大家商同，栽植仍作四支，先□□□今我四支得以各长孝思，咸谓：叔之经理，护□□□勒劳可则效也。其地南北计长二百三十步，北□□□□至河流东南，三至各家□产，志石□□□□□人继承，祭费无缺，几庶□流，罔替……

光绪二十□年六月……严同弟星海、贤霁，侄旧勤等立石

“祠堂不是有钱人才可把老祖牌位供进去，祠堂是有钱出钱、有力出力建起来的。那时有属于祠堂的公地，收的租子用于每年四祭，过年、仲秋、春分、秋分。上坟与上供不一样，上坟是鬼节，上供是把老祖请回家。公地有多大不清楚，但估计面积不大。”［丁佩银，050417］

据丁佩昌［男，1917 年生］介绍，新中国成立前东村周围四五个村庄的丁氏后裔共有一处祠堂。这祠堂从祖上传下来，也不知道传了多少世了。丁权布回忆他小时候对祠堂的印象：“祠堂就是供奉祖宗牌位的地方，在百姓的生活中没有作用。过年要打扫卫生，要去磕头。不是大家都去，而是谁家有牌位谁去。拜祖也有一定的仪式，咱村丁佩修他爹当时还买了一身清朝的官服，红顶帽子，马蹄袖子，高底官靴，到春节初一这天到祠堂拜年磕头。我那时还小，都去看热闹，就像看演戏一样，学校建成后，人们也就不去参拜了。”［丁权布，050417］据丁权布回忆，在他十四五岁之前，各村还有族长，族长在村内有相当的权威，可以参与公共事务的管理。村与村之间出现纠纷或者村民打架斗殴时，由族长出面说话。1936 年前后就是乱世，村里就再没有族长了。以前的族长按辈分和年龄自然继替，不用选举。能否胜任族长也得看这人的本事和威望，如果自己觉得不能胜任也就辞掉了。

从祠堂、公地、族谱，还有族长的情况来看，抗战前村民的宗族观念还是比较强的。但宗族势力在村民生活中发挥的作用到底有多大呢？是否也像南方某些宗族一样拥有森严的族规家法呢？“说到族规家法，咱村和别的村庄不一样。小村、山字河村［曾出过三个举人，一个进士］、曲河村的丁姓有族规家法，这些村庄都出过人才，有名气。咱村的丁姓出自一个祖宗，但没有正式出个人才，村民穷，没有族规家法。”［丁佩昌，

050417］“［现在］户门间关系淡了，以前也差不多。如果这家手里有钱还可以，说了人家算［遵从］。没听说家法的事情。原先老祖可以打小辈，现在不行了。”［丁仕礼，050413］

从东村的情况看，抗战之前，宗族势力在村落社会中的影响还是有的，但没有族规家法，宗族作为村民日常生活中的权力实体地位就大打折扣。一些富农之家，因为生活境遇较好，希望光宗耀祖，对宗族事务比较关心。但深受窘迫生活困扰的绝大多数普通村民，基本上无力关心此事。丁佩修他爹买了一身清朝的官服，在正月初一这天盛装去给祠堂的祖宗拜年，小孩子围着看热闹，更多的是一种形式与游戏成分，而不是族规森严、庄严肃穆的祭祖仪式。随着现代文明的传入，以及时局的动荡，乡村传统社会秩序受到剧烈冲击，宗族的影响趋于式微。

（二）新中国成立前的村政组织

研究新中国成立前的村政组织，我们尤其关注村落里的权力核心、权力结构，以及村落中国家与社会的关系。根据已有的研究，中国王权专制社会的乡村精英大致可分为四类：绅士、宗族领袖、庶民地主及乡保之类的国家权力在乡村的“代理人”。[①] 其中士绅处于乡村精英格局中的领袖地位。张仲礼指出，国家权力的延伸通过将乡绅官僚化来进行的，国家既要控制乡绅，又依靠乡绅支持自己。[②] 但一般认为，绅士阶层并不屑于直接充任乡保类里甲职务，而是指派、雇佣庶民户、佃户或由庶民轮流充任。杜赞奇指出，随着清末以来国家权力向乡村的渗透，乡村的“保护型经纪”日益向“赢利型经纪”蜕变。[③] 朱德新的研究则关注了第二次国内战争以来的乡村“两面政权”的特征。[④]

丁权布回忆了抗战前乡村士绅的社会地位：“过去新来的县官必须先

① 项辉、周俊麟：《乡村精英格局的历史演变及现状——“土地制度—国家控制力”因素之分析》，《中共浙江省委党校学报》2001年第5期。

② 张仲礼：《中国绅士——关于其在19世纪中国社会中作用的研究》，上海社会科学院出版社1991年版。

③ ［美］杜赞奇：《文化、权力与国家——1900—1942年的华北农村》，王福明译，江苏人民出版社1994年版，第205页。

④ 朱德新：《20世纪三四十年代河南冀东保甲制度研究》，中国社会科学出版社1994年版。

了解咱这附近村庄有多少地主，然后走访，否则县官当不长久。县长走访的都是有功名的地主，没有功名的［土财主］不访问。”［丁权布，050327］抗战前东村没有地主，只有几户富裕中农，村民把他们称为财主。据丁权军回忆，他十多岁时，有个保安团运动［即20世纪二三十年代国民党县政府组织的民团①运动］，超过十老亩的户要买一支枪。“那时村里的管事人有庄长、闾长和组长，庄长就代表保长，二者是一回事。过去庄长、闾长等都是财主们凑一块商议让谁干，不用选举。村里管公事的人不是一年一换，有些人干得不好，或得罪了什么行［有本事的］的人，就换换。当时他们有什么待遇咱不知道，但是没有待遇他怎么会当?！到日本鬼子来时一年就要给保长多少钱了，这时就有两个庄长了，一个称保长［伪庄长］，一个称庄长。保长是伪庄长，负责给日本鬼子干事；庄长是两面子沾，来了鬼子就伺候鬼子，来了共产党就伺候共产党。丁家疃的丁权花［人名］就是伪保长，日本鬼子驻在沈疃［地名］，权花就要往沈疃跑。日本鬼子说要凑多少给养，他就回来和庄长商量，村民拿不上不行，拿不上的就挨打。一帮子人像庄长、保长、闾长、组长的一起［对拿不上粮食的村民］也打也敲的。”［丁权军，050319］丁权布回忆：“新中国成立前村里干公事的是中农或富裕中农户。贫下中农没有管公事的，不称职也没有文化。财主只享福，人家不干那事。在村里当那个官无所谓啊，就是跑腿，得罪人。得罪人就是得罪贫雇农。贫雇农拿粮拿不上，富裕中农就拿上了。财主也得摊给养。当时东村有五六个闾长，只有一个庄长，没有副庄长。庄长领着闾长一起去各户家要给养，不拿就搜。庄长、闾长的报酬，看得见的是年终吃顿饭，全村凑份子，看不见的咱就不知道了。管公事的多收点给养自己贪点的事有。安排谁当庄长就是那些财主们商议，贫下中农基本不知情，村里辈分大的族长也参加，族长说话也管用，过去家法厉害。当闾长的人也得是那些会溜须拍马、能言善辩的，都得是和庄长关系亲近的，能听庄长说的。耿直的人不会当选。从我记事时

① “民团”是指国民党日照县政府的武装组织。清末民初称团防。1915年改组建立县警备队。1928年，县警备队改组为民众自卫团（简称民团），县长兼任团长。各乡遂令也办理民团。为防止土匪洗劫，县内富豪巨绅、大小地主纷纷购枪，雇人办民团。在商业发达的村镇，商人也集资办武装，称为商团。1932年初，王家滩商团有30余人、枪；夹仓商团有30余人、枪。民团和商团的团丁，有的从佃户雇工中选拔；有的是由佃户雇工轮流充任；有的是雇佣兵痞流氓等游手好闲之辈。地主、商人雇佣旧军官或由自己充任首领。抗日战争爆发后，民团、商团自行解散。（日照市地方史志编纂委员会编：《日照市志》，齐鲁书社1994年版，第583页。）

就有庄长。日本鬼子时除了伪庄长外，还有一个庄长，伪庄长得听庄长的。咱村有两个庄长，鬼子也知道。鬼子来村，伪庄长也跑着躲鬼子。那时鬼子来催粮的条子在庄后用石头压着一大摞，村里不去拿啊。村里管公事的也想保护村民的利益，可是没法保护啊，各方来催要的给养太多了，你保护不了啊。那可真是乱世啊。太平盛世时财主也有亲自当庄长的，相熙［人名］他老爷爷就当过嘛。乱世要给养要不出来，财主就当不了了，就得交差。”［丁权布，060204］在抗日战争时期，东村有两个庄长，两个会计。给日本鬼子办事的叫作“洋庄长”，洋庄长并不是汉奸，也是从群众中选出来的。丁家疃作为抗日根据地的前沿地带，不给鬼子交给养，如果鬼子催得紧了，有时也交给鬼子一点。后来，共产党的力量日益强大，截断了鬼子的来路，就不给鬼子交粮了，鬼子有时就来强抢。

对于抗战前东村［丁家疃］的村政组织我们有了如下认识：村政组织人员有庄长、闾长和账先生等。村政组织的主要功能就是催粮要税，在兵荒马乱的年代负责为各种部队筹集给养兵员等。因为没有资金支持，村政组织对公共卫生、生产、交通等服务根本无力作为。村政组织人选由村里的财主、族长等有头有脸的人士凑一块议定，普通村民没有发言权。在太平盛世，有财主直接担任村政组织领导的情况，但在乱世，各方催要给养太多，村政负担太重，财主们就不亲自出马了，而是选用一些中农户或富裕中农户担任，但实权还是控制在财主们手里。总体上说，新中国成立前村政组织人员的社会地位不高，报酬有限，但其“赢利型经纪”的色彩并不浓厚。到抗战时期，村组织的两面政权性质就突出一些了，但随着共产党势力的增强，村政组织逐渐掌握在共产党的手里。

七　20世纪三四十年代的民生百态

施坚雅认为，过去对中国乡村社会的研究，几乎都把注意力集中到自然村落，这一观点歪曲了农村社会结构的实际。如果说中国农民是生活在一个自给自足的区域社会中，那么，这个社会不是村庄，而是基层市场社区。在每一个农村的基层市场，无论是接生婆、裁缝，还是雇工，大部分都能在体系内找到，这意味着每个农村集市所覆盖的区域，结成了一个稳定的关系网络。农民常常在市场社区内缔结姻亲关系，在市场社区内组织各种互助会，他们对体系外的家庭缺乏了解，害怕与体系外的家庭发生人事和经济关系。基层市场所覆盖的区域，就是他们的生活空间和文化空间。① 施坚雅的突出贡献在于，把人们对中国农村社区的理解从村庄聚落转移到农村基层市场。基层农村集市在农民经济生活、社会交往、文化生活、行政管控等方面的作用确实不容忽视。除此之外，农村生丧嫁娶等家庭大事件，农村的赌博、偷盗、吸毒等非常规行为等，也给予我们透视当时村落社会分层、寻觅乡村地方治理结构的有效途径。在后文中，我们会关注不同历史时期东村周边农村集市的一些特点及其变化情况。

（一）集市赌局与抽大烟

新中国成立前，丁家疃村民经常赶的集市主要是方圆5千米范围内的皋陆集、马庄集、焦家集、范家村集。那时集市上赶集的人比较少，但集市上赌局多，参加赌钱的人多。丁权后就经常看到本村的树后［人名］到处赌钱。这些人喜欢赌博，都上瘾了，有些人赌得倾家荡产。赌钱成为

① ［美］施坚雅：《中国农村的市场和社会结构》，史建云、徐秀丽译，中国社会科学出版社1998年版。

男性村民主要的业余“娱乐”活动，东村喜欢赌博的村民不少，比较出名的是佩景［人名］他爹，还有佩贵［人名］，但没有赌大钱的。丁家疃街西有个赌大钱的，据称是周边三个县的头头，但他在本村一般不赌。当时，农村基本上没有文化娱乐活动，冬闲时候有些村民喜欢赶集听评书，看耍小魔术的。那时集上总有两三个说评书的，有大鼓、鱼皮鼓。常听评书的人每集早早就去了，说书人说一个回目要一次钱，每人每次给两三分钱，一次给五分的很少。说书人一上午收三四次钱，每人总共大约给一角钱。

在土改之前，丁家疃有抽大烟①的；在土改之后，就没有抽大烟的了。据丁权布介绍，老百姓抽大烟是从地主那沿袭来的。过去富人吃大烟的一个主要目的是为了把孩子拢在身边，否则孩子就走了，到外面闯荡，或者出国了。让孩子抽大烟是为了把孩子圈在身边，不参加国家大事。地主有财富，不怕把家吃穷了。丁家疃抽大烟的村民有兰平［人名］、佩时［人名］、村西头“起腱子”［绰号］两口子、小舟［人名］家爷俩和他娘，都抽上瘾了。这些人抽大烟没有把家吃穷，因为他们外头有亲人，有教学的，有当伪军的，等等，给他们提供一些经济支持。在当时，抽大烟并不影响男青年娶媳妇，只要家里有钱、有地就行，那时土地稀罕。当时农村抽大烟的人并不都是家里很有钱，穷得穿不起衣服的人也有抽大烟的，所以不能一概而论。丁家疃周边集市上没有卖大烟泡的，只有山字河村有卖，那些想抽大烟的人直接到山字河村购买。

旧时农村有重男轻女的文化，一定程度上因为男孩、女孩对家庭的经济效用不同。据村民反映，以前谁家有个闺女就愁死了，因为养闺女是折本的“生意”。在日照县，女人放脚是在日本鬼子走了后才正式开始的。在村民看来，把闺女养到 18 岁，她除了挖野菜、拾柴，基本上不能给家庭带来任何其他的经济收入。闺女自己不挣钱不说，出嫁还需娘家陪送嫁妆。那时候的彩礼很轻，男方做条裤子就算彩礼了，但女方的嫁妆却不能太少，很多女孩家长视之为负担。有闺女的人家愁，那些儿子多的家庭也愁，因为农村没有什么出路，儿子多了也是扛锄“扎觅汉”，盖房娶妻都有压力，儿子多并不能给家庭带来经济转机。

① “抽大烟”是指吸食鸦片。

（二）大家庭的生活

中国传统文化尊崇多子多福，家大业大。在20世纪上半叶的东村，家庭结构如何？“大家庭”能够占到多大比例？大家庭的日常生活与小家庭有何区别？大家庭内部是如何进行管理的？带着这些问题，笔者访问了新中国成立前东村几个大家庭的成员，其中有丁佩源、丁少子、贺淑芳、安玉玲等人。[①]

据村民反映，1949年前后，多数人家讲究家大业大，一个大家庭在一起过，在别人眼里很光彩。维系大家庭的核心力量，是婆婆。那时候婆婆在家庭中有绝对的权威，如果她愿意拢在一起过，基本上这个大家庭就分不了家。当时丁家疃的北岭自然村有少子［人名］家和赵写［人名］家两个大家庭。岭上别的人家，如赵护［人名］、赵永来［人名］、汉吉明家等都已经分家单过了。丁家疃庄里也有几个大家庭，房屋少不是限制分家的关键因素，主要是婆婆起作用，能把几个媳妇团结在一起过日子，不是件容易的事情。因此，这样的扩展大家庭实际上数量并不多，合作化之后就没有了。少子家在婆婆去世后不到一年时间就分家了。大家庭的经济管理：整个家庭是一个经济单位，儿子不管干什么，挣的钱都要交给父亲；儿媳搞点副业挣的钱归她本人，称“体己钱”，如结网子［以前妇女用作拢头发的网，用丝线结］、纺棉线、秋天拣花生卖了等，这些钱都归媳妇个人；夏天和春节大家长会给每人几元钱做衣服。

贺淑芳一家是新中国成立前东村少数几个大家庭之一，她介绍说：“那时候［我们］不知道分家好啊！就是婆婆［坚持］嘛，都糊弄一块，［大家庭在一起］忍饿受穷。婆婆不死，我们还不会分家。那时人傻啊，我们［妯娌］也不淘气，晚上都起来推磨，大嫂还放牛。不分家不是因为缺房子，我们有房盘，也有木料，就是老祖的原因。糊弄在一起，大嫂家沾光，大哥当兵不在家，如果分家他家的地谁给种？在一起［生活］，大家帮着种。我［嫁］来时大嫂家的大侄子刚能爬，侄女7岁。大姑姐

① 丁少子、贺淑芳、丁佩源属于一个大家庭。丁少子兄弟三人，大哥丁少成，二哥丁少风，贺淑芳是丁少风之妻，丁佩源是丁少成的大儿子。赵昌家是东村当时的大家庭之一，安玉玲是赵昌的媳妇，赵昌兄弟三人，大哥赵写，三弟赵文。

出嫁了还一直住在这里，她的第一个孩子在这里死了。这天，大姑姐的第二个孩子又有病了，她害怕了，［正］发着大水[①]婆婆让三弟把大姑姐娘俩送回臧家荒［村名］。三弟回来后生气地对婆婆说：‘老是让我姐住在这里，人家现在有吃的了，吃得比咱家还好！’婆婆就说：‘那咱还知道！’［日本］鬼子［统治］时咱家岭后［贺淑芳家属于丁家疃北岭自然村］皋陆［村名］就是鬼子地，咱在这里生活整天提心吊胆。少风［其丈夫］还遭了个罪，那时我还没有嫁过来。姑姑家是代疃［村名］，婆婆让少风在那里帮姑姑干活。那天姑姑带他去赶南湖集买花生饼，被皋陆人告密了，他被鬼子抓走了。南湖是鬼子地，咱这是八路地，鬼子让家人拿钱赎人。不但他受了罪，家里也几乎卖空了。那些坏蛋才坏呢，数九寒天让他在冰上走。家里的柞树卖了，大姑姐、大嫂等把结网子卖的钱也凑上。察鬼子[②]不给他吃东西，他只能拣点煎饼渣吃。那时牟寿奇是鬼子的大官，人被释放放出来了得到官那里说一声。［少风］就到了牟寿奇那里，人家很好，拿出煎饼给他吃，不敢让他吃多了，怕撑断肠子。少风［从鬼子看守所］出来后又雇到北疃［村名］‘扎觅汉’，秋收完了，分点红薯干、大豆等用小车推回来，老少［一家人］一起吃。少风扎完觅汉，我就嫁过来了，他又去推汽油桶赶脚，一次出去要好几天。少风回来，大侄子就高兴了，因为少风都给买点吃的回来。大家住在一起，当时只有大侄女和大侄子两个小孩。少风不做赶脚，就开始打［红］铁了。三弟不出去打铁，上坡干农活，我们帮着干。当时我们家有 13 口人，我有了一个孩子，三弟媳妇也嫁过来了，也有了一个孩子。那时家有多少地我不清楚，葡萄井一大片都是咱的地，地不少。有那么多的粮食也不够吃，就种那一点穇子，还产什么！那时候晚上推磨不能点灯，为省点油。不敢说那时候的事啊！不光吃得不好，还躲鬼子呢！少风出夫子了，我、公公、三弟挑着担子，大侄女牵着牛，二姑姐、大嫂等跟着，我们都跑到马庄［村名，距丁家疃有 5 千米］。公公说我们得 3 个月回不来，结果破衣烂衫地都收拾起来，可把三弟累坏了。婆婆有抗属证[③]，把抗属证放到发髻里。解放后大哥复员回家，带了一点钱，还有 1000 多斤高粱。邻居

① “发着大水”是指下暴雨发洪水。

② “察鬼子”是指伪军。

③ 贺淑芳大哥丁少成在共产党领导的抗日队伍当兵，地方政府颁发了抗日家属证书。

都劝咱不要买地，说有钱的话买点吃的吧。公公、婆婆偏不听，在西北岭买了 6 分地，没种几年，就归了公［指集体化］。”［贺淑芳，050504］

赵昌［人名］家也是东村的大家庭之一，其妻对大家庭颇有感触：

“大家庭不好。有的大家庭到了 60 多口才分家。像我娘家一年遭了三次贼，再不分家就麻烦了。还是现在小家庭好，你看现在小家庭有三口人，谁也不便宜谁，三个人好好过日子，有个孝心双方父母都孝敬，双方父母一样看待。在大家庭里面，你有心眼你抠点，我有心眼我挖点，就那憨的在里面生闷气就气死了！还是现在三口人好，不管是一个女孩还是一个男孩，人口少发展得好，钱财多。［那时］不是不知道分家好，过去就是这么个社会，辈辈传下来。你分家分到哪里？地主分家行，他又不分；穷汉怎么分？穷汉生一大群儿子，他分到哪里去？［穷汉］没有屋，我亲眼看到有户人家有三个儿子，家里只有三间屋，分家，一个儿子一间屋，父母没地方［住］只能在院子里打个草棚子，死在院子里。这是贫雇农的家庭。富人不分家，你有三间屋，我有三间屋，大锅［是个可以］十二人吃饭的锅，饭熟了各家把饭打到盆里端回各自的屋里吃。不分家跟分家一样，老祖还找分家的麻烦干什么！有些大家庭三辈住在一起，这样老婆婆妯娌之间就合不上块了，各窝顾各窝。虽然这样，掌勺的［指当家的婆婆］卡着，就一锅饭，按人口分饭，各窝也不能怎么样。［可是］这样老祖就非常操心，非常累。大地主看人家都不分家，自己分家就羞死了！”［安玉玲，050507］

（三）孤儿童年苦

丁佩农 1927 年生在东北，7 岁没了爹，爹娘死在东北，死时都才 30 多岁。8 岁那年他被人从东北带回山东老家。一路饥寒交迫，走到青岛时没有盘缠了，他被抵押在青岛待了一个多月。从青岛回到丁家疃之后，暂住在二奶奶家，但是二奶奶对他不好，说他吃得多，不能干活。有一天，正下着小雨，丁佩农出去玩回来二奶奶就不给开门了，让他到别人家住。没有办法，第二天丁佩农被送到皋陆［村名］的外婆家。当时，丁佩农其实有一亩多地，却被近房占用着。按说，在丁佩农名下的土地有四五亩，因为他祖上有四支，都绝后了，这四支的土地理应由佩农继承。但是，这些地却被丁佩农的两个近房少三［人名］、少潜强种着，这两人对佩农非常凶。丁佩农在丁家疃没有一个真正的亲人，这是他一生中最困难的时候，多亏外婆把他养大。14 岁那年，外婆年老体弱，丁佩农从皋陆回到了丁家疃，他的一些近房不仅没有关心，有人还诅咒他死。又过了几年寄人篱下的生活，当他长到十七八岁的时候，望着那些强人就不再害怕了。丁佩农 19 岁结婚，媳妇是石桥官庄［村名］人，村干部丁佩森［人名］媳妇是女方的亲姨，也是丁佩农的媒人。那时男女青年结婚前不能见面，结婚彩礼不用现金，男方只需做身衣服、买对耳坠就可以了。结婚时丁佩农没有做家具，那时他正可怜，媳妇是用轿抬来的，女方陪送了个“二半妆子”：一个站橱，两个大箱子，一个小箱子，陪送了被子。当时多数家庭嫁女陪送“小四件”①，很富裕的家庭才会陪送“大五抬”②。

（四）丁子平轶事

丁子平，原名丁权均［1869—1947］，东村人，村里人尊称他老子平。据《曙光小学校史》（征求意见稿）记载，他自幼读书，后在家中开办私塾近 20 年，学生数批。1909 年春，在流日学生丁绕宾倡导和众乡亲支持下，丁家疃及周边几个村庄废除私塾，建立了教授现代科学文化，带有反帝反封建色彩的邵疃两等小学堂，丁子平出任校长。1914 年夏，在小村丁树绅［学校董事］、丁树燧捐地 5 亩的带动下，附近各村献工献料，丁子平指导建新校舍 20 间，义铺上学石路一条。1922 年，他因护校权，被侵吞校产的恶霸郑鄂廷［“土彪”］强行解职。他愤然回家自办学校，将“土彪”罪行状告于国民党日照县政府。经过 7 年斗争，1928 年，在地下党组织支持和师生等人努力下，县政府关押了“土彪”，丁子平又被请回当校长。1930 年，他自觉年老，举荐马家店的郑平任校长。在抗日战争期间，学校遭日本飞机轰炸，被迫停课，他用弟弟的房屋做教室，招学生续读。直至 1940 年春，曙光小学复课，已年逾古稀的他随学生回校，又任教数年。

在乡亲眼里，丁子平威望很高，是很忠厚的一个人，当过校长，和

① “小四件”是指嫁女方陪送的一对箱子、一对方杌、一对捧盒、一个抽屉桌子，俗称“小四件”。

② 在“小四件”的基础上，再加一个大衣橱就是“大五抬”。

“土匦”斗争过。丁子平会中医，开方子不要钱，也不卖药，周围村庄有很多人请他看病。他胆子很小，很心细，开药方剂量很轻，让患者多吃几副药慢慢痊愈。开药的第二天早上，他还会到那户人家门口偷听，看有没有因为吃药出了事故。南山魏老四［人名］是丁家疃与小村集体雇佣的“客家子”，负责给丁姓看庙。魏老四也懂点医术，能诊治时疫，他开的药方患者吃两副病就好了。但是这个药方让丁子平看到了，他就说：“这还了得！这是给牛吃的。”

丁子平一辈子教书育人。他自己家里有闲屋，晚上青年愿意学习他就教，谁愿意学谁自己到他家去，他教课不要钱，纯粹给大家伙服务。自从有了丁子平，以前东村虽然文化多的人不多，但都识几个字。丁权布记得小时候在木匠屋里的老头堆里玩，丁子平在那里读报纸，说中国出能人了——朱毛［指朱德、毛泽东］。国民党的报纸也刊登这种消息，说出了朱毛“反革命”了，那时村民都听国民党的话。丁子平成分是富农，但土改复查时村里没有动子平，即使他儿子是国民党都没有动他，因为他威望高。村里没有人说他是孬人的，土改复查时弄他的东西他不在乎，就是弄他的书心疼的疯了。但是尽管疯了，他还到处找粉笔在黑板上写毛主席等，字写得很好，一点不错。

在众多受访者中，没有一人对丁子平说一句消极的评价话。笔者由衷感慨东村有这样的忠厚文化人，是一件多么幸运的事情！在访谈中间，一位温和长者的形象浮现眼前：他在茶馆给围坐周围的村民读报，夜晚在自家塾房给村娃们免费授课，清晨贴门听听吃过他开中药方的人家是否因为吃药出了事故，他仗义执言带领师生民众与“土匦”展开不屈不挠的斗争，并愤然辞去校长职务……中国传统乡村正是因为有了丁子平这样的人，才有了中华文化绵延不绝的根基，才有了村庄伦理永续传承的道统，也是千万离乡赤子魂牵梦萦乡土情怀的源泉。

（五）打官司与绑肉票

安玉玲对于旧社会农民打官司及土匪绑票，有如下记忆：

“过去如果打官司打输了，［这个人］回老家，老家谁也不认他。改名换姓是因为什么？［即使你有］天大的本事，一旦打官司输了，就得改名换姓。我娘家村有个安家是个很大的地主，安家有本事，他的土地都在小庄子［村名］。他不分家，他自己雇老师给儿女教学。他心好，看见邻居李家的儿子在家里闲着就对邻居说，‘你孩子在家里也闲着来一起上学吧’。后来可能是安家的子女把李姓家孩子打了，两家就打官司。李家有个内弟在县城当差，李家不露声色；安家总认为自己有势力能打赢这场官司，结果安家把官司打输了。安家打官司回来很羞，就把土地卖了，全家出走了，走到哪里谁都不知道。过去人傻啊，输了官司就出走了。过去的贼厉害，贼就是土匪。过去的土匪不像现在，他们互相勾连，都得 100 多人。小代疃［村名］就有一个土匪，白天穿着礼帽长衫像官家子弟，到了晚上就脱下长衫，抹黑脸，看谁家有钱，晚上就来绑架孩子，然后索要钱财。有一家的孩子被绑架了，［土匪］天天来要钱要粮。春天绑去的，到麦收［时还］来要麦子煎饼和干鱼。孩子的奶奶这几天一睡觉就看见小孩站在自己面前，就对家人说，‘［土匪］再来要钱要粮，什么都不要给了，孩子已经不在了’。到了［土匪］又来要粮，这家人就说，‘你给我们割孩子一点小耳朵［带来看看］，我们也知道小孩还在［活着］’。贼见这家人钱粮已空 ，就对他们说，你们到什么地方收灵吧。家人去了，从池塘里往外拽小孩的尸体，里面有许多小孩的尸体啊!”［安玉玲，050507］

与波澜壮阔、惊心动魄的政治活动相比，村庄的日常生活事件就琐碎、平凡得多了。土地的稀缺性突出了土地在村民日常生活中的重要地位，围绕土地的纠纷也成为农村社会矛盾的主要内容：一方面，土地是农村社会分层的基本标准，因土地多寡而生的阶层意识、观念冲突、人情冷暖的故事每天都在上演；另一方面，农村缺乏类似于“法治”这样“硬”的秩序环境，当儒家伦理不能有效发挥作用的时候，用“拳头”解决问题的“力治”秩序就会产生。传统乡村流氓无赖猖獗，恃强凌弱、暴力横行是种常态。而乡村这种秩序状况，无形中强化了男尊女卑、多子多福、家大业大的传统生育文化，几代同堂的大家庭虽有种种内耗的弊端及生活龌龊之处，依然被乡村主流文化推崇，上行下效，历久不衰。在大家庭里面，“主内”的婆婆发挥着核心作用，她们成为传统伦理的坚定拥趸，指挥着儿媳妇们分工合作，操持家务。在富裕家庭看来，在动荡的社会环境中，儿女外出闯社会是一件非常危险的事情。他们不惜让儿女吸食鸦片，以便把他们拢在身边。闭塞单调的农村生活对有志向的青年确实缺乏吸引力，因为农村既缺少出人头地的机会，也缺乏文化娱乐生活，赌博是村民在农闲时节打发时光的主要方式，赶集听评书、看杂耍是他们主要的娱乐活动。但是，农村青年外出闯荡社会并不是件容易的事情，安哲、郑天九等人皆出身地主家庭，他们的家庭有能力供他们外出求学，而绝大多数穷人子弟则只能接受扛锄“扎觅汉”的命运。如此多的农村青年累积在有限的土地上，一方面造成人口不能充分就业，降低了劳动力的价格；另一方面适婚青年求偶不易。贫穷、光棍的身份很容易使一部分人对生活失去信心，这就增加了社会的不安定成分，当时盗匪猖獗自有其社会根基。

然而，传统乡村并没有发展成为“丛林”社会，基本的社会秩序得以维持，这有赖于儒家“礼治”传统在潜移默化地发挥着作用。在农村，三纲五常等伦理观念仍然是村庄的显文化，扶弱济困、救死扶伤、尊师重教等是村民崇尚的传统美德，而像丁子平这样的村庄文化人，践行着乡村绅士的角色，引领者农村文化的发展方向。总体评价，传统乡村的秩序环境是不够稳定的。传统中国的治理结构是“皇权不下县，县下行自治”，在民国县政力量有效达至村庄之前，村庄只有主要依靠儒家伦理整合社会秩序。如果村庄内部没有出现“流氓、无赖、恶霸”，外部没有恶势力强势进入，村民大多能够安居乐业。而一旦内部或外部不能实现上述条件，村庄就会陷入动荡不安之中。

八　抗战时期村党组织的活动

1937年卢沟桥事件爆发后，整个山东很快沦为敌后，为了组织抗日武装、开展敌后斗争，苏鲁豫皖边区省委［根据中央指示，中共山东省委在1938年5月改称为中共苏鲁豫皖边区省委］决定建立中共鲁东南特委，统一领导鲁东南地区的党组织。1938年8月，中共鲁东南特委在莒县大店村正式成立。当时的鲁东南地区，除胶县、高密等少数几个县城和集镇被日伪占领外，大多数县、区、乡仍是国民党政权。各县新建的游击队、保安旅、保安团等，各自为政，十分混乱。当时，中共组织在鲁东南地区还很薄弱、很分散，而且很不统一，工作和影响不大。当时，只有莒县县委是在省委直接领导之下，其他各县都没有县级党组织。日照县仅有范景邃联系的少数党员，还有东北军五十七军一一二师地下党领导的部分党员。鉴于上述情况，特委建立以后，首先是统一鲁东南地区党的领导，并着重抓了宣传、统战与抗日武装等工作，不久就统一了鲁东南地区党的领导。到1938年年底，莒县、日照、诸城都已建立了县委。①

1938年6月，东北军五十七军一一二师中共地下工委派党员赵志刚、李欣、王国栋等人以“国民党五十七军日照县抗日宣传队”的名义，到日照县涛雒镇下元村一带开展抗日宣传，并成立中共下元特别支部。②1938年11月，在中共下元特别支部的基础上，中共日照临时县委于涛雒官庄［村名］组建。1938年日照县委派吴写［人名］到丁家疃、山字河［村名］一带重建党组织。据丁权布回忆：“1940年我和丁树栽、丁权安、丁权东四个人一起入党。［上级派］吴写来发展我们。吴写本姓辛，家在

① 参见《莒地红魂之鲁东南特委抗战初期的斗争》，2012年11月30日，莒县党务公开网（http：//www.jzw.gov.cn/dwgk/bencandy.php？fid＝147&id＝16425）。

② 日照市地方史志编纂委员会编：《日照市志》，齐鲁书社1994年版，第20页。

黄墩，那会为做地下工作，他有时打扮成讨饭模样，一星期或两星期来一次。吴写［在丁家疃］最先发展的是丁权安。三几年［指日照暴动时期］入党时党员是单线联系，到1940年是三个人一个党小组。我只知道本小组的人，其他不知道谁是共产党员。吴写来这里就住在权安家，权安家很穷。吴写白天来了，晚上活动，他看起来二十二三岁，和权安年龄差不多，学生打扮。他在辛兴［村名］也发展了一个姓吴的党员，他在哪里发展一个党员，也就有个落脚的‘家’了，出来做工作没有生活［保障］。吴写和三几年退党的那些老党员就不联系了。……我入党之前，也看到那些三几年入党的人闪来闪去，但还不往那边引，因为那时我还小。到了1940年，树栽找到我说，吴写在这里，我已经入了，你看怎么着？我就说，你入了，我也入就是了。权安、权东、树栽和我四个人一起入了。有时候吴写来和我们四个人一起开会，这不是支部，我们是一个小组，庄里还有其他小组，都是秘密的。那时我们这里住了很多杂牌子部队，没有共产党的部队，［共产党的］部队已经开走了，所有的杂牌子军队都打共产党的部队。住在我家的宪兵十六团的一个排长说：‘丁家疃一个共产党、八路都没有。’我就说：‘八路有，但共产党的家人都走了。’主要是让他相信这里没有共产党的部队的家属了，否则他知道了就要抓人。那时乡长登记户口时就嘱咐我娘说：‘你一定要报准啊，别报差［错］了，有几个［人］报几个［人］，可不能报错了。’只要国民党知道谁是给八路当兵的，家属都要被抓起来，陈家沟就有一家被活埋了。那时还有一个女共产党员，被国民党追击跑到宅科村跑不动了，就对一个［正在］刨红薯的老农说，你对追我的人说我是你闺女，老农答应了。谁知道追击的人中恰好有一个是宅科村的人，［骗不过去了］就把她抓起来了。在陈家沟村这个女共产党员被士兵轮奸后在院子里挖个坑活埋了。那时杀多少人啊！［杀人］不用请示。想想真吓人啊！我那时晚上不敢在家里睡觉，主要在左邻右舍家睡，看风声，怕牵连，怕被别人告密。发展党员多数是些青年，30多岁的也发展。那时共产党员每一两个星期开座谈会，吴写来上课，汇报咱村的富农、贫农［情况］，说说谁跟着富农一起压榨贫农。大家开会就汇报这些情况，还有谁打听到什么消息等。［我们］没有处理过汉奸、叛徒。那时不敢啊，不敢活动。咱村所有的共产党员中，就外面来的吴写行，可他也就带个小枪，不管用啊。我们曾经想解决树代［人名］，［却］没有解决了。树代的儿子成了伪连长的干儿子，一家子嚣张得不得了，［我们］和吴写说准备打死他。我们把树代哄［骗］到河崖芦苇荡，吴写躲在暗处开了一枪，结果可能是吴写太年轻，［子弹］只在树代头皮上划了一道痕，没有打死。他装死，被送到国民党医院。他知道［这］是共产党暗地里干的，［但是］共产党［员］有很多，具体谁干的他不知道，也没有报复，以后稍微收敛一些。鬼子来咱村放火时我干民兵，那时共产党势力行，地下党多，共产党员多了，民兵站起来了。农救会、青救会、妇救会等都有了，都是共产党领导的群众组织。共产党在咱这里就主事了。”［丁权布，050327］

丁权军在1942年入党，对于抗日战争时期党组织的恢复与发展，他有如下记忆：“咱这里1938年来了共产党，成立了组织。［当时党］组织不能公开，咱这里距离沈疃［镇名，鬼子地］太近了。后来又来了工作组，要增工资，减租减息，‘扎觅汉’的成立职工会，领导增加工资。这个事情过去后，又来了正式工作队，［领导］打土豪分田地，当时鬼子还在这里。打恶霸，要献田，地多的户把土地献给农救会，农救会再分给穷汉。农救会的主要成员是树肖［人名］，村街西边是佩村［人名］，主要成员有四五个人，他们属于行政，直接受村支部领导。在增加工资时成立的村支部，最早支部书记是佩英［人名］；他脱产后，是光全的妹妹；她脱产后，佩庆［人名］是支书；佩庆走了之后是村街西边的仕早［人名］。以前支部书记干得好，上级就往外调。丁家疃外调的村干部大体上围绕着10至20多人，那是经常的。或者上级看着某个青年不错，也有可能被调走，那时缺人啊。支部成立后，原来的庄长都被打倒了，伪保长、伪庄长都不办事了。有的被处分，有的罪恶厉害的，大会揪斗。支部是秘密的，暗地里领导。日本鬼子来包围庄，他知道谁是共产党？老百姓不知道谁是共产党。我入党时都是单线联系，你只知道党小组的三个人。党支部来一个人和你开会，你只知道这一个。伪保长权花［人名］也不知道谁是共产党。他能猜出来，没有证据告密也没用啊。他也不敢啊，他告密了，把共产党暴露了也不能让他活啊！锄奸啊！我当时怎么想起来入党？是人家来找你。我那时可能是20岁刚出头。第一次找我谈话的是树肖，［那时入党］不用写入党申请书。再往前，党支部看谁行，去动员你入党。动员我入党不害怕，那时不害怕了，知道八路军来了，工作团也有。预备党员转正得有个考验期。我那时还没有参加工作，因为那时咱这里还没有成立什么行政组织。到以后成立民兵，［我］参加了民兵，领导抗日。咱这里大概在1943年左右成立的民兵组织。民兵不全是青年，成立组织也要有一些年龄大的人在里面，因为光靠青年治不了。成立民兵时，少潜［人名］、丁光［人名］在里面。当时民兵组织有多少人没数，谁愿意参加谁参加。少潜、仕额［人名］、光全等都在。光全是富农，但他有号召力，也进步，还行，让他当村团长。后来组织巩固后，这些人都不用了。那些出身不是很好的，只要真正相信共产党，也可以留着，抗战你还分谁谁？真正坏的不能留，当时形势很复杂。”［丁权军，050319］

丁权军是抗战时期的老党员，当了一辈子村干部，虽然已是八十高龄，记忆依然非常清晰，说话很有水平，且掷地有声，果断有力，依稀可见往日干部风采。他接着回忆：“减租减息富农当然不高兴了，但工作队来了嘛，工作队来都带着枪，空着手也不敢来，否则，地痞特务那还了得！工作队来开［斗争］会，否则财主们不愿意往外拿地。咱这里没有村民告发工作队的，其他地方有。咱庄思想上还好点，为什么呢？因为咱这里自从民国二十一年接触共产党，就有那么个影响，来了共产党不反对他。那时候不像现在，以前来个工作队坐街上，老百姓围上去问这问那，人家回答得也虚心，有时也唱个歌听听。工作队不常住在这里，今天来和你说说，然后就走了，有可能明天再回来。工作队有支部伺候着，那时候咱村就有了［共产党的］庄长了。庄长是暗的，来了工作队他负责安排。虽然自己入党了，但支部的具体情况不了解，但大部分清楚。那时候开会勤啊，每天都开小组会，不敢开支部会，就三个人开会，支部来一个人。每个人汇报打听到什么事情等等，接着再开会，有什么工作需要传达。中农可以入党，咱村没有财主入党。民国二十一年时什么成分都可以入党。日本鬼子走时，共产党员还没有公开，直到1949年新中国成立前才公开。① 1945年鬼子一走，村里有几个支部成员、共产党员我就知道了。那时可以开个党员扩大会了，没那么危险了，扩大会也暗着开。村里的共产党组织直到1949年新中国成立时才公开。日本鬼子被赶跑的时候，村支书是仕早［人名］，庄长是树固［人名］，这时整个县的政权已经掌握在共产党手里了。在此之前，要开党小组会议，你在谁家玩，来一个人在你

① “共产党员在成立中华人民共和国时才公开的，此前没有人知道谁是共产党员，只知道谁是庄长什么的，不知道他是否是共产党员，连亲兄弟都不知道。让别人知道不行，1947年复查时国民党还乡团抓住共产党要杀头的。”［丁仕礼，050413］

身上蹭一下就走了，你就知道这个人来叫你了。你还不能马上起身走，怕别人怀疑，再坐一会才跟着去。日本鬼子走了，咱这里当然庆祝，农村开大会，宣传日本鬼子投降了，也广播。［土改］大复查之前，培养党员积极分子，我们看村行政组织里谁比较积极就把他培养成个积极分子，再积极就把他发展成个预备党员，比较看重成分，中农发展得不多，一般在下中农、贫农中发展，中农很好的也可以发展。发展党员，靠得住就发展，靠不住就不能发展。培养积极分子，比如看这个青年好，培养一个时期后看他表现好，就找他谈谈；如果表现不好，松懈了，就不理他了。那时富农也发展，丁光全是富农，又是党员，任民兵连长。那时入党就是因为恨日本鬼子，想打日本鬼子、打恶霸，他们在村里欺负人，就这么个思想，当时的党员一般都是那个思想。刚发展入党时，我没有感觉有什么，干革命嘛，没有什么激动，但必须保密，只有你自己知道，家里人都不能告诉。”［丁权军，050319］

随着日军入侵，国民党县政府临时转移至五莲县山区，日照县一时出现权力真空。打着抗日旗号的各种杂牌子队伍蜂拥而起，为争夺地盘、扩大势力范围而大打出手。在此期间，中共组织亦重新在日照县发展起来。在日照县共产党组织力量还很弱小的时候，丁权布等青年就秘密入党，这是很有意思的现象：为什么当时他们不加入国民党？为什么不加入地方土匪武装？原因在于：不同于乌合之众的地方武装，共产党有崇高的宗旨、严密的组织纪律，有远大的政治抱负，把推翻土豪劣绅的阶级压迫，带领贫苦大众翻身做主人作为自己的历史使命，因此，对农村青年有着强大的吸引力和亲和力。再加上如丁权军等人所说，20 世纪 30 年代日照暴动时期共产党在东村及周边干的都是正事，赢得了群众的信任，虽然暴动失败了，却埋下了革命的火种。当抗日战争时期共产党组织再次回到东村的时候，容易被群众信任和接受，即使当时加入共产党仍然面临严峻的风险，很多青年依然义无反顾地加入党组织。而且抗战时期丁权军等农村青年人入党的动机很单纯，就是要打日本，打恶霸。共产党旗帜鲜明地宣传自己是无产阶级的政党，提出推翻剥削阶级统治的政治口号。此种政治目的与村庄传统的秩序逻辑相悖反，因此，随着共产党力量在村庄的成长，村治结构将不可避免地发生巨大的变化。

九　抗战记忆

日军入侵，给东村百姓带来深重苦难。抗战背景下的众生百态，及其中折射出的英雄主义和大无畏精神，令人印象深刻。

下边是丁权布对其民兵生活的一些回忆，可以带我们回到那惊心动魄的年代："我干民兵，不是什么头头［领导］，晚上出去卡敌人的电线。打日本鬼子时我不害怕，鬼子在明处，而且国民党军队也打鬼子。但是在国民党进攻时，我有点害怕，所谓家贼①难防。抗战时期，我晚上出门都要拿着长枪，拐墙角走。晚上巡逻经常碰到鬼子。有一天晚上，鬼子从沈疃［地名］到丁家院［村名］抓民兵，和我们碰上了，打了一顿。来的都是特务，来人不多，路线不熟，［我们］把他们打跑了。有一次，在高垛子［地名，丁家疃北岭］狙击日本鬼子。我们在高垛子上挖了战壕，住在那里，丁光全［人名］带队。在那里碰上鬼子了，打伤了一个鬼子。还有一次，村西边岗顶上来了鬼子要在那里修碉堡，过来几个人问我们村要3000斤打铺草。我正在家里，看见鬼子来了，就往南山跑，去找我哥，我哥在共产党税务所里干工作。到了南山见到税务所的工作人员，我对他们说鬼子在岗顶上把树都砍了，正在找人运石头。税务所老曹对我说，你先吃点饭吧，锅里有萝卜菜炖猪肉，烙着锅贴。我说不吃，他说你吃了还有任务，有点给养要送到山西头［村名］姓高的［60斤白面给八路军］，送去后你就在那住下，我们准备打日本鬼子。我说就你们七个人［税务所共七个人］打什么鬼子？你可不要给咱村惹祸了！接着我就到了山西头西山上。抗战时期，做买卖的都在山上。第二天天明，来人告诉我说鬼子让他们打跑了。我说，你们真能啊！原来他们研究了方案，七个人分成七个地方正好把岗顶围了一圈，然后从西往东挨个打枪，鬼子以为被八路

① "家贼"是指国民党的武装力量及特务分子。

军包围了，民夫都吓跑了，鬼子也吓跑了，敌人再也没有来修碉堡。那时候皋陆［村名］是日本鬼子的势力地，正常给日本鬼子进贡。咱这里是根据地前沿，山字河［村名］、李家洼［村名］都是根据地。做地下工作的来咱这里累了就联系民兵安排住宿。那时没得觉睡，说不上什么时候就被打死了，现在想想能静下来喝杯凉水也好。还有一次，是因为北岭自然村三铁匠女儿的原因跟鬼子干上了。北岭三铁匠的闺女嫁给［日照县］城里律师的儿子，后来这个青年干了伪警察。咱这里成立了三大队①，共产党招兵买马，三铁匠是共产党员。他闺女来娘家，三铁匠不让她回城了。结果这一天伪警察带人来抢媳妇，从东边开车来，车顶架着两挺机枪。游击队与他们打了一顿，车到了北岭。我们在村里听到北岭打枪，十几个人就奔北岭去了。双方距离很近，我们往上冲。我们这边一个姓张的打了几枪，枪枪不离敌机枪手左右。他们一看，这会碰上懂得了，拿着机枪就退回去了。这时四面村的民兵也吹着号来了，人马不少，把敌人打回去了。那次真是太危险了，攻得太急了。敌人把媳妇也抢回去了。”［丁权布，050327］

东村成为根据地后，就不再给沈疃日伪交钱粮了。日伪军就来抢粮，晚上派特务来“摸”民兵。丁佩农［人名］曾经是抗战时期的民兵：“我当了一两年的民兵，后来看到当民兵没有时间种地，来了敌人还得掩护别人，就不想干了。咱这里村庄的主要路口都建上栅栏门，民兵查岗。那天我白天干活累了，晚上站岗，本想找个同是站岗的朋友耍，其他民兵认为我是特务，就向我扔过来七八枚手榴弹，但我没有伤着。当民兵，几乎天天出发［出发就是扛着枪出去打探鬼子消息］，没有时间照顾庄稼，我就提出意见不干民兵了。光全［人名］就跟我说：‘你也真没有办法，劳力太少了，不干就不干吧。’我不当民兵了，也没有站岗，因为民兵认为我站岗，站岗的认为我还干民兵。我吃完晚饭就到南山躲鬼子，晚上都睡在南山。那时我已结婚，媳妇和孩子睡在家里，特务来就是‘摸’民兵，多数来是为粮食。特务都是中国人，有时打扮成卖货的白天来打探消息。”［丁佩农，050417］

---

① 三大队：日照县大队始建于1939年7月，初仅30余人、枪，编为一个排。同年底发展到300余人、枪，并在后黄埠子村整编为3个中队，番号为“三大队”。（日照市地方史志编纂委员会编：《日照市志》，齐鲁书社1994年版，第581页。）

除了老人和小孩，老百姓每夜不敢在家睡觉，要跑到南山上躲鬼子。对于晚上的这个经历，贺淑芳有深刻的记忆：

“［那会］不敢在家睡觉啊，天刚擦黑儿就走了，到南山躲，如果被特务‘摸黑’摸去了就坏了。庄里只剩下民兵和走不动的老人。有一天晚上，我住曲河娘家，天天出去躲［鬼子］躲烦了，那天不想出去躲了，［就在娘家住下了］我母亲还埋怨我不走。多亏那晚我没有出去［躲鬼子］，那天晚上特务到了南山‘摸黑’，双方持枪门里门外对峙。第二天我去南山，［家住南山的］姨对我说：‘多亏你昨晚没有来，我吓得屎尿都出来了。’我看见墙上有很多枪眼。那晚上打死了一个特务，民兵死一个［丁仕波］、伤一个［丁仕波的弟兄］。多亏民兵［们］不住在一起，这里一响枪，其他地方的民兵都［赶］来，把特务吓跑了。特务都是中国人，那晚上是山字河［村名］的叛徒带来的。那些年人都惊死了！我［嫁］来丁家疃［时］，咱这里就是八路和国民党两派了。鬼子时就是‘察鬼子’混账。后来八路军俘虏了很多‘察鬼子’还有他们的家属，都住在咱村，庄里住得满满的。没有枪毙他们，八路军扩大他们。想想我们这些人遭了难了。‘察鬼子’来扫荡时摸小鸡，咱这边也给日伪军拿给养，‘察鬼子’不怎么纠缠我们（妇孺老人），但是看见你穿一双新鞋，就对你说‘脱下来，换换！’‘察鬼子’多是本地人。那时杂牌子部队多，五十七［军］①、十六团②败落了，就主要是‘察鬼子’［伪军］了，真鬼

---

① 五十七军：1940 年 9 月，常恩多率五十七军一一一师进驻日照甲子山区，曾驻刘家东山、黄墩、巨峰等地。该师下辖两个旅、四个团、直属工兵营、山炮营、特务连、骑兵连、高射炮连、卫生队等，共 5 千余人。1942 年 8 月 3 日，病危中的常恩多在苏鲁战区总部政治处处长郭维城的协助下，率该师 2700 余人起义，奔赴八路军抗日根据地，称“八三”起义。“八三”起义发生后，原一一一师旅长孙焕彩等顽固派重组一一一师，盘踞甲子山区。1942 年 8—12 月，山东军区先后发动了三次甲子山战役，迫使孙焕彩率残部退至五莲山区，后去安徽阜阳。（日照市地方史志编纂委员会编：《日照市志》，齐鲁书社 1994 年版，第 577 页。）

② 十六团：1938 年春，牟希禹（涛雒大羊圈人）在井沟成立“军事委员会别动总队二十八支队第九纵队”，牟希禹任司令，崔丰司任副司令，辖三个大队。1939 年冬，被国民党山东省政府改编为第三专署保安第八旅十六团，李延修任团长，辖三个营，600 余人。1940 年冬，该团被编入日照县保安团。翌年初，李延修率部脱离保安团独立行动，仍称十六团，并增编特务营，兵力增至 900 余人。十六团与国民党五十七军顽固派互相勾结，专与共产党领导的抗日武装搞摩擦，疯狂反共反人民，杀害抗日志士。1942 年“八三”起义后，该部逃至泰石路北万家坪一带。在抗日武装的打击下，其残部于 1943 年 7 月四散，有的投靠伪滨海警备军，有的投靠伪日警备大队，充当了汉奸。（日照市地方史志编纂委员会编：《日照市志》，齐鲁书社 1994 年版，第 583 页。）

子没有几个。咱村西边出了一个‘察鬼子’［指丁佩箱，原来是本村民兵，后因受了处分，跑到鬼子地当‘察鬼子’］，咱庄把他的家属敲锣打鼓地送走了，他就领着鬼子来咱村放火。解放后他的儿子、女儿都不认这个爹，他没脸回村，在三合村［村名］前的树上上吊自杀了。”［贺淑芳，050504］

日军杀人放火[①]的暴行给东村村民留下了深刻的印象，其中的两次放火让亲历者记忆犹新。丁权军回忆：

“第一次放火，鬼子是晚上来的。游击队站岗，民兵连打枪加喊叫，就跑了，都往山上跑。老百姓知道日本鬼子来就都跑命了，什么也不敢带，来不及，能跑出命就不错了。日本鬼子来那天早上轮着我打游击。打游击的不管［负责］站岗，自卫团［负责］站岗。站岗的只有手榴弹，民兵有枪和手榴弹。那天早上我、权国［人名］和其他民兵住在赁铺里［权宾家］。晚上我们出去巡查，我一看［情况］，［心想］今天没有事情还可以，有事情就完蛋了。因为［这晚游击队的］人［手］不行，干这个工作，得大胆心细。我对权国说咱回去吧。他也看出来人头不行，就说回去吧。我们就从东边沟子绕回赁铺。权玉［人名］在站岗，他对我们说看见村东边人影闪闪的。权玉胆子小，我们以为他又害怕了，还埋怨他‘你是不是又害怕了？’把他骂走了。其实，他看得不错，这时鬼子其实已到了村北水库那里了，距离我们原来往北走的地方也就二三百米。过了一会儿，权林和权国出去，到庄后转转，看到鬼子来了，回来说：‘快跑吧，鬼子到了村后了。’我说：‘还得歇歇。’这时枪就打响了，鬼子进庄了。我们就往西跑，一跑过河，鬼子从南面迎面来了；我们继续往西跑，准备奔丁家院［村名］岭，过去一看，鬼子已经占领了；又从岭后到了焦家集村后，光全［人名］说不管如何得歇歇，这时就看见鬼子从村后也来了。我们就沿着焦家集庄东小河往南跑到山西头［村名］西南山。鬼子在我庄发上火之后，我们也就往回走了，走到南岭一看，庄里的火还在燃烧。那天我们跑的方向不对，往东南跑就对了，往西南正中他们的圈套。当晚沈疃［地名］、涛雒［地名］、日照的鬼子都来了，就奔丁家疃来了。那天没死人，他们不弄老人，就针对民兵。当天晚上我们和鬼子接

---

① “从鬼子时［丁家疃］就不［给］他们拿粮，要不鬼子怎么来放火了。来咱村放了四次。”［丁权后，050218］

触最近的时候也就相距十多米。当时都不知道害怕了，就是跑。危急到什么程度？帽子掉了都来不及捡。鬼子也打枪。西村少团［人名］跑得枪掉了顾不上捡。后来我发现了，就问他‘你枪掉了，你的命还要不要？’在我们往回走的时候，刚到南岭，少团就早跑下去了，把他的枪找到了，民兵是人在枪在。抗日这么多年，［我们］没有打死个鬼子，枪不行，你又不能靠近，一人只有三颗子弹，靠近了怎么办？［打鬼子］还得是正规军，武工队也可以。武工队曾进到日照城里摸了一个俘虏，连人带枪一起带回来了。”［丁权军，050319］

日军另一次放火[①]是由本村“察鬼子”丁佩箱［本村人氏］领着来的。下面是丁仕礼的回忆：

“我们这里是八路根据地，不给鬼子交粮食、物，钱也不给他。［如果］来三五十个鬼子咱不怕他。山字河［村名］、皋陆［村名］、陈家沟［村名］都是鬼子地。咱这里是共产党暴动的地方，有这点影响［鬼子不敢来］。1942 年阴历五月份日本鬼子包围过我们［村］。1943 年鬼子扫荡，来咱庄拉粮食，我直接跑到了山西头西南山上，［听到］机枪、炮响。鬼子来放火那天，我差点被烧死。1944 年十月十七日［阴历］鬼子来放火烧了 80 多间屋。村东边没烧多少［屋］，从少潜［人名］家往西烧了屋。那年我十四五岁，就看到前边河崖里黄压压的一片都是鬼子啊［鬼子胳膊上缠着白手巾］。鬼子从芦苇出来往前跑准备包围村庄，他们没怎么管我们。民兵都先跑了，小孩老百姓往外跑。我跑到少仁［人名］家刚要过河沟子，前面敌人按了两挺机枪向我们扫射起来，打了两梭子。我们折向北跑，跑到仕山［人名］家看见鬼子在北路上往西跑，我们又折回来跑，‘啪’的一声摔到我面前一个手榴弹，听见响了。我又往南跑，跑到少仁家。［屋里有佩学媳妇］佩学［人名］媳妇刚有[②]仕青［人名］三个月，佩学娘跟着。当时屋里有五六个老婆婆，还有我和一个 17 岁的小姑娘，小姑娘打扮得不好。我带了一包棉花，进门后放在红薯垛上。这时鬼子来了，戴着钢盔，长刺刀，厚皮鞋，我就怕鬼子用刺刀来刺我们。一个鬼子打火柴要烧草门子，手冻没点着，后来到侧面点了一间磨

---

① “1944 年日本鬼子来咱村放火是在十月十七日，那天是我在山字河‘小放牛’的结束工。［‘小放牛’］一年从三月份开始，十月十七日结束，工资是 16 元钱。”［丁仕堂，050225］

② “刚有”是指生育。

屋，我看起火了。我们这间小屋的床底下包袱都堆满了。一个日本鬼子进屋来了，我们都在炕上，佩学媳妇打扮得漂亮，那个鬼子就把佩学媳妇往西屋拉，这些老太婆就哀求那鬼子，拍打着小孩，让他放过，没有拉过去，走了。过了半支烟工夫，又来了一个鬼子，不知是否是原来那一个，又把佩学媳妇往西屋拉，大家又哀求，说孩子还小，鬼子又走了。这时一个大娘有了个心眼，把一件补丁摞补丁的破褂子披到她身上，把头发也披撒下来，把鏊子[①]底的灰在她脸上摸了两把。这时日头［太阳］竿子高了，我们这些人被撵到屋外，这时屋都起火了。我想起自己的棉花还在屋里，想到一年的棉花让我带着准备纺线的，就奔进屋里，一进去感觉不好，火势很大，拉开门就跑了出来，头发烧成了一片。这时正式鬼子[②]都站在操场上，从南边又过来20多个鬼子，拿着匣子枪和大枪。权所［人名］家有一个小水牛，拴在屋里，被鬼子牵走了，后边还有一个人用枪托子撵。牵牛的人还说：‘现在丁家疃的识字班［指姑娘］、儿童团出来跳跳舞吧。’仕新［人名］家养了一个老母猪和十几个小猪，小猪20多斤，大猪护小猪，被打瘫了。小猪‘哇’的一声扔到火里一个，‘哇’的一声又扔火里一个，一个鬼子拿起一只烧得黑乎乎的小猪，拔去黑皮，吃起来。这时来了一个骑大马的鬼子，吹着很长的铜哨子，挎着腰刀，鬼子集合走了。鬼子这次来，爱荣［人名］她妈被流弹打中死了。权省［人名］、少冒［人名］、佩高［人名］、仕得［人名］被鬼子掳去，后来村里去人保出来。来的是否真鬼子咱也不知道，都戴着铜帽子［钢盔］。”［丁仕礼，050413］

日军的暴行给当地老百姓带来深重苦难。1938年5月12日，日军出动飞机5架，轮番轰炸南湖大集，炸死百姓637人，伤数百人，烧毁房屋1000余间，制造了骇人听闻的“南湖惨案”。随后，又相继轰炸了三庄、巨峰等村镇。“佩国［人名］的外公就是赶南湖集卖草鞋时被鬼子飞机打死的，死时才30多岁。皋陆的“大花脸”［绰号］被炸弹炸得没有影了。佩国的外公是被飞机机枪扫射打死的，那天日机飞得很低。日寇经常来扫荡，老百姓躲鬼子，庄稼都不能好好种。在1943年的一天早上，丁权平

---

① 鏊子：别名“煎饼鏊子”，烙煎饼的器具，用铸铁做成，平面圆形，中心稍凸。鏊子有三根腿，腿高6厘米左右，在底下烧柴加热。

② 伪军有时也戴着和日军一样的钢盔，老百姓一时区分不开日军和伪军。他们把日军称为正式日本鬼子，把伪军称为察鬼子。

的爷爷借用佩增［人名］他爹的牛［他家是老中农户］耕北岭的地，正耕着听见西北方向枪声响起来了，来不及跑了，就躲到了西北边的一个沟里。丁权平当时八九岁，牵着牛，结果鬼子没有过来，他们躲过去了。那时鬼子经常来抢牛，丁权平家给爷爷准备的一点寿衣都让鬼子给抢去了。其实那不是真鬼子抢的，都是靠近日照城住的老百姓［准‘察鬼子’］跟着鬼子来抢的。”［丁权平，050414］

北岭三铁匠曾有打死一个日军的事迹。有一天，一个日本兵从皋陆独自来到丁家疃北岭，占了一间屋后嚷嚷着要放火自杀，他不想活了。北岭的老百姓不能让他放火，否则整片房子都会被烧着。三铁匠领着岭上的一帮人把这个日本兵拿下捆住了，准备把他押送到丁家院，交给那里的共产党。在往丁家院走的路上，那鬼子不走了，怎么拽也不走。最后，三铁匠拿起一块石头把这鬼子砸死了。后来三铁匠砸死日本兵的消息被其他鬼子知道了，就来北岭抓人放火。三铁匠就到西南当兵去了。后来他又到沈疃鬼子地去打红铁，在鬼子眼皮底下反而安全了，逃脱出来了。解放后马庄乡政府奖给他一头大黄牛，披红戴花，予以表彰。

从村民的抗战记忆，笔者有两方面体会。其一，日军的凶残暴行，令人发指，村民对日军的切齿仇恨，发自内心。丁权军加入共产党的主要原因是“恨日本鬼子”，这种恨是因为日军在东村所犯下的烧、杀、掳、掠、炸等具体的罪行，是家门被异族暴徒践踏的气愤，还有行将做亡国奴的耻辱。这种对日军的恨是具体的、现实的，是普遍的民愤。其二，村民的勇敢、强悍令人敬佩。虽然东村也出了“察鬼子”丁佩箱，以及丁佩农看到当民兵耽误种庄稼而请辞不再干民兵等个案情况，更多的青年表现出了大无畏的英雄主义气概。面对着凶残的日军，他们义无反顾地拿起刀枪，跟敌人展开了勇敢机智的斗争，这从另一方面反映了当地民风的强悍。自古乱世出英雄，东村的丁权军、丁权布、丁树栽、丁光全等人经过战争洗礼脱颖而出的农村青年，他们在战争中锻炼出的气魄、能力和做事风格等特点，在日后的村庄治理中陆续显现出来。

十　抗战时期的杂牌子队伍与村庄社会组织

“七七”事变以后，时局混乱，形形色色的队伍遍地而起。经常在东村一带活动的武装力量有日伪军，中共日照县大队①，东北军五十七军一一二师②，国民党省党部头子牟希禹的国民党第九梯队［即后来的顽十六团］，魏春雨在碑廓组建的“军事委员会别动总队第十一游击纵队”［后改名为“第三专署保安第八旅十五团”］，郑鄂廷［山字河村人，人称郑三爷、“土虺”］在马家店［村名］组建的“抗日自卫队”，原高密县公安局长郝化文在城关组建的“苏鲁战区第一纵队第二大队”，以及土匪武装朱信斋部③等。

---

① 日照县大队：1938 年 12 月日照县委重建后，县委放手发动群众，发展壮大党的组织，组建抗日武装，开辟和建设抗日根据地。1939 年 5 月，中共鲁东南特委下达指示，要求县委在反“扫荡”的过程中拉起地方抗日武装。日照县委坚决执行了特委的指示，立即动员各级党组织，深入发动群众，组织各方面的力量建立队伍。日照县大队始建于 1939 年 7 月，初仅 30 余人、枪，编为一个排。同年底发展到 300 余人、枪，并在后黄埠子村整编为三个中队，番号为“三大队”。县大队主要担负县委、县府机关的警卫和打击伪顽势力，保卫、巩固抗日根据地的任务。1940 年初秋，遵照上级指示，除留一班外，全部人、枪“升级”到主力部队，后又逐步扩大，屡次“升级”。1943 年 10 月，县大队与滨海独立团合编为滨海警备团。1945 年 12 月，滨海军区海防大队与日照海防大队合编为日照独立营，辖四个连，成为县属地方武装。1949 年 2 月独立营编入滨海军分区海防一团。（日照市地方史志编纂委员会编：《日照市志》，齐鲁书社 1994 年版，第 581 页。）

② 东北军五十七军一一二师：1938 年 4 月，东北军五十七军一一二师由师长霍守义率领进驻苏北，其所属六六七团、六六八团及野战炮队共 3000 余人分驻日照县碑廓、费家湖、于家官庄等地。该部曾数次组织对张宗元、刘桂堂等汉奸、土匪武装的围剿。同年 10 月南下参加武汉会战。1940 年 9 月，五十七军一一一师常恩多率部进驻日照甲子山区，共 5 千余人。1942 年 8 月 3 日，常恩多率部起义，奔赴八路军抗日根据地。称为“八三”起义。（日照市地方史志编纂委员会编：《日照市志》，齐鲁书社 1994 年版，第 576—577 页。）

③ 土匪武装朱信斋部：朱信斋自 1918 年当土匪，敲诈勒索，无恶不作，地方武装久剿不灭。1933 年以后，以黄墩为中心的 48 个村成为他的势力范围。1938 年又伙同日照县资本家贺仁庵在丝山拉起了“第五战区第二纵队第十九总队”，朱任副总队长兼第一大队长。不久，因受国民党县政府排挤而垮台。1938 年秋，朱信斋投机革命，主动靠拢八路军，被中共鲁东南特委收编为八路军山东抗日游击队第二支队四大队，后改编为独立营，朱任大队长。1941 年 3 月朱信斋公开叛变，捕杀我区乡干部战士百余人，被国民党编为三十五支队七支队。1943 年，朱信斋又改换门庭投靠日军，充当汉奸，任日照警备大队副大队长，其队伍计 1000 余人，分别盘踞在石沟崖、沈疃等地。1944 年 1 月 24 日，朱信斋在石沟崖战役中被八路军生擒并处决，其部队亦大部被歼。（日照市地方史志编纂委员会编：《日照市志》，齐鲁书社 1994 年版，第 584 页。）

“当时有很多杂牌子队伍，乱七八糟的，像鲁团、保安团、十六团、‘土匬’等，杂牌军多了。他们不打鬼子，就是敲诈老百姓，要吃了就催粮，不给就抓去。往往日本鬼子来了他们就跑了。鬼子走了，就再来转悠转悠。”［丁权军，050319］

1938 年下半年，中共鲁东南特委接受了黄墩［镇名］土匪武装首领朱信斋的要求，把其队伍改编为八路军山东抗日游击队第二支队四大队，不久四大队改变为二支队独立营。从此，黄墩成了八路军在日照的抗日根据地。1938 年 12 月，中共日照县委在小曲河正式成立，县委对外称“八路军驻日照办事处”。不久，“八路军日照办事处”就转移到黄墩独立营驻地。[①] 到 1939 年初，日照县的党员已发展到 500 多人，多数区、乡都建立了党的组织，大部分村子有了党的支部或小组。到 1940 年初，全县党员已发展到 1000 多人。

1940 年 3 月 16 日，日照县各界民众代表 200 余人和当地群众 1000 余人，在张兰村［今五莲县境内］隆重召开大会，清算了国民党县长张希周破坏抗日、妥协投降、盘剥压迫民众等罪行，罢免了张希周的职务，成立了日照抗日民主政府。

1938 年，日照县委派吴写到丁家疃、山字河一带重建党组织。东村丁权布、丁树栽、丁权安、丁权东四人在 1940 年入党，丁权军在 1942 年入党。刚开始的时候，共产党的县大队与驻扎在这里的五十七军[②]能够和平相处，双方没有多少冲突。县大队是地方武装，装备不好，吃不上喝不上，军人穿得跟讨饭的差不多，老百姓看着都觉得窝囊。有时候县大队来人到村收购些废旧棉花。1940 年 12 月，保安十六团抢占山字河、丁家疃一带，蓄意与共产党搞摩擦，破坏抗日。中共日照县委组织县大队、一区中队及独立营一个中队共 500 余人，于 1941 年 1 月 23 日直逼山字河，攻打保安十六团。县大队担任主攻，区中队和独立营负责警戒。战斗开始，县大队突入山字河街里，与顽军展开激战，顽军边打边撤，县大队追到村西。此时，驻丁家院的国民党五十七军一一一师顽固派孙焕彩部出兵增援十六团。县大队受阻，伤亡较大，

① 两狼山人：《土匪朱信斋》（未刊稿）。

② 五十七军：即五十七军的一一一师，下文五十七军同此。

遂撤出战斗。这就是“山字河战斗”[①]。在“山字河战斗”中，五十七军打死县大队不少人，仅在丁家疃村周围就发现7具县大队队员尸体。共产党与五十七军起了冲突之后，县大队就不再驻在这里了，一走就是一年多。直到甲子山战役[②]，把国民党和杂牌子军队一起赶跑了，部队才重新驻扎在丁家疃附近。

东村抗战形势改变是在“八三起义”和三次甲子山战役之后，八路军解放了日照的大部分土地，丁家疃一带由民主政府领导。先是来了工作组，号召“扎觅汉”成立的职工会[③]，要求增加工资，减租减息。村支部就是在增加工资时成立的。在支部成立后，原来的庄长都被打倒了，伪保长、伪庄长还保留，但不主事了。日军来了还找伪保长，但他办事得请示支部。

在1942年之前，一般的村级行政组织基本上没有成立，那时敌人经常过来，成立这些组织还有危险。村民兵组织[④]是在1942年、1943年成

---

① 日照市地方史志编纂委员会编：《日照市志》，齐鲁书社1994年版，第594页。

② 甲子山战役：“八三起义”以后，未参与起义的一一一师副师长孙焕彩集结2000多人马，重新组建一一一师，与朱信斋、李延修等人联合，于1942年8月中旬抢占了甲子山区。为了夺回甲子山区，8月14日，八路军滨海部队发起第一次甲子山战役，8月18日，孙、朱、李不支，向北溃退。10月8日，孙焕彩、朱信斋等人重新集结部队4000余人，向甲子区进攻。11日，第二次甲子山战役发起，朱信斋配合孙维嵩的三三一旅自西向东，攻占薛庆、文疃、草岭前，向浮棚山八路军防地逼近，战斗持续数日，至18日夜八路军山纵二旅调往涝坡一带执行反“扫荡”任务，孙焕彩乘机占领了甲子山区。1942年12月17日，第三次甲子山战役开始，八路军山东军区滨海八路军各部组成四路纵队，同时向一一一师发起进攻。19日，朱信斋率部驰援至浮棚山，被新一一一师击退。28日，孙焕彩在伤亡惨重、外无援兵的情况下，发起突围，至第二天败回泰石公路以北。甲子山区成为解放区，八路军再次收复了黄墩区。［两狼山人：《土匪朱信斋》（未刊稿）。］

③ 1932年，中共日照中心县委曾组织过“觅汉会”“车伙子会”“盐工会”等组织，在县委领导下，这些组织多次开展增资斗争，不少成员参加了日照暴动。1939年6月，县委成立职工部。1940年3月，县职工代表大会在红泥崖召开，成立了“县职工救国联合会”。接着，在根据地先后建立区、村职工会。形成了县、区、村三级职工会组织。1946年，全县有1000多人参加各行业工会。1947年底，县各救会改为民运部，农村职工会并入农会，县、区、村职工会机构撤销。（日照市地方史志编纂委员会编：《日照市志》，齐鲁书社1994年版，第464—465页。）

④ “民兵也练操，也学习。冬闲时也排戏。鬼子时有扭秧歌队，识字班演员都带着剪子，演到将帅河，如果碰到鬼子，就用剪子割断绑带，解下高跷，快跑。［扭秧歌演出］要到曲河村。那时冬天生活比现在活跃，练操、排戏。冬天闲着就上冬学。”［丁权后，050218］

立的，抗战形势再好一点后接着成立了农救会①、青救会②、儿童团③、妇救会④、识字班等在党支部领导下的其他行政组织和社会组织。后者差不多都是在 1943 年、1944 年成立的。富农、贫农都可以参加民兵组织，那些出身不是很好的，只要真正相信共产党，也可以参加民兵。抗战不分你我他，只要真心抗战就可以参加抗战组织，但是真正坏的人不能留。丁家疃、小村、马家店、荆家沟、丁家院、李家洼等相邻村庄还联合起来成立民兵联防队，一方发现敌情，八方支援，抗战胜利后就没有联防队了。农救会由乡、区来工作队帮助成立起来，负责管理“觅汉”，领导增加工资减租减息的斗争。它是一个社会组织。农民选出农救会领导成员，他们多数是党员，组成农救会委员会，分农救会长和副救农会长，农救会委员会总共有四五个人，这是个行政组织。农救会在 1944 年打恶霸的时候作用最大。打恶霸，要献田，地多的户把土地献给农救会，农救会再分给村里的贫农。打完恶霸后还有农救会，但渐渐有了其他行政组织，它的作用就不大了。土改大复查的时候，就不是这个农救会了，而是贫农协会，当时老干部交权，贫协当家。农救会的组织还有，但没有多大作用，仅仅是个形式。在土改复查之后，老干部重新上任，贫协作用又不大了，农救会的作用仍然不主要。五几年后，农救会基本没有作用了，主要靠支部、村长、民兵连长等部门了。农救会没有说具体在哪一年被取消的，农救会长

---

① 1941 年 7 月，县农民救国会（农救会）成立。1943 年，随着根据地不断扩大，各区、村普遍建立了农救会，并大量发展会员。农救会首先发动贫苦农民同地主恶霸开展了减租减息和增资斗争，改善了农民生活。山字河有 23 户地主，123 户佃农，在“双减”斗争中，佃农先与两个保长说理，后普遍减租。通过斗争，全村农救会会员增加到 269 人，有 63 人参加了民兵，358 人参加了自卫团。（日照市地方史志编纂委员会编：《日照市志》，齐鲁书社 1994 年版，第 466 页。）

② 1939 年 1 月，中共日照县委建立青年部。1940 年 3 月，青年部撤销，日照县青年救国联合会（青救会）成立。到 1943 年，根据地的区、村大都建立了青救会。1945 年 12 月，各级青救会改称民主青年联合会。（日照市地方史志编纂委员会编：《日照市志》，齐鲁书社 1994 年版，第 467 页。）

③ 1942 年，在抗日根据地碑廓区建立了儿童团。1943 年，随着根据地的扩大，各区也都建立了该组织。（日照市地方史志编纂委员会编：《日照市志》，齐鲁书社 1994 年版，第 469 页。）

④ 1938 年 12 月，日照县委设妇女部。次年 5 月，在七区成立第一个区妇女救国联合会（妇救会）。1940 年 3 月，县妇救会成立，随之，各区、村妇救会组织陆续建立。1946 年春，改称民主妇女联合会，属各救会领导。1948 年春，县妇联撤销。县委民运部有一名同志负责妇女工作。1949 年 10 月，建立妇女委员会（妇委）。（日照市地方史志编纂委员会编：《日照市志》，齐鲁书社 1994 年版，第 470 页。）

也一直有，但没什么作用，以后慢慢地没有了。

抗战时期的民兵、村干部冒着生命危险参加抗敌斗争，他们的工作是否有经济报酬？或者有其他激励措施？老党员丁权军的回答很有代表性：

“我从1945年春天开始当村干部，当时日本鬼子还没有败走。我是公安员，不属于民兵组织，在自己庄里干，每个庄都有。公安员不负责查路条，青救会［负责］查。那时候想不到干公安员会影响家里农活，你算这个账那就没法算了。合作化以前当干部，白搭工夫，合作化之后才记点工。去日照开会自己带煎饼，想吃得好点自己带钱，县里就给炒点白菜或萝卜。家里人对此有意见也没办法，那时候不讲究这个。那时候就为了赶出日本鬼子，为了人民！共产党嘛！思想很纯洁，没有谁搭上了多少工夫，没有报酬。我想着那次去日照开会回来，䅟子都要落籽了，也没觉得怎么样，开会要紧，办事要紧。村里管公共事的都这样。丁家疃管公共事的干部一起有几十个，经常开会。”［丁权军，050319］

丁权军老人用质朴的话语回答了当时党员、村干参加革命工作的原因，笔者相信他说这些话时的态度是真诚的。中国社会历来不乏英雄主义行为，时势造英雄，在民族危亡之际，有血性的中国人挺身而出，抛家舍业，不惜为抗战抛头颅洒热血者大有人在，丁权军、丁权布就是其中的代表。他们参加革命以及担任村干职务的初衷决定了这一代村干部行为的基本特征：理想主义色彩浓厚，守原则、有担当、敢牺牲、乐奉献。

在抗战时期，共产党领导的抗日根据地不断发展壮大，并最终取得胜利，与共产党在农村大力发展各种形式的群众组织有很大关系。通过民兵、农救会、青救会、儿童团、妇救会、识字班等群众组织把不同性别、年龄、行业的群众有效地动员组织起来，在党的领导下发挥抗战合力。实践证明，这种组织非常成功。同时，共产党还善于围绕不同历史时期的工作重点，适时成立相应的社会组织，领导并支持其开展工作。由党领导的行政、社会组织对村庄公共事务进行管理代表着现代的村庄治理模式，这与乡村传统的绅治模式已经完全不同。中国目前仍在探索村庄治理的合理模式，如何发挥村级组织的作用，如何发挥“经济能人”的作用等，都是学界、政界正在热议的话题。此时，我们确实有必要从理论上认真思考并总结抗战时期的村庄组织经验，以服务于当下的村庄治理。可以确信，只要外部力量真正尊重农村居民的治理主体地位，给予他们坚定的政治支持和制度保障，适时输入先进理念、组织力量和适当的物质资源，他们就能充分利用现有条件，释放出令人吃惊的创造活力，把农村的公共管理系统有效地运转起来。

十一　抗战及解放战争时期的乡村教育*

“八三”起义后，八路军解放了日照县的大部分土地。丁家疃一带由民主政府领导，新旧交替，曙光小学暂停。自“八三”起义至1942年冬，各村自办小学。1943年正月，县文教科派郑野云任曙光小学校长，这是曙光小学在共产党和民主政府领导下办学以来上级派来的第一任校长。郑野云遵照党的统一战线政策，将原校董事会改为文委会，在原校董事会人员基础上增添了贫农出身的村干部。教师的任用是在原来教师自愿选择的基础上，缺者重聘。郑野云很快整顿秩序，将学校恢复。战时的教育方针是“民族的、科学的、大众的”，具体贯彻新民主主义文化教育，团结一致，共同抗日。

当时日军经常扫荡。日军来了师生就快跑，日军走了再复课。学校开展多种多样的政治活动：大唱革命歌曲；学校成立儿童团，校内外结合，开展宣传活动，站岗、放哨、查路条、盘查行人；儿童团开展拥军拥属活动，学校直接参加社会活动；在减租减息和增资斗争中，学生直接参加斗争，并参加游行示威活动；配合农村俱乐部和农村剧团，排演抗日节目，进行公演等。

1944年底至1945年，日军行将灭亡，但仍对根据地疯狂扫荡，做垂死挣扎。日军到处安据点，挖山洞，企图固守。八路军为了全面反攻，取得抗日战争的彻底胜利，要求解放区一切服从战争，学校暂时停课，学生直接参加了革命工作。

1945年8月15日，抗战终于取得了全面胜利。1945年冬，丁家疃、小村的干部、群众、开明士绅及教师开始筹备复学。大家公推开明人士郑玉山为名誉校长，并报请县文教科批准，1946年正月正式开学。1946年

---

* 本节主要参考丁佩银编《曙光小学校史》（征求意见稿），1999年。

冬至1947年春，上级为了战争的需要，将学校转成庄户学，学生边学习边劳动，上级派郑干任校长。1947年夏秋，国民党军队对山东大举进攻，日照也和山东解放区一样，七八月份开始土改大复查。学校的主要任务是配合中心任务，一切服从战争，保卫胜利果实。全省教育停办，教师参战支前，参加工作队。国民党军队和还乡团盘踞日照城、石臼海港达8个月之久，欠下日照人民累累血债，人民苦不堪言。1948年4月，日照人民重获解放。

1948年冬天，县文教科派郑保宏［丁家疃人］和郑文清前来恢复开学。但由于战争刚刚结束，人民缺粮断炊，难以复学。至1949年春才正式开学，有两个班级约三四十人。当时的农村青少年想读书但经济条件不具备；然而，随着抗日战争时期冬学与农民夜校的开展，广大农村群众获得了提高自己文化水平的新渠道。“冬学”是抗日战争时期的一种群众教育机构。由于农民的空余时间主要在冬季，各个抗日根据地都开展了大规模的冬学运动，有力地推动了群众识字和文化、政治学习。有些冬学保留下来继续发展成为常年的农民夜校（简称民校）。丁家疃民校在新中国成立前就有，曙光小学亦给予大力支援，不仅给民校捐了一些书籍，还派教师晚上来义务上课。村领导也号召村民捐书，当时募捐到的书在村办公室里有一大堆。抗战时期丁家疃民校教师以相熙［人名］为主，在相熙被外调走了之后，以丁权后为主。丁权后十七八岁的时候上过民校，接着就干民校教师。参加民校学习的是那些没有到曙光小学上学的青少年，为不耽误他们干农活，民校教学时间大多安排在中午和晚上，很多时候就在树下学习。那时正式上学的人很少，群众不知道读书有用。虽然中国人有重视教育的传统，但是那时老百姓普遍感觉挪不出空来读书，还是觉得干活是正事，稍微大一点的小孩就要放牛。民校教师要动员儿童学习。学员年龄大的少，主要是13—18岁的少年儿童。民校长年不断，谁爱上谁上。小学老师来辅导，上级也发教材。办民校的时间很长，好学的小孩也认真读书。民校教师纯粹义务劳动，没有任何补贴报酬，村里给买点文具，出点煤油。尽管没有物质补偿，教民校纯粹是义务劳动，丁权后等民校教师依然觉得这项工作新鲜有趣，干劲很大。民校对于普及文化知识，扫除农村文盲功不可没。丁相凤就说，当时在他那个年龄的青少年，晚上都上民校。所以，他那个年龄段的人虽然文化水平不高，但是都识字。

新中国成立之初的两三年，丁家疃的学龄儿童依然很少有到曙光小学上学的。丁佩源是其同龄人中最早到曙光小学上学的。他 1951 年上小学一年级，当时在校学生包括两个年级，总共七八个人，使用一间教室采用复式班上课。1953—1954 年，到曙光小学上学的农村学龄儿童就多了，很多与丁佩源同龄的人这时才进校上一年级。随着越来越多的儿童选择到曙光小学上学，到民校学习的儿童数量就减少了。民校逐渐改变了常年教学的模式，又转向利用冬闲时间开展冬学活动，面向各年龄段农村群众开展冬季速成班教育。当时附近相邻村庄都办冬季速成班，但真正办成功、办出名堂的只有丁家疃与马家店。东村负责冬季速成班教学工作的仍然是丁权后。

农村青年在冬闲季节除了参加冬季速成班的学习之外，村集体每年还组织他们排演剧目。丁权后觉得自己在那几年中工作很出色，表现很积极。他经常与佩景［人名］一起担任村文艺演出的主持人，他本人还写了一个京剧剧目，名称叫作《厦门会》，说的是两岸人民在厦门相会的故事，曾经轰动一时。

十二　减租减息与土地改革

在抗日战争爆发后，山东省根据地［含根据地边沿区］的土地改革大致包括抗战时期的“减租减息”运动、抗战胜利后的“减租减息与反奸诉苦”运动、1946年“五四指示”后的土地改革，以及1947年春开始的“土改复查”运动等几个阶段。东村本身是个“穷汉村”，又因其地处抗日根据地边沿地带，其土地改革与别处相比有一些特点。

（一）减租减息

根据1941年1月省参议会颁布的《山东省减租减息暂行条例》，1942年4月刘少奇对山东“双减”工作的具体指示，以及山东分局《关于减租减息改善雇工待遇开展群众运动的决定》等文件精神，1942年5月中旬，日照县委开始部署减租减息工作，并在碑廓区二朱曹村开展“双减”试点。先将100多名雇工组织起来，同雇主签订“双减”合同，达成“双减”协议。这样，“突出重点，全面开花”，使“双减”工作很快在根据地展开。[①] 1943年夏收前，在根据地的碑廓、大坡、汾岚、薛庆等地区和边沿区的高兴、涛雒、太平区部分村庄开展了“双减”斗争。[②] 1943年秋后，碑廓区500多名雇工集合于碑廓镇开会，进行以“谁养活谁”为题的教育。他们扛着锨、镢、锄头，背着口袋，排队上街游行喊口号，然后到几十户地主家进行算账说理斗争，当面议定减租与增资数目。边沿区的山字河，在“双减”斗争中有73户雇工增加了工资。[③] 1943年11月

① 日照市地方史志编纂委员会编：《日照市志》，齐鲁书社1994年版，第464页。

② 同上书，第245页。

③ 同上书，第464—465页。

11—12 日，日照县委召开各区群众工作干部会议，传达省群众工作会议精神，对夏季“双减”工作情况进行分析和总结。指示各区要在“双减”中加强领导，整理支部，深入思想发动，并决定每中心区抽调村干部 20 人，每边沿区抽村干部 20 人，举办查减工作训练班，采取半日学习，半日工作的方法，促进查减。① 1944 年 5 月 10 日，滨海区党委召开会议指出，查减工作在中心区已基本完成。1944 年 7 月 9 日，滨海区党委、滨海专署指示各县，七八九共三个月以查减为中心，集中一切力量彻底完成查减任务。②

在村民的记忆中，东村的减租减息、献田乃至打恶霸斗争主要发生在 1944 年至 1945 年。这时日军已经处于守势，不经常到丁家疃这边来了。先是来了工作组，号召“扎觅汉”成立职工会，要求增加工资，实行减租减息。职工会长研究雇主雇工情况，看谁应该长多少工钱，职工会就通知那位雇主，要求他给雇工增加工资。丁佩杏记得，他们这些“觅汉”和贫农夏天晚上都在河崖沙滩上睡觉。晚上不知不觉一个女地下工作者披着蓑衣戴着斗笠就来了。她一来，这些睡觉的都赶紧找东西盖身子。她就说，不用着急，不用忙，没有衣服也就不用穿了。她启发这些人：“你对减租减息有什么意见，雇你的人对你好不好，一年给你什么东西，有话就直说，在会上不要害怕，以后共产党领导穷人翻身。”［丁佩杏，050504］开展增加工资、减租减息运动需要开财主们的斗争会，否则他们不愿意往外拿钱。村农救会由乡、区政府派来的工作队帮助成立起来，职工会归农救会领导。

1944 年“打恶霸”是农救会作用最大的时候。“打恶霸”和减租减息要求地多的户把土地献给农救会，农救会再分给穷汉。“打恶霸”运动一开始，首先整马家店［村名］的“四红鼻子”［绰号］和小村的张米［人名］，要求其他相邻村庄的地主富农家庭的当家人带着老婆去马家店参加批斗大会。各村的民兵都参加会议，会上民兵高喊着口号“打倒某某”。在开完那会回村之后，有些人就自觉献田，上中农也好，财主也

① 日照市地方史志编纂委员会编：《日照市志》，齐鲁书社 1994 年版，第 22 页；中共日照县委党史资料征集小组办公室：《山东省日照县中共党史大事记（1921—1949）》（讨论稿），1983 年。

② 中共日照县委党史资料征集小组办公室：《山东省日照县中共党史大事记（1921—1949）》（讨论稿），1983 年。

好，都献田给贫下中农，而且都献好地，丁权布家也分得了半亩。所谓恶霸，都是财主，丁权军说得很准确：不是财主他怎么能霸起来！在农村有不少混混、地痞流氓，但这些人不叫恶霸。马家店村的‘四红鼻子’是恶霸，他把整座高字山据为己有，不准老百姓上山砍柴，有财有势，成为地方一霸。在打完恶霸之后，山就归大家了，他就不能占有了。丁家疃在“打恶霸”运动中被批斗的对象有树红［人名］、学南［人名］、横春［人名］、“起腱子”［绰号］、权依［人名］、树高［人名］、树聪［人名］、树书［人名］等，共计 8 人。丁权军记得，“打恶霸”开始阶段是献田，后半阶段有些户献出一些粮食。

在村民的记忆中，“打恶霸”运动不是“土改”，其斗争方式就像井冈山时期的斗争，把财主的土地文书拿出来，没收财主一部分土地分给穷人。虽然“打恶霸”运动的声势不小，但它以算账说理为主要斗争方式，主要是形成一种政治压力，让地主富农自觉献田，并未采取过火的行动。因此，在“打恶霸”运动中，没有发生地主富农逃跑的现象。

抗战胜利后，在一段时间内减租减息仍是解放区的主要工作。特别是在新解放区，结合“反奸诉苦”开展“双减”工作是各级党政的首要任务。1945 年 11 月 10 日，中共日照县委召开全县干部大会，传达了省委书记黎玉关于群众工作的总结，明确了减租减息的中心工作任务。1946 年 1 月，“双减”斗争在全县全面展开。首先在涛雒［乡名］试点，召开“双减”联合斗争大会，把群众发动起来，实行“二五减租”“分半减息”。通过减租减息斗争，共斗出土地 47718 亩，粮食 374 万公斤，钱 3266 万元，新开辟 403 个村的工作，从而大大减轻了农民的经济负担。[①]日照县自 1945 年 10 月开始的反奸诉苦运动至 1946 年 5 月基本结束。人民群众得到胜利果实，计有土地 25982 亩，房屋 8924 间，粮食 270 万公斤。[②] 1946 年“五四指示”发出后，日照县依然在进行“双减”工作。1946 年 6 月 8 日，日照县委在涛雒召开 5 个区 6000 多佃农代表参加的减租减息联合斗争大会，严惩汉奸、恶霸地主。[③] 大会通过了决议草案：“一、严惩汉奸、恶霸地主；二、实行二五减租；三、废除二地主剥削；

① 日照市地方史志编纂委员会编：《日照市志》，齐鲁书社 1994 年版，第 245 页。

② 同上书，第 23 页。

③ 同上。

四、废除大斗、大秤等一切额外剥削；五、清算过去的账目。”[1] 会后，全县各新区的“双减”运动普遍展开。次日，在涛雒召开对中、小地主进行说理斗争的仲裁会。会上200多佃农代表对“干拔工”[2]、大斗、大秤[3]、“份子粮”[4] 等剥削手段进行控诉，同时对30多个地主进行了说理算账。最后定下了往回找补田租的年限和数量。[5]

作为根据地的边沿地带，东村的“双减”工作发动比根据地稍微晚一点，但比新区要早，基本上在抗战胜利前后完成了“双减”工作。在抗战胜利后至正式土地改革之前的这段时间里，丁家疃村干部群众响应上级号召，断断续续还有“双减”工作，但对百姓生活已经影响不大。

(二) 土地改革

1946年5月，中共中央下达了《关于清算减租及土地问题的指示》(即“五四指示”)，将党在抗日战争时期实行的减租减息政策，改为没收地主土地分配给农民的政策。到1946年7月，日照县委召开各分区区委书记、各救会长参加的土改工作会议，传达中共中央“五四指示”，对全县土地改革进行思想动员和行动部署。同时，对实行“耕者有其田”的办法和步骤，以及具体政策做了安排。在会上，县委决定以太平区山字河为基点先行一步，并分为若干工作队，照顾面上的土改工作。8月，中共滨海地委召开了县委书记会议，研究土改工作。会议确定要以土改为中心任务，并明确提出了“耕者有其田”的方针。25日，中共滨海地委发出《关于具体执行中央五四指示的补充指示》。指示决定：1. 无论新老解放区统以推平土地为目前中心任务，并一律于十月底全部完成；2. 要采用大胆放手走群众路线的方针；3. 结合土改，贯彻战争动员与生产运动，

---

① 中共日照县委党史资料征集小组办公室：《山东省日照县中共党史大事记（1921—1949)》(讨论稿)，1983年。

② 干拔工：指佃户一年中需要无偿给地主工作多少工时。

③ 大秤、大斗：指用超过标准的秤、斗收粮食，进行克扣剥削。

④ 份子粮：佃户每租种一亩地，就得吃地主多少斤霉烂的粮食，春吃一斗，秋还四斗，不吃不行。

⑤ 中共日照县委党史资料征集小组办公室：《山东省日照县中共党史大事记（1921—1949)》(讨论稿)，1983年。

创造十月以后大参军的有利条件；4. 发展党员、群众团体、民兵。[①] 华东局于8月底召开土改会议，并在9月1日发出了《关于彻底实行土地改革的指示》（即“九一指示”），要求打破减租减息清算的圈子，迅速贯彻土改，作充分准备迎接土改。当月，日照县委传达了华东局《关于彻底实现土地改革的指示》。此后，土改运动在县委领导下，按照“五四指示”和“九一指示”在全县展开。总的口号是实现“耕者有其田”“人人有地种”“土地回老家”。10月底，日照县土改基本结束，共分配土地76000余亩，房子3万余间，35%的贫雇农基本群众分得了胜利果实。[②]

日照县的土地改革在差不多一个月的时间内突击完成。从社会革命的角度看，这次土地改革的结果并不彻底，经过土改取得的土地数量不太多，日照县所属滨海地区共斗争出土地67万余亩，仅占原有土地数量的8%。[③]有研究者对这段时间的山东省土地改革运动做如下评价：“总起来说，整个山东省除滨海、滨北、鲁南及渤海一地委部分地区外，大部分地区土改风平浪静。农民在土改中获得土地不多的原因，主要是没有充分发动群众，而是采取了以献田为主的方式和强调照顾太多。各地献田不是经过清算斗争，而是用和平包办代替、非群众路线的方式。由于这些原因，在经济方面，地主富农还保持相当多的土地；在政治上，封建势力还疯狂复辟或暗中统治。如土改后的滨海区临沭、东海、竹庭、日照、莒县5个县，尚有大地主10户，中小地主179户。”[④]

现在看来，日照县等地土地改革匆忙结束有多方面的原因：其一，“五四指示”本身是有保留的土地改革政策，尚照顾统一战线，比后来的《中国土地法大纲》要温和得多；其二，经过抗战以来的增资、“双减”、献田、反奸清算等运动，农村土地占有不平衡状况已有很大程度的削弱；其三，贯彻土改是与紧张的战争环境[⑤]、繁忙的支前任务、庞大的参军任

---

① 中共日照县委党史资料征集小组办公室：《山东省日照县中共党史大事记（1921—1949）》（讨论稿），1983年。

② 同上。

③ 朱玉湘：《解放战争时期山东解放区的土地改革》，《文史哲》1990年第2期。

④ 同上。

⑤ 进入1946年6月，国民党凭借其兵力上和装备上的绝对优势，向山东等解放区发动全面进攻。从1946年7月至1947年7月，在国民党向山东的全面进攻和重点进攻中，历经鲁南战役、莱芜战役和孟良崮战役等几次大战役。

务，以及经常的反特斗争密切而又极其复杂地结合着。[①]

土地改革历时太短，斗争手段与“减租减息”工作时采用的打恶霸、动员献田等并无二致，以至于很多东村老人并没有留下关于土地改革的独特记忆。有人说“复查之前没有土改，只有减租减息、献田”。［丁佩杏，050504］有人说“先是土改，后来是复查。土改也就是减租减息那回事”。［丁权布，050414］

李建欣对日照县减租减息与土改斗争的评判是非常适合东村的情况，“从总体来看，这一时期的土改斗争（增资、减租减息、反奸清算、土地改革）还可以说是‘和平’的土改运动，即使对一些恶霸地主也没有采取过激的行为，大都通过召开斗争大会、仲裁会和示威游行等方式，对地主进行讲理算账、控诉揭露，然后获取斗争果实。由于对政策把握较好，一般来说没有采取肉体消灭的办法对待斗争对象，地主、上层人物因恐慌逃跑的现象也很少。”[②]

---

① 朱玉湘:《解放战争时期山东解放区的土地改革》,《文史哲》1990年第2期。

② 李建欣:《1947年日照县土改复查严重“过火”现象及其由来》，硕士学位论文，华东师范大学，2009年。

十三　日照县土改复查运动的发起

在日照县，土改工作的高潮是在土改复查阶段达到的。在这一时期，日照县“左”的错误一度非常严重，东村也不例外。初涉这个问题的时候，笔者曾抱有深深的疑问：东村土改复查的具体进程如何？产生了什么社会后果？带着这些问题，让我们一起回到土改复查时的峥嵘岁月。

（一）土改复查运动的发起与政策推动

中共中央于 1946 年 5 月 4 日发出《关于清算减租及土地问题的指示》（即“五四指示”）。“五四指示”，是在“随着国民党军事进攻的不断扩大，国内阶级矛盾的上升和解放区群众运动的发展，作为抗日民族统一战线土地政策的减租减息，已不能适应农民的要求”形势下，就解决农村土地问题，消灭封建剥削，实现“耕者有其田”、为内战做准备而作出的战略决策。但在山东解放区，“五四指示”后的土改工作在很多地方匆忙完成，大部分地区风平浪静，没有发生轰轰烈烈的群众运动。随着国民党军队对山东解放区的全面进攻与重点进攻，阶级斗争的形势愈加严峻。在此情况下，中央领导对土改工作中的一些不足进行反思并提出了新的要求。

1947 年 1 月 10 日，中共中央在《刘少奇询问土地改革的几个问题的通知》中提出，“在分配土地问题上，党内和党外都有一部分人企图窃取土地改革的果实，分占更多的土地，就是一种富农路线分配方法，而与贫农平均分配，原则上相对抗”。这份文件首次明确提出了土地改革中存在“分配富农路线”的问题。1947 年 2 月 1 日，中共中央政治局在《中央关于目前形势与任务的指示》中，肯定了有些地方开展的“填平补齐”运动，指出约三分之一未实现耕者有其田的地区，必须于今后继续努力，放手发动群众；在已实现耕者有其田而解决不彻底的地方，必须认真检查，实行“填平补齐”。于是，土改复查运动很快在各解放区开展起来。

1947年2月，中共华东中央局发出《关于目前贯彻土地改革、土地复查并突击春耕的指示》，肯定“土改”已获得很大成绩，但又把“土改”中的某些缺点夸大为“富农路线倾向”，在纠正“土改”某些右的缺点的同时，“左”的错误逐步发展起来。[①] 4月，滨海地委召开县委书记联席会议，提出了“从反特入手进行土改复查”的方针。5月，华东局发出《关于土改复查工作的补充指示》，提出了在分配土地中“干部富农路线较为普遍”这一不符合山东实际的结论，助长了土改复查中“左”的倾向。[②] “5月间，在山东推行晋冀鲁豫土改经验，批判右倾，对地主不分大、中、小，不分有无罪恶，一律扫地出门；让农民暂时统治一切，对干部发动“挖防空洞运动”“洗脸擦黑运动”，由工作团取代党政机构，批准群众所获得的一切。[③] “6月中旬，华东局又分别向渤海、胶东发出了土改复查指示信，提出土改复查以克服‘富农路线’为关键。这两封信将土改中一些‘左’的做法一再当作正确理论肯定下来，改变了以往和平夺田方式，开始采取激烈阶级斗争武力夺田方式，由对地主拉的策略，变为消灭地主和旧式富农的策略。”[④] 7月，华东局发出了《关于山东土改复查的新指示》（即“七七指示”），使已经发展起来的“左”的错误，变得愈加严重。

（二）日照县土改复查运动的动员

7月23日，中共日照县委在丁家疃村召开全县农代大会，贯彻华东局《关于山东土改复查的新指示》（即“七七指示”），进一步布置土改复查工作。会议要求彻底摧毁封建势力，从政治上、经济上消灭地主阶级。在这一思想指导下，会后全县不少地方发生了放弃党的领导，一切由贫雇农做主，以及乱打、乱杀、乱扫地出门的混乱现象。[⑤] 接下来，我们从当时的县委会议记录，了解土改复查工作在基层的动员及实施情况。

---

① 《中共日照党史·大事记·土地改革运动》，转引田文阁《血雨腥风“四七年”》（未刊稿）。

② 同上。

③ 孙祚民主编：《山东通史》（下卷），山东人民出版社1992年版，第880—881页。

④ 李建欣：《1947年日照县土改复查严重“过火”现象及其由来》，硕士学位论文，华东师范大学，2009年。

⑤ 日照市地方史志编纂委员会编：《日照市志》，齐鲁书社1994年版，第24页。

在日照县委档案革1的卷52《赵政委传达华东局指示及县委今后任务》（1947年7月23日）中有这样的会议记录文字：“华东局关于土改的指示：1，对山东土改的估计：过去土改虽然有成绩，但基本是未解决问题，这由于领导上缺乏明确的阶级与群众观念，基本上是犯了右倾机会主义错误，‘九一指示’虽比过去进步，但还差得远，右倾表现在未消灭地主阶级。2，今后土改的方针：华东局委员会检讨了过去缺点，下了决心，今后要彻底打乱封建势力，来一个彻底大革命。经济上：把地主土地、房屋、种子、农具，一切东西都拿过来，即实行扫地出门。政治上：使地主无发言权，要翻过来，使基本群众来统治地主，使地主无发言权、选举权，要明确地主是我们现在批驳的革命对象。……以贫雇农为主来处理一切问题，并组织小组，今后农会、各救会分开，农救会统治一切。……村农救会的讨论、决定由区农会及县农会批准，农会也有权力撤销干部。对中农是团结，在经济上坚决不动中农利益，从地主拿下的土地不分给中农，主要是从政治上团结，对他是政治待遇一家人，一般的经济上是不分给他的。对富农的政策也有变更，过去不动他封建剥削部分，但今天将他所有也都拿下来，分给的土地房子不得超过雇贫农，不分给好地。……一般与地主处理，稍有差别。”

在本卷宗接下来的一份会议记录文件《县委总结过去土改布置今后》中，县委总结土改基本未解决问题的原因：“1、在土改运动中，也是右倾机会主义错误，对地主是削弱而不是消灭，或者口号上是消灭，而实际上是削减，没有坚决扶持雇贫农。过去对地主打击不严重，以和平方式斗争的有686户，献田的有623户，讨论的有48户。领导上讲究有理有节，怕社会基础被打乱了，对社会秩序的认识有错误，对翻天覆地狂风暴雨式的农民运动赞助不移，怕把地主刺激过火，怕影响庄管压地主，怕社会不同情，替地主留财产好像是法定的，不留不行，好像这些是地主应得的、合法的，麦收也是给地主。……这些证明我们对地主打击是不够的。……总体来讲，我们还是按部就班，而不是狂风暴雨，不是雇贫农当家。2、未很好地走群众路线。从群众出发对群众负责，这样一个基本观点在每个党员那里是不够坚定的。我们采取群众意见、掌握群众的要求不够，群众要求土地、浮财、统治地主，但我们未能很好地掌握，因此在运用力量上就犯错了，往往不是依靠雇贫农，我们往往把村干部及积极分子的要求看作是群众的要求。有时群众要求我们，也未能很好地采用。如河山区提出对地主扫地出门，当时县委对群众这种热情是表扬的，但并不是坚决地拥护。因此有时限制了群众运动，实际是对群众泼了冷水。3、由于政治方向不明确，因此也就不是真正的雇贫农路线。这样土改就不能很好地贯彻。在掌握典型上，也就不是慎重地研究雇贫农，这也由于阶级观念不够明确。4、立场是小资的中间动摇立场，既要发动群众，解放群众，又要照顾地主，把群众束缚起来。高度的阶级觉悟是没有的，因此群众观念是不牢固的，也就不能把运动更进一步贯彻下去……今天政策即是坚决消灭封建势力，不违反中农利益，使雇贫农当家。”

在接下来的一份会议记录文件《华东局及地委对土改计划》中，有如下内容：

“一、工作进行步骤

把所有党政军民学商，所有干部都要动员起来，参加这一运动，在20号前把所有干部都要从思想上打通，从思想上解决问题。……干部做与群众做严格分开，干部自己的情绪不能代表群众情绪，要很好发动雇贫农；富农地主出身的人员……应该背叛自己立场，应该脱胎换骨。要求我们县区干部向下表示态度，向群众向农会表示态度，加强支部活动，大胆暴露过去的不对，把权力交给农会。认识这次土改运动的重要性，与过去不同，是一个大革命，是地主犯法，农会掌握一切，农民专政，就是农民暴动。……

口号：一切以雇贫农为主，以雇贫农当家，农民翻身；中贫农是一家。

制定土改及农民行动的纲领，让农民自己讨论，讨论地主究竟犯法不犯法，如何管制，如何实行扫地出门。选举区乡农民委员会，开始可选举农民筹委会，运动深入一步，可选举农民委员会。

8月10号前后，全县对地主扫地出门运动，进行统一行动。……

怎样入手：1、如还是特务统治的村庄，还是从反特入手对封建地主要狠狠打击，真正造成翻天覆地现象，采用逮捕、封门办法。2、用‘中农不动，两头打乱平分’办法。3、对已经削弱的一部分地主，还要斗，不要再和平斗争，要使农民真正来统治地主，这是可以填平补齐的办法。4、把隐蔽特务结合挖出来。

怎样统治管制地主？1、对封建地主恶霸富农有明确犯法的，要有明确的阶级观念与立场，实行一律镇压逮捕。2、对一般地主限制其自由，不准到外庄去。如去要经过农会批准。3、要有街、村牢制。4、要有家牢制。5、实行农会挂牌制，挖记号。6、不听农会处理的，判处徒刑或处决。

地主子弟不过18岁者，进行争取教育，实行挽救的原则；对18岁以上的，未统治群众的，要用监督办法，要限制自由。……

几个问题的说明：1、对恶霸富农也要扫地出门，对一般富农与抗属地主一般应用扫地出门的办法，但也要进行控诉讲理，不和平斗争。……

处理斗争果实应注意的问题：1、先把农民照顾好，把地主打下去之后，然后再由农民愿意拿什么就给他什么。2、分果实应根据缺什么，分什么。3、光棍子分两分地给他。……”

这几份会议记录文件，对土改复查的原因、背景、土改复查的斗争目标、斗争策略、依靠力量等有了比较清晰的说明。

（三）日照县的“反特复查”

以“反特复查”切入是日照县土改复查的一个显著特点。日照县北邻国民党占据的青岛，南接滨海区所属的东海、竹庭（今江苏省赣榆县）等边沿县区，有漫长的海岸线。在抗战胜利后，作为山东解放区南大门的滨海各县区一直战事不断，国民党特务从未停止过对根据地的活动，因此，渗透与反渗透、策反与反策反的斗争在日照县显得尤为繁重和复杂。[①] 在国民党展开对山东根据地的全面进攻与重点进攻之时，国民党特务的活动更加猖獗，日照县反特形势异常严峻。[②] 1947年4月9日—10日，国民党空军飞机三次轰炸日照城，炸毁房屋40余间，炸死炸伤群众各一人[③]，并即将大举进攻日照。在“反特”与土改复查工作任务重、时间紧、战前气氛异常紧张，且二者在时间上重叠之时，滨海区地委副书记

---

① 李建欣：《1947年日照县土改复查严重“过火”现象及其由来》，硕士学位论文，华东师范大学，2009年，第12页。

② 1946年6月26日，丝山区贾庄村联防队长张传汉，在去各村下通知途中被害，侦查人员在群众的协助下，很快逮捕了杀人凶手——国民党特务王玉英、韩友廷，摧毁了被敌人控制的村政权。1947年1月17日夜，河山区高家沟看山户高大嫂，机智地稳住4名匪特，在民兵的帮助下，全部抓获。1946年春至1947年夏，县公安局先后在丝山、奎山、碑廓等地，破获了一批特务暗杀、夺权等案件，镇压了费华亭、于培菊等特务分子。其间，县公安局还组织了千余名民兵，对潜伏在丝山、河山的武装匪特进行了围剿。（日照市地方史志编纂委员会编：《日照市志》，齐鲁书社1994年版，第518页。）

③ 日照市地方史志编纂委员会编：《日照市志》，齐鲁书社1994年版，第24页。

孙汉卿提出了“从反特入手实行土改复查”的口号，并很快部署统一要求各县开展“反特复查”行动。[①] 滨海地委的要求与日照县委的想法不谋而合，县委“即决定全县从反特入手普遍搞一下”[②]。日照县委把“反特复查”确定为土改复查工作方针之后，立即着手部署“反特复查”工作，决定“4月18日至26日全县统一开展反特政治攻势，新老地区一律统一在26日行动”[③]。日照县委希望借助当时全县上下正在大张旗鼓进行的“反特”、参军、支前等立功评功运动热潮，通过群众运动推进反特复查工作。但在“反特”之初，老百姓对特务的概念，以及如何在村庄开展反特工作并不清楚。但是，“随着破获特务案件的不断增多，加上不断地教育灌输，人们逐渐有了一个趋同的认识，即‘反特斗争实质上就是阶级斗争’”。[④] 这样，群众性的“反特”工作就与打击地主、富农的阶级斗争紧密联系起来。至1947年7月23日，日照县委副书记赵明德代表县委向与会代表传达华东局“七七指示”和滨海地委四县书记联席会议精神时，赵明德明确指出“特务是地主为了维护他的封建统治，而组织起来的更毒辣的一种东西”，这样就在事实上把地主与特务等同起来。[⑤]

随着国共内战日趋激烈，日照县动员出夫、参军[⑥]的工作任务空前繁重；

---

① 李建欣：《1947年日照县土改复查严重“过火”现象及其由来》，硕士学位论文，华东师范大学，2009年，第10—13页。

② 《日照县委关于反特及反特入手复查问题的回报记录抄本》，1947年，临沂市档案馆藏，资料号：3/1/49。（转引自李建欣《1947年日照县土改复查严重“过火”现象及其由来》，硕士学位论文，华东师范大学，2009年，第13页。）

③ 《日照县新地区从反特入手进行复查》，1947年4月，临沂市档案馆藏，资料号：3/1/83。（转引自李建欣《1947年日照县土改复查严重“过火”现象及其由来》，硕士学位论文，华东师范大学，2009年，第15页。）

④ 李建欣：《1947年日照县土改复查严重“过火”现象及其由来》，硕士学位论文，华东师范大学，2009年，第15页。

⑤ 李建欣：《1947年日照县土改复查严重“过火”现象及其由来》，硕士学位论文，华东师范大学，2009年，第22页。

⑥ “那时当兵多数人不愿意，[村干部] 就哄，把两个要当兵的放在两个不同的房间里，对这个说另外一个人答应了，你怎么样？对这个又说，那个愿意了，你怎么样？这样哄着两个人都同意当兵了，这时村干部就从邻居家拿来一只公鸡，把鸡头在门槛上砍掉，说：‘这个公鸡是证明，假如我们对待抗属不好，我们就是这个公鸡，你们要是不认真当兵，逃跑，也是公鸡的下场’。”［丁佩共妻，050326］“动员当兵，你不去［当兵，他们就］天天［来做］工作。佩书［人名］和我一块［安排当兵］，他长了一个小疮，延下来了，延到第六期。他的过继娘［权花老婆］说［佩书］出身不好不去［当兵吧］，一个女的、姓梁的、姓赵的三个人［来了］坐在权花的炕上，一连整了五天，［直到把佩书动员成功］。搞什么运动，上边的工作队都跟来，早晚把你的思想做通。”［丁仕礼，050413］

而国民党军队即将大举进攻日照，战前气氛越发紧张。在此情势下发起的“反特复查”群众运动，不可避免地走向“反特”严重扩大化的深渊。县委把反特交给群众自己去做，大胆放手叫群众“反特”，造成了全县上下人人争立功、村村大“反特”的气势。村与村之间、区与区之间相互挑战，形成比赛竞争的局面。满眼是特务，处处抓特务，“一时间特务遍天下，……在大约一个月不到的时间内，全县共检举出8000余人”①。（见表6）

表6　**日照县各区检举特务人数统计②**

分区	村庄（个）	检举人数（个）						
		特务化地主	一般特务	复辟造谣地主	富农	土匪流氓汉奸	落后中农	总数
碑廓	83	157	177	190	303	379	168	1374
涛雒	71	116	69	87		95	127	
高兴	63	81	132	48	49	65	74	449
黄墩	64	49	172	127	135	55	42	580
城区	29	4	19	17	17	46	26	129
巨峰	95	87	193	132	110	300	262	1084
石臼所	18	4				21	23	104
南湖	55	102				78	87	
太平	59	104	151	84	11	100	94	544
三庄	53	90	115	62	23	67	81	438
河山	90	42	90	43	45	105	96	421
奎山	74	37	82	97	43	64	69	392
丝山	80	59	112	40	15	151	75	452
汾岚	74	54	101	46	78	68	154	501
沈疃	42	53	36	83	53	39	110	374
合计	950	1039	1743	1133	1050	1633	1488	8086

说明：1. 原表统计数字有前后矛盾之处，经重新计算后予以改正。

2. 表格中数字未填写处，系因原有数字分辨不清所致。

3. 此表为全县总表，原表统计沈疃区，现表中该区数字系采自分区统计来。

资料来源：《反奸检举人数成分统计表》，1947年，日照市档案馆藏，资料号：G001/1/61/2。

① 李建欣：《1947年日照县土改复查严重“过火”现象及其由来》，硕士学位论文，华东师范大学，2009年，第18页。

② 该表转引李建欣《1947年日照县土改复查严重“过火”现象及其由来》，硕士学位论文，华东师范大学，2009年，第18页。

"反特"即是"复查"。7月28日，县委书记牟景途在其所做的《时事报告》中反复强调要"坚决搞地主，搞得怎么样？主要由群众来做主……"[①] 在上级的鼓吹号召之下，日照县的各级领导干部对土改复查中的"左"倾政策在相当程度上予以接受。县委确定8月10日前后统一行动，对地主进行扫地出门。各分区干部回去后，都争先恐后地开展起来了！几乎根本未来得及发动群众，干部包办代替，少数勇敢积极分子活跃，分区之间、村村之间瞬间形成狂热的扫地出门竞赛。东村亦裹挟进这场在村庄记忆里刻下伤痕的运动之中。

① 《时事报告》，1947年7月28日，日照市档案馆藏，资料号：G001/1/54/13。

十四　东村土改复查批斗会

或许因为土改复查的冲击力太强，我们访问的70岁以上的东村老人，绝大多数对土改复查保留清晰的记忆。特别有几人还是东村土改复查批斗会的重要参与者：一位是参加议决如何处理复查批斗对象会议的党员丁权布；一位是负责解押批斗对象的民兵丁权后；一位是主要村干部丁权军；一位是当天看热闹站在最前排的群众丁仕礼等。

丁权布参加了议决如何处理批斗对象的会议：

"大复查那个时候可不得了啊！日本鬼子走后反反复复的一些事，一浪赶一浪。那时从高兴［乡名，与H镇相邻，在H镇南］押送来多少人！[①] 就是那些说了句什么不中听话的人，就被抓起来，都是老百姓，其中有伪保长，有'抱粗腿的'[②]。［当时］不敢放［这些被抓的人］，放一个就是一个敌人。把他们送到储供所里，攒了有100多人。国民党军队大举反攻，声称要把共产党势力赶进海里，后来国民党［军队］被上边军队解决了，县大队与他们在大河崖也干了几仗。国民党军队驻石臼［地名］，很少过来［丁家疃附近］，也没有来清乡。石臼贺仁庵[③]是日照最大的跑买卖的商人，在复查时贺仁庵的父亲被贫下中农打死了，那时他没在家。1947年国民党进攻时，贺仁庵随国民党军队开船回来了，在石臼把本村老少爷们都请了客，说感谢老少爷们帮着把他爸爸殡了，他知情，说

---

① 这些人就是"反特"运动中抓获的所谓"特务"。

② "抱粗腿的"是指讨好巴结日、伪、地、富等有权势者并仗势欺人、耀武扬威者。

③ 贺仁庵（1887—1970），石臼所人，是著名的地主和航运资本家，当地群众称他为"二圣人"，因为他不拘小财，乐善好施。如果有个天灾人祸，他总是最先起来放粮救济群众，在群众中威信很高。土改复查时其父贺金琨在石臼所被绑到海滩砸死后，贺仁庵一气之下即充任了还乡团监事，不但买了20支枪送给还乡团，还将其租用的"丽华"号轮船让给军统和还乡团使用。［田文阁：《血雨腥风"四七年"》（未刊稿）］。下文中丁权布关于贺仁庵随还乡团复仇的版本与真实版本有出入。

对那些贫协主任等干部要另外重谢。当晚开船回去了。第二天又开船回来，结果本村共产党的头头都没有跑脱，一些群众也被处死了。他是回来复仇的，他头次来是先了解情况，等什么都了解清楚了，就动手复仇了。复查其实就是要均匀土地，当时政策是'中间不变，两头砸烂'，总的说地主的土地要打烂，那些'抱粗腿的'压榨农民的人土改时没有被处理，现在要受处分，赔罪。那天开会商议的时候，对于学南［人名］，我一直都想说句话，忍着没敢说，说出来就是［与当时的政策精神］相反的，一直忍着。我想说学南一直很进步，他是三几年的党员，在日照暴动前就是党员。当时［要求］党员中家境富裕的要捐钱买枪，在会上学南发言了，他说'我是共产党员，我应该捐献，不过上有老下有少，家里爷爷主事，我在家里主不着事，还是个学生'。那时家族厉害，小孩说话做不了主。学南想出一个办法，把他爹绑票，［让他爷爷］拿钱赎。后来学南拿钱把他爹赎出来。他的一个姑家表哥在国民党某地县委是一把手，是他不让学南参加共产党了。我那天就想说这么个事，想了一天，没敢说。参会的共产党员挑选了一下，树栽［人名］、我都参加了会议，权军没在家［出夫子去了］。这个事情研究后，老干部就交权了，贫协当家。在讨论如何处理这些人的过程中，没有公报私仇的，那时共产党员觉悟高，知识不简单，私子一点没有。老干部交权，贫协掌权，［但］他们的觉悟与老干部相比低多了。［贫协干部］站出来给老干部提意见，耀武扬威的。老干部交权，他们［指贫协］说了就算事了。贫协当家，有事还要问问支部，事事问问，没有做太出格的事情，基本上按政策办事①。"［丁权布，050327］

丁权后在复查批斗时是负责看押批斗对象的民兵：

"大复查大概是在 1947 年六七月［阴历］。佩贵［人名］其实很穷，在村里是个'站街虎'②。这里边学南最富，他是富农，家有十多老亩地［相当于现在 30 市亩左右］。学南家人口不多，他前面妻子死了，前妻留有相熙、相杏两个儿子和一个闺女。他的父亲被人绑票③，以后老死了。

---

① 相比较日照县的有些村庄，东村在土改复查时的"乱打乱杀"并不十分突出。参见李建欣《1947 年日照县土改复查严重"过火"现象及其由来》，硕士学位论文，华东师范大学，2009 年。

② "站街虎"是指在村里恃强凌弱、欺男霸女、为非作歹的恶人。

③ 这即是由学南亲自"导演"的由共产党把其父绑票，然后家里出钱赎回的事情。

在扫地出门那天，我当民兵，去押解他，把他们都押在一个地方。学南出门，我也跟着，把他扫地出门，他也不觉得是个大事，还哼哼唱着小戏。他觉得把家里的东西没收就中［可以］了。那时疯传国民党要向北进攻日照，一时人心惶惶。① 当时共产党军队的一个医院被国民党赶过来了，驻在村南边的河崖里，里面有伤员，住了十多天。被扫地出门的人被关押在一个院子里，民兵站岗。他们家的东西都被拾掇到大街上，由农协干部分给贫下中农。老婆、孩子也都被扫地出门，关在另外一个院子里。一起被押的还有权花［人名］，他因为在鬼子时候当过庄长，凑给养时谁家拿不上就狠点。权花被押起来了，他家没有被扫地出门。在开复查大会之前，这些人已被押了三四天，让他们打扫卫生，打扫完了，还押他们到河里洗澡。吃了晚饭，说在河崖［边］开会，就押解去。具体开什么会我们都不知道，贫协的领导当然知道。贫协是在复查的时候成立的，主要干部有权多［人名］、树温［人名］、树玉［人名］等。那时候贫协当家，支部不是主要的，那些贫协领导没有什么文化知识，树温是个贫雇农，口才不行。当时树栽［村支书］出夫子刚回来，树温向他吹嘘谁谁让他抓起来了。那天晚上，我就看得清楚，会场安上桌子，树温、权多等［贫协干部］都坐在大桌子后。民兵站在前头，被审判的对象跪成一排。有人出来提意见，树玉说'起腱子'上他家打了他家盆子什么的，说那么几句，然后打了几下［打得不厉害］。少横［人名］去给权花提意见，说权花到他家凑给养，把他父亲打了怎么的，打了两下。刚布置会场的时候，树后就爬到柳树上，砍大棍子。这时，树后［人名］上去了，他从东头先打佩贵，以前他被佩贵欺负得够呛，这会开始报仇了。民兵没打人，主要是树后打的。土地被分了，家属给点口粮。这些家属没有离开丁

① "［土改复查后］不长时间，［大概是在阴历］八九月份割红薯干时候，从南山前过来国民党一个师。没有经过我村，驻石臼。［当时］他们［共产党县委］大概根本就没有驻县，那会谁敢驻？只记得人家直接奔石臼，没用打仗。国民党主要驻在将帅［村名］河东［距离本村 15 里］，不大敢过将帅河。这里［将帅河西边］有［共产党］组织，驻着工作人。我当民兵，还被区公安人员领着到皋陆［村名］查私货，也有枪拿着。"［丁权后，050218］"我 1947 年五月当兵，刚当兵时在咱这里。在部队也没有吃的，自己挖野菜，自己拾草，站岗时都饿昏了。七月份［阴历］就参加了对国民党的战斗，第一仗失败了。那时我在傅疃河桥上，国名党有五路部队，咱们的部队不顶事，没枪没炮，人家有飞机。我们逃到五莲山区，在五莲山转了几天。我们晚上偷偷回来，在咱这里天天与国民党军队打，在曲河［村名］一场大战，咱部队死了 30 多人，一败败到沙沟［村名］，敌人也不敢再往西追了。战斗动员时也害怕，但一旦开枪就不害怕了。"［丁佩杏，050504］

家疃村，他们上哪走？走，谁敢要？当时［名声］臭得像个什么似的。大复查后，过了一段时间，复查不吃香了，上级说那个事打错了。复查也就是要把地主消灭就是了。那些村有些‘大户’①，外面有人早早来信说，‘别打死人啊！’咱庄打人在日照县不算最厉害的，日照县复查打人最出名的是土山［村名］。石桥官庄［村名］和马庄［村名］也打人了。我到马庄那天，在河崖远处眺望，听到手拍拍，人上去，听到小棍噼噼啪啪，打一阵，又听到一个人出来提提意见，说说他的坏处，喊‘欢迎了’，又听到棍棒打人的声音。过去的就过去了。［那时候］中农说话一说歪了，就了不得了，中农平时不敢吱声啊！都是贫农为主。生产队开贫农会，中农在外头干活，中农没有机会参加啊！有个富农在锄草，有个草根不好锄，他就说好锄，叫它斩草锄根不发芽。旁边的人就说，‘你想锄贫农的根啊？’那时怎么敢乱说话呢！打人的树后是个穷光蛋，‘站街虎’，佩贵是个更大的‘站街虎’，树后挨佩贵不少打。为什么当时树后没有被看押起来？因为树后是贫农，而且会修枪，他给八路修枪，干点八路事，后来又给民兵修枪，那时他就不打人了。”［丁权后，050218］

丁权军虽因出夫子没有参加复查批斗会，但作为主要村干部，对土改复查有比较全面且深刻的认识：

“大复查发生在1947年。大复查时我不在家。我阴历二月份出夫子，阴历八月底回来。老干部交权是这么个意思，原来权力掌握在干部手里，有些贫农什么的没有当家，现在老干部交权，把权力交给贫农让他们去办理吧。1947年土改复查的政策是‘中间不动，两头砸烂平分’。中农不动，他的地不分，地主的土地他也得不到。把地主、富农打倒，把土地财产等没收，贫农分分。也开中农的会，他看村里一般人有几亩地，自己有多少地，多了就得献出一部分。中农献的土地孬地、好地都有。自觉献［田］，［其实］还是因为感觉有压力，要不他会献土地？‘老干部让位，贫农当家’就是1947年的几个月，我出夫子回来就恢复了。大复查时，你想一点偏差没有是不可能的。［我］出夫子回来以后，被斗的家属有的给他几间破草屋，地也给留一点，他［她］也要生活嘛。他们的屋一下子被没收，贫农搬进去，贫农腾出的破屋让地主富农进去住。”［丁权军，

① “大户”是指家族大，在地方上名声显赫，有亲属在外任公职或做较大生意的家庭。

050326］在访谈时，明显感觉丁权军老人不想多说土改复查的事情，神情有些消沉。或许因为这些事情太出格了，不愿重揭村庄历史的伤疤。“在大复查的时候，丁家疃总共得到二三百亩土地。复查后全庄人均一老亩多地。分地后，贫农和中农土地占有还是有差距。贫农分地也不均匀，有的可能多点，有的可能少点。中农都是自己的地，总得多过那些贫农。分地后，贫农人均土地占有也得一亩多一点，因为这时富农占有土地少了，他们人均可能在半亩或六分地，贫农的土地占有在一般水平上。”［丁权军，050410］

丁仕礼［1928 年生］是一位普通群众，他对土改复查批斗会当天的情况记忆犹新：

“大复查是在 1947 年［阴历］七月十五日前后开始的。佩贵是中农，但算不上［正式的］中农，因为在村里是个‘站街虎’才被斗的。佩贵在村里说一不二，他的儿子［十六七岁］后来得了黑热病，没人管饿死了。老干部交权，权多［人名］当家，他是贫农协会主席，贫协就是为砸人选的。老干部都出夫子了，贫协管着这事。那时省主席下了一个命令，说最恶的可以打几下，到了下边基层就不管三七二十一了。权多就是因为这个事过了 1949 年闯东北走了。树后是‘站街虎’，平时在村里愿意打谁就打谁，全村没挨过树后打的人不多，各庄群众［对他］都恨得牙根疼。当晚一些人要给树后提意见，小村也来了很多人，都拿着剪子要把他穿死。但是看到他在台上打人，这些人就走了。大复查时全村扫地出门的有佩贵、子平、学南、树红、‘起腱子’、老寡妇全波家①、树代②等几家，总共没收了六七十老亩土地，二三十间小破屋。”［丁仕礼，050413］

对于打人者树后后来的命运，丁佩农回忆：“过了 1949 年，来了运动，开树后的批斗会，外村来一些妇女要用剪子穿死他，但是上级有人在这里。会后树后被押到佩律［人名］的屋里，当晚权宅［人名］站岗看押。以前权宅当民兵站岗时曾经被树后用手榴弹砸，有人说当晚权宅用枪

---

① “这个老寡妇出身算富农，家庭妇女，公婆都没有了，地不够 10 亩，复查时地全交给大家了，她的屋全太［人名］住上了。”［丁仕礼，050413］

② “树代在 1947 年三月被枪毙了，因为他把三大队的郑世东向‘土匪’郑鄂廷告密，［郑世东被］抓起来后被折磨致死。他［树代］权当被扫地出门了，因为家里唯一后人去了东北。”［丁仕礼，050413］

托子打死了树后，又用粗绳把尸体吊到屋梁上，说树后上吊死了。对此，别人包括树后老婆都看出来了，但也没有怎么追究。树后是‘站街虎’，但是，你不冒犯他，他也不惹你。树后死了，吃过他亏的都拍手称快，没有受过他害的感觉无所谓。我小时候树后还可怜我，给我一块牛肉吃。别人欺负我，他还给我撑腰。树后也就是和那些不服气的人争斗。”［丁佩农，050417］

现在看，土改复查中村庄出现的暴力行为，绝非村庄逻辑自然发展的结果。虽然村庄有恶人，甚至有被大多数村民看来该死的恶人，但是一般不会出现有组织的申诉、处死这种情况。日照县各村形成扫地出门竞赛的局面，是几方面力量综合作用的结果：其一，国民党军队大举反攻日照，造成兵临城下人心惶惶的紧张氛围，反攻倒算的危险客观存在且非常紧迫，使得敌我矛盾容易扩大化、极端化。其二，经过了一个阶段的“反特复查”工作，社会舆论已经把地主、富农与特务混作一谈，地主、富农被妖魔化，形成刻板印象。在此情景下，对待“敌人”的任何过火行为都可能因为贴有“革命”的标签而获得合法性外衣。其三，上级领导的极左要求是村庄暴力升级的直接动力。当时全县已经掀起“反特”、参军、支前等立功评功运动的热潮，上级对复查工作的推动很容易把立功评功的工作模式复制到扫地出门工作中，并在村落之间形成赶超竞赛。其四，村落内部客观存在的人际矛盾、家族恩怨、嫉妒等负面情绪在剧烈的政治运动中，披着冠冕堂皇的外衣悄然出笼，兴风作浪。对于土改复查中的暴力情况，事后大多数村干部与村民在情感上难以接受。有的贫协领导因此举家闯了关东，当时的打人者丁树后也无善终。在革命狂飙中的村庄，就如同风雨汪洋中的一片落叶，决定不了自己的命运。丁权布的感慨很有代表性：“新中国成立前是个动荡的年代啊！……一浪跟一浪。来了运动有时也看不透，看不透上级的意图，跟着领导干也就是了。摸索着干。那个社会不容易啊！”［丁权布：050414］政治风暴裹挟下的东村民众既无力把持村庄的命运，也无力掌握自己的命运，对于村庄的伤疤他们宁愿选择遗忘，也不愿意与过去的事情多做纠缠。土改复查批斗会作为一个极端化事件，把村民在极端情况下的行为特征展示出来，深刻暴露村庄的内部结构及村民的处事逻辑。

十五　分配翻身果实与划分阶级成分

（一）翻身果实的分配

把土改复查中没收的土地、房屋、家具、粮食、衣物等分给贫困的农民，被称为分配翻身果实。根据家庭经济情况，最贫困的户可以分到房屋和土地，大多数贫农户分得盘碗、家具和衣服等。能够分到翻身果实，人们都很开心。丁少子家复查分了一张八仙桌，一对方杌子，一块好地，有老亩七八分，还分得了一些粮食。[①] 分了东西全家都很高兴。表7是对部分受访对象复查分得翻身果实的统计情况。

表7　**部分受访对象土改复查时分得翻身果实统计**

姓名	家庭成分	家庭人口	土改复查分得翻身果实
丁少子	贫农	7	一张八仙桌，老亩七八分，一对方杌子，一些粮食
丁少宁	中农	12	无
崔兆兰	贫农	12	一桶大米，一块布料，1老亩多好地
丁权桥	中农	14	复查正式没分到土地，后找补一点，可能因父亲任村文书
丁权布	贫农		土改时分0.5老亩，已经达到全村平均水平，复查时没再分
丁权平	贫农	6	分2老亩多土地
丁相凤	中农	7	无
丁仕堂	贫农	8	分老亩6分多土地，6间屋和2间牛棚，几户合分了一头牛
丁仕赞	中农	8	分了一点盘碗
丁权后	中农		分点盘碗
赵玉	贫农		分得一点地

① 丁少子与贺淑芳属于同一个大家庭，当时还没有分家。

在分配翻身果实的现场，碗盘、衣服、粮食、器皿等都堆放在大街上，像集市一样，贫协领导主持分配。从小就“扎觅汉”做“小放牛”的丁仕堂在复查中分了一户富农的6间屋和2间牛棚，几户合分了一头牛，还有老亩6分多地。他记得，当时贫农分的浮财、土地不一样，但多多少少都能分点翻身果实，一般是支部或贫协讨论分给谁多少东西。复查出的土地按级数分配，好差找补，基本均分。丁仕德［人名］家分到一亩多好地，那地旱涝保收，他喜欢说调皮话，说“你们要把我累死在这地里啊”，成为一时笑谈。

在复查分配时，绝大多数人都喜欢要各种翻身果实，只有住在南山的几户村民不愿意要地。丁权布记得南山权叔［人名］他们6户分到了老亩3亩6分地，到秋天还不来种。为什么不来种？一是路远，二是思想跟不上革命形式，总觉得地是别人的。后来权叔来庄里开支部扩大会议，丁权布对他说，“我南岭有3亩多地，我与你兑换吧”。他说：“那可以。”就这样换了地。

被扫地出门户的基本生活依然得到保障。按村民的说法，东村真正扫地出门的户几乎没有，基本上是把他们的财产、土地、房屋等没收一部分，仍然给他们留下够自己种的土地，多数人仍然住着自己的房子。学南家拿出3间东屋给佩德［人名］住，堂屋还是自己的；子平家拿出了学屋，等等。子平成分是富农，即使他儿子是国民党都没有动他，因为他在村里的社会威望高。复查时富农和扫地出门户集中在一起，自己做饭吃，民兵监督他们劳动。监督时，民兵不用拿枪，民兵和他们一起劳动，只是让他们感觉不自由而已。

据村民反映，贫协领导在分配翻身果实时，有些私字在里面。丁权桥成分中农，复查时也分到了土地，丁权桥认为这可能因为他父亲时任村文书（相当于现在的大队会计），在村里有脸面的缘故。丁权平家在复查时分到2老亩多好地，算是数量比较多的。对此他这样说，“那时，给你多点就多点，不给你就没有，你有什么办法？就是占用方式，私字永远割不断。反正哪时也是这样，也有分不到地的。穷户差不多都分到了，就是可分可不分的家庭有的分到了，有的没分到。”［丁权平，050414］

（二）划分阶级成分

丁权军介绍土改时划分阶级成分的标准："贫农是家庭有成员'扎觅汉'，雇给人家或做工夫；中农的标准是自食，不雇人，或者偶尔雇个人，剥削不着别人；富农也雇人，一多半的事靠雇人干，自己劳动一部分，生活富裕，也剥削也劳动；地主的标准是全靠剥削，雇客家子，雇人，自己不劳动。划分阶级成分的标准不完全看土地，说有的人没有土地，但全靠剥削吃饭，也可划成地主，譬如做生意的。还有佃户富农，客家子租了很多土地，但是自己不种，而是租给别人种，也是剥削。简单说，假设生活花费 100 块钱，五五开是富农，全是剥削就是地主。丁家疃的富农有树红、树代、子平、树国等，其余的中农分上中农、下中农。偶尔雇人剥削的叫上中农，他们农忙的时候偶尔雇点人；全靠自己的叫下中农。丁家疃总共有富农十一二户，中农有多少户数说不准了，忘了。没有地主那样的户，都还有点地，自己还劳动。"［丁权军，050410］

1948 年 5 月，中共中央重新公布了《怎样分析农村阶级》和《关于土地改革中一些问题的决定》两份文件，用于指导在土地改革中划分阶级成分。这两份文件规定的划分阶级成分的标准并不十分具体、严格，而且现实生活的丰富性使得划分阶级成分的标准难以严格量化和精准化。在村庄的实践中，划分阶级的标准就有了更多的变数。据村民回忆，一开始大家认为中农好，所以绝大多数家庭都划成了中农，贫农没有几家。后来又改变了政策，把大部分中农划成了贫农。简单来说，丁家疃划分阶级成分的基本操作标准，一是按照土地，二是看家庭生活水平。有牛有驴没有土地，是贫农。有牛有犁，什么不缺，能自理，算作中农。同样条件如果这家有过雇人的经历，成分就要定得高一点，本来是贫农也要划成中农。在划分阶级成分时，丁权布在村决策班子里，他记得，划分成分由支部决定，把全体村民划分为富农、中农、贫农三类，东村没有地主。首先把富农挑出来；再找那些养牛养猪［的户］，甚至还雇个人的户，就划成中农或富裕中农；其他的都是贫农。

划分成分是件非常重要的事情，老百姓当然很重视。对于划分阶级成分，群众是否有意见？有意见如何反映？丁权布就碰到这种情况。他记得他爷爷和父亲这两辈是贫下中农，他父亲还扎过"觅汉"。到土改定成分时，他家的经济状况依然不行，被划成贫农。划分成分后，在民主政府下丁权布家的经济情况有了好转，村里的佩汪看权布生活不错，还养着牛，就私下找个别干部提意见，说权布日子过得不错，应该改划成中农。但是，村干部没有采纳佩汪的意见，他家定了那次成分后再没有改动。丁佩农在土改时名下有很多地，被定为上中农，可实际上这些地佩农没有种，而是被少潜［人名］等人强种着。他对自己的阶级成分有意见，向村干部反映过一次，但没效果，以后他就不再反映了。通过上述两个个案，可见当时村政组织具有较强的专政工具的性质，支部权力很大，划分阶级成分完全由村支部决定。一旦成分划定，每个人就有了不同的政治身份，并对其生活发生着“系统性”的影响。丁权布记得很清楚，以前都说老三队（第三生产队）不容易领导，被称为“老子牌”生产队，因为老三队里面贫农占大多数；与三队相反，大家都说一队好领导，因为一队中中农占到三分之二，生产队长丁权军一声呵斥，没人敢吱声。老三队生产拿不上去领导没有办法，还是一队的中农听话。

在特殊境况下开展的日照县土改复查运动，不仅给被批斗者，即使部分普通村民也留下了心理伤痕。比较而言，东村的土改复查在当时的形势下并没有做得过于出格，如子平在村里威望甚高，即使其子在国民党中任职也没有遭受批斗；对于扫地出门的家庭仍然给予他们房屋和土地，保障其基本生活，等等。在土改复查、划分阶级成分这样重大政治运动中，村庄事件依然交织着利益、恩怨、人情的网络，植根于村庄深厚的历史土壤之中。

十六　新中国成立前后的乡村生活

新中国成立是重大的政治事件，但并未割裂乡村正常的生活节奏。东村［丁家疃］村民在新中国成立初的年月里，延续着过去的基本生活样态，做什么小买卖的人都有，很热闹：佩纯［人名］卖杂货，佩阳［人名］卖白布，佩共［人名］、佩双［人名］等卖大饼，没有本事的卖豆腐，还有人榨花生油……当时东村、西村合在一起做买卖的总共有十二三户。这种情况持续到1953年人口普查以后。接下来，我们从几位村民的亲身经历，去了解那个时期的乡村生活面貌。

（一）嫁娶与分家

丁少宁是中农，与妻子是娃娃亲，女方六岁的时候这门亲事就定下来了，当时男方家长用十斤大米和一条裤子的布料做聘礼，托媒人做媒契定下婚事。二人在1948年结婚，当时女方十六周岁，坐轿嫁过来。男方置办了一两桌酒席，请亲朋喝喜酒，交情最厚实的人喜份子钱三五块，当时猪肉价格是七角二三分一斤。初嫁来时，少宁妻感觉夫家穷死了，连盐都吃不起，缺衣少穿，吃糠咽菜，吃红薯秧、萝卜丁，饭菜质量还不如贫农。婚后一年多分家，当时全家有十三口人，有三间堂屋，两小间东屋，三小间南屋，少宁分得两小间东屋。那两间小屋盖得很简陋，住在里面感觉像个小棚，夏天就热死了。丁少子与妻万桂芝同样在1948年结婚，结婚时只有一床被子、一床褥子、一对枕头，没有床单，没有铜脸盆，只有娘家比较富的才会陪送个铜脸盆。万桂芝的嫁妆是“一提留”。“一提留”就是一个包袱、一对箱子。那时候嫁女陪送“小四件”就不得了，多数就是“一提留”。在丁少子结婚时，家里堂屋正面摆放着一张大八仙桌，非常显眼，那是复查分的“果实”，另外还分了一对方杌子。当丁少子的大侄子相亲时，他大嫂把这张八仙桌借到她家里，万桂芝用一晚上的功夫把自家的粮食搬到大嫂家，把九个花生饼也抱到大嫂家，都装作是大嫂家的。相亲时女方来了，看到家里有家具，粮食很多，就很满意，这桩亲事就定下来了。现在万桂芝想起这些事情就笑，那些年老百姓就是这样哄人的。

安玉玲在新中国成立后的1953年嫁到东村，她与其亲大嫂都是小代疃村人。婆婆对大儿媳很中意，就执意继续在小代疃村给二儿子找媳妇，后来相中了安玉玲，并答应只要安玉玲嫁过来就分家。而实际上安玉玲嫁过来后很久都没分家，她们家是东村最晚分家的大家庭之一。结婚前，安玉玲丈夫赵昌弟兄三人［老大赵写，老二赵昌，老三赵文］都在五莲［县名］打铁，女人在家里干活，家里养着一头水牛。安玉玲在阴历腊月十八嫁过来后，婆婆就把赵昌安排在家里领着女人干活，那弟兄俩还到五莲打铁，但是打铁挣的钱都由赵写收着。三弟赵文很刁，看到打铁挣钱自己却没有收入，第二年就回来了。接下来就进初级社了，赵文到日照县城打铁，赵昌还是领着女人干活。那时赵昌家与丁少子家都住在北岭自然村，但赵昌家属于皋陆村。东村村支书树栽有时到岭上串门，安玉玲就对他说："三叔，你看我们加入东村合作社怎么样？"树栽说："来吧！"安玉玲说："我过去你得给我们点粮食。"树栽说："可以，你要多少？"安玉玲说："给五百斤吧。"他犹豫了半天说："给二百斤吧。"安玉玲说："二百斤太少了。"后来东村给了赵昌大家庭三百斤粮食，他们的户籍从皋陆迁入东村。为什么安玉玲想加入东村？因为皋陆是山村，几乎全是山地，干活辛苦，东村地势平坦，平地多。

丁仕赞在《婚姻法》颁布后的1957年结婚。他家庭成分是中农，新中国成立前家有八老亩地，八口人，养猪养牛。他小时候上了两年学就回家放牛了，因为家里没人放牛，那时好像人们普遍不看重上学，觉得干活更重要。丁仕赞父母共生了七个孩子，小时候夭折一个。仕赞有个哥二十一岁没成家就死了，有个弟弟延昭［人名］也一直没有成家。1957年丁仕赞娶妻成亲，当年二十三周岁，妻子十八周岁，岳父是名教师，曾经被东村请来教过夜校。仕赞记得当年挑选对象的标准，首先要看着顺眼，其次想找个门当户对的中农。他记得那时候有个说法，说人穷了，就没有知识，不懂事。因为他是中农，所以也想找个中农出身的姑娘做人生伴侣。妻子是中农，女方也相中男方的经济条件，双方都没特别讲究文化。那时刚兴订婚，他和妻子到李家洼［村名］订婚，领了两张像奖状一样的纸。在《婚姻法》颁布后，男女授受不亲的传统遭到批判，提倡自由恋爱，所以，结婚前他们男女方就可以见面了。丁仕赞家庭成分是中农，感觉在生产队里没有受歧视，当时东村的中农占不到半数。当然，仕赞记得很清楚，那时候中农、富农要少说话，一样是话贫农说了没有事，老中农户说了可能就惹下事了。对于大家庭的观念，丁仕赞认为老百姓普遍乐意分家，就是没有地方分。那些住在村头有地的可以盖屋分家，庄边无地的家庭没地盖房子，就分不了家。有钱的人不想分家，越穷的人越想分家。1958 年 10 月，日照水库开工建设，丁仕赞到日照水库出夫子。1959 年日照水库完工，公社留了一部分人当工人，他是其中之一，被分配到后村机械厂干红炉。那时在外打铁就不在生产队挣工分了，而是上班挣工资，在后村食堂吃饭。但那时他是学徒工，工资很少，参加生产队分粮要把自己的一部分钱交到队里，挣不足工分生产队连烧草都不给，仅能分点人头粮。丁仕赞的工资仅够买吃的，家里粮食分得少了，干了不到两年就回家了。在后来几年中，东村在外面当工人的，基本上都下放回来了。

赵玉夫妇同样是 1957 年结婚。赵玉妻十八周岁嫁来东村，出嫁时是借了一件小红袄，盖着兆头红，穿着“韵嫁”。“韵嫁”是租来的。“韵嫁”上边有吊的穗子，下边像件裙子，过三天再把“韵嫁”还回去，租金二三元，就像现在租婚纱一样。赵玉妻在出嫁前头发使油，自己用菜籽油涂抹，菜籽油的优点是不油衣服。当时，比较传统的青年仍然遵守婚前不见面习惯。亲戚来“送大饭”[①]，交情厚实的给买五斤肉和两斤粉条；族亲喝喜酒的喜份子钱最多两元。赵玉妻在娘家就准备好了很多喜干粮，结婚仪式后分喜干粮给亲友，亲婆婆给五角干粮钱，这就是最多的了；妯娌给一角；侄媳妇给五分；其他杂姓邻居都是五分或者八分，也有给一角的。赵玉妻分完了喜干粮，总共得到了十三元钱，很高兴。有钱了，她就去范家村集花两元钱买了点布，又花一元请裁缝做成成衣，她又买布做了一条裤子，买了一双水鞋。买水鞋花了四五

---

① 日照婚庆民俗：送催妆、看喜、吃小饭、送大饭。婚期临近，女方亲友、邻居多馈赠衣料、化妆品、糕点等礼品，称“送催妆”。男方亲朋、乡邻馈赠礼品或钱币，称“看喜”。民国时期，看喜以钱物为主，富人还送“福禄鸳鸯”“天作之合”等喜幛。婚前，男方亲戚来“吃小饭”，来人多是女眷、孩子。男方亲戚都要在婚后二日或三日备礼前来贺喜、赴宴，称“送大饭”。（日照市地方史志编纂委员会编：《日照市志》，齐鲁书社 1994 年版，第 699 页。）

元，这双鞋穿了近十年，她感觉那时的东西比现在质量好，结实。赵玉兄弟四人，他是老大，结婚时二弟十五岁，三弟十三岁，四弟七岁，一个妹妹九岁，还有一个大妹妹已经出嫁了，父亲五十多岁。当时在北岭自然村，不管家庭人口多少，有四间屋算是最多的了，一般西偏房做厨房，灶台后面有炕，公公睡在西偏房炕上，婆婆领着其他儿女［三男一女］睡在东房间一张床上，赵玉夫妇睡在西房间床上。赵玉和父母等一起生活了六年，到1963年才分家，当时大女儿已经三岁。那时分家兴父母先往外拔东西，他们家有两头猪，一只羊，房前屋后有几棵树，这些东西公公都先拔出去了，为以后儿子们用。赵玉一家三口只分了一间西偏房，来主持分家的村干部权军和树栽到房间里转转看看，发现空空如也，只有一个锅台和一个炕，再就是赵玉妻的嫁妆“小四件”。权军看看赵玉妻，问：“大妹妹，这样分家你没有意见?”赵玉妻说：“东西老祖先拔出来了，我没有意见，只要分给我个丈夫就行了。”其实这是她说的气话。分家只分了两个碗，女儿吃饭没有碗，赵玉去向父亲要个碗给闺女吃饭用，父亲气吼吼地说：“哼，闺女，闺女还要个碗，没有。”分家后，赵玉一家与父母一家还住在同一个院子，只是分灶做饭，原来的牛棚成了父母家的厨房。

（二）日常生活

赵玉妻在十四岁的时候，父亲去世。她从小爱劳动，小时候就到山上挖药草赶范家村集卖，一分一分地把钱攒起来。等攒到一角钱的时候，她就花五分钱买点小海虾米回来让母亲放点韭菜炒一下，这就算很好地改善生活了。等攒到两角钱的时候，她会花一角钱买一斤小的黄鱼回家煎着吃。那时鱼便宜，最好的黄鱼卖三角钱一斤，小的黄鱼仅一角钱一斤。赵玉妻小时候从来不舍得在集市上买熟食吃，只想有点钱就做件衣服。等到别人养蚕的时候，她小，就去向邻居大娘、奶奶们要一点她们淘汰下来的劣等小蚕，自己养两捧盒，养大了抽出丝来，做一条裤子。赵玉妻很小的时候就开始学纺线，那时身高还够不着纺车手柄，做衣服的布都是自己织的。那时自家种棉花，让别人加工弹棉花，再轧，把棉花纺成线，就可以织布了。布料染色也是自己动手做，赵玉妻记得小时候有时弄点白布，先把布料放到采来的野草树枝熬出来的汁里浸浸，再把布放到塘泥里拉过来拉过去，这样就变成黑色了，叫作泥青。到以后才时兴卖染色的布料。小时候就巴望过年可以穿新褂子、新裤子，巴望过年吃顿水饺。过了初一，就把新衣服脱下来，舍不得穿，等赶集或走亲戚时再穿新衣服。在新中国成立后几年的集市上，卖点心等食品的摊位还很少，没有卖煎饼的；有“煮法锅”，就是猪杂烩、羊肉汤；有卖肉的，有卖布的，但没有卖成品衣服的；有卖袜子的，但没有卖球鞋、皮鞋这样的成品鞋的，个别人做了布鞋到集市上卖。成品鞋到了供销社时期才有卖。五几年集市上卖的袜子是棉线做的袜筒子，自己买一截把一头缝上就是袜子了。赵玉妻记得十八岁那年集市上兴来卖成品袜子，她一个冬天给人家扒花生挣了五角钱，买了一双袜子，一直穿到出嫁。以前村民赶集都是步行，那时赶的集市主要有马庄集［每月逢六逢一］、范家村集、日照集［每月逢五逢十］、焦家集［每月逢三逢八］、皋陆集［每月逢二逢七］等。这几个集基本上五天一轮回。最大的集市是日照集和范家村集，小集到中午就散了，大集货多人多，到了下午还有集。赶日照东关集需要步行三十里路，早晨鸡叫两遍的时候就出发，到日照集刚天明。她们大都回家吃午饭，不舍得在日照集上买东西吃。

1947 年，丁少子家有七口人，大哥在外当兵，二哥在外打铁，他在家领着干农活。家里一直有一头牛，一直养一头猪，猪养大后卖给杀猪的，依靠它卖点整钱，攒点粪肥。还有一个草场子，草自家烧不完还要卖一部分，年年卖草。少子家和北岭姓赵的还合伙有一个铁匠炉，二哥在蔡家官庄［村名］打铁。合作化之前全家能挣出吃来了，据少子说吃得还不孬。合作化后铁匠被集中到后村［地名］，二哥少风就不打铁了。在新中国成立前后，丁少子经常出夫子，参加孟良崮战役，挖沂河，建日照水库，到将帅沟炼铁，等等。因为在北岭自然村居住，家里的耕地都在北岭，所以丁少子家没有加入互助组。

在新中国成立前，丁少宁家有十二口人，他弟兄三人，有两个姐姐，妈很早就去世了，还有一个老奶奶，有十老亩地，成分是下中农。家里养一头牛，养一头猪，养几只小鸡，那时没有粮食养畜禽。养猪是为攒粪，猪养大了用小推车推到石臼［地名］卖，买家把猪杀了出口外国，自己不舍得吃点猪肉。卖一头猪最多得到二三十元，有了钱节俭的户就买点地，不买地的户就给家庭成员做几件衣裳。少宁姐弟五人，给孩子买点衣裳和鞋，钱就花光了，根本不舍得买点东西吃。天天吃菜咽糠，喝点红薯面糊糊就不错了。那时候小孩子夭折得不少，少宁就夭折了三个姊妹，都是七八岁时候死的，还有一个妹妹送了人。饥寒交迫的日子光受罪了，小孩子不好养活。

与其他人不同，丁权布觉得他在合作化时期没有受着大罪。相反，他看到北岭自然村的住户在合作化时期太穷苦了，没得跑、没得挣，待在岭上就是挖野菜方便，挑水吃就要走很长的坡路，很可怜。在吃食堂之前，经过了挤售余粮、统购统销，村内各户的生活水平基本上差不多了，或许个别外面有人的家庭会有点钱汇来，到集市买点萝卜什么的。令丁权布颇为自豪的是，在那时候他家还养了两只小羊，1958 年春他把两只羊卖了，十元一斤，那时钱实[①]，价格算很高了，两只［羊］卖了六百多块。到 1958 年秋收完了，即将吃食堂，羊不值钱了，买他羊的人把这两只羊仅卖了六块钱。权布卖羊后，把六百块钱给了马家店［村名］岭上住户李椿萱［人名］，从他家买了七十多斤花生米。那时花生米太稀罕了，甚至有人夸张地说一个花生米可以换个飞机。李椿萱在岭上可以偷偷在地里“倒”点花生［花生收完了，落在地里一些零散的，可以用镢头挖出来］。一般人没有花生米吃，权布觉得那一春天可是好生活啊！他把花生米放在家里，给生产队推小车的时候，累了就回家抓一把，放在口袋里吃。

（三）出夫子

新中国成立前东村村民经常出夫子。出夫子是上战场抬担架，有可能丢性命，对村民来说，那时候出夫子是不得了的事情。1947 年土改复查的时候，村干部丁权军没在家，出夫子去了。像他这样的村干部，往往被区里调去负责领夫子，即做民夫队伍的领导。丁权军不记得东村曾经派出多少批民夫了，因为那时上级经常来要民夫，往往这次来向村要多少民夫，村干部找上派出，第二天上级又来要多少人，所以很难记清派出民夫的具体批次。在 1947 年夏季，庄里基本上没有整劳力了，多数都出夫子了。劳动力出夫子，家里国民党又进攻，人还要逃跑躲避，各家的地多数荒了。这时，留守村干部就把在家的劳力组织起来，主要是找些半老头等

---

① “钱实”是指货币的购买力高。

帮军属、夫属把地锄锄、种上，别把地全荒了。也弄不很好，孬好种上也就是了。妇女帮军属、夫属烙煎饼，推磨，没有报酬，抗属家管顿饭。因为夫属数量多一些，不一定都帮得到，首先帮军属。1948 年夏秋，雨水很大，村子只给抗属代耕，部分夫属的地全荒了，菜园里萝卜白菜都没有种上。村民出夫子是义务，没有报酬，让谁去必须去！这是支前命令，不去不行。村干部负责找夫子，出去会丢性命，所以没有人愿意去，光做思想工作不管用，没有办法就抓大头［抓阄］，按号挨次去，临到谁也不用多说话，自动去。

丁权后出过两次夫子，第一次是国民党大进攻时，国民党军队已经占据了石臼，解放军在莒县大备战，那时他还没有结婚，被派到那里当通讯员，还把弹药搬到莒县山上。第二次出夫子是去参加淮海战役做担架兵。那一批民夫丁家疃总共去了三人。丁权后出夫子上战场，家中父母非常担心，母亲到位于南山东麓的五洞仙府求老师奶奶［地方神灵］保佑不知去了多少次，父亲拄着拐杖赶到巨峰镇问他要不要雇个人顶替？他就让父亲快回家，这次就豁上他吧。民夫队伍一下子到了安徽，解放军十个纵队在那里大修整，方圆十公里全是部队，一眼望不到边，很壮观。刚到安徽的时候，部队穿的服装比较旧。不久，部队换发秋季新装，焕然一新。民夫也发上和部队一样的单衣和棉衣，和士兵区分不出来了，民夫很高兴，那时衣服稀罕。休整完的部队向北进发，四人一排，大路上走不开，天上有国民党的飞机，部队也不害怕，唱着歌，也不隐蔽，往北进发。路上遭遇国民党一个师，双方看样子都不愿意打仗，晚上错开了。第二天早上，战斗开始了。很快，俘虏被分派下来，丁权后他们小组分了一个，要管俘虏吃饭，民夫不是特别上心看押这些俘虏，当晚就跑了几个。第二天，部队把俘虏收上去了，由部队专门派人看押。接着，部队向临沂进发，准备晚上拿下临沂，傍晚传来消息说王洪久［国民党政府山东省第三区专员兼保安司令］带着他父亲的棺材逃跑了，临沂城不战而下。大军直奔徐州，路上敌人望风而逃。部队接着阻击黄维兵团增援，截击上敌人，战斗激烈。在出夫任务完成后，民夫返家，民夫队伍走到郯城，受到地委书记的接见讲话，现场彩旗招展，记者一路上跟着摄像。当民夫，区、县没有给待遇，发了一个立功证。出夫时村里给一个盛饭的饭包子，没有其他待遇。

（四）文化生活

精神文化生活是村民生活的重要组成部分。根据笔者的体会，村民对精神文化生活的追求是比较强烈的。那么，在新中国成立后，村民有哪些主要的文化娱乐活动呢？据丁佩源介绍，在新中国成立时，除了过年各村办“耍”［文艺演出，包括旱船、高跷、龙灯、舞狮、歌舞、戏曲等形式］外，平时村里没有办文艺活动。东村的文艺活动鼎兴时期在1956—1970年。这期间文艺活动办得较多，平均一个月有一次，社员自编自演。在冬闲时间，村里成立文艺演出队排练节目，然后在正月初一至十五期间到相邻各村庄表演，也参加县、公社举办的农村文艺会演活动。这种情况持续到“文革”前结束，以后再没兴起。周围村庄只有丁家皋陆有一个周姑子戏①班，有刘三、侯五、雨子等演员，冬闲时有的村请戏班去唱戏。赵昌妈最爱听周姑子戏，因此还收侯五为干儿子，并把四女儿给她买的寿衣送给侯五穿着唱戏。有一年她过生日，为了满足她的愿望，三儿子赵文找了两个唱戏的为她唱周姑子戏，以示庆贺。东村老百姓第一次看电影大约是在1953年的冬天，在皋陆河崖放映《赵一曼》。因为是第一次，周围村的人多数去看，一大片人，都坐着，有很多民兵维持秩序。观众很老实，不像以后人拥人。1956年后每三个月可以看一次露天电影，电影分片［就是以后的管区］轮流放映，不是每村都放，多数在小村、山子河、皋陆、马庄等村庄，进入20世纪70年代后开始每村轮流放映电影。东村周边没有庙会等活动。合作化后直到分田单干，农村的文化娱乐活动总体上还是很少的，人们除了干活挣工，早出晚归，没有别的事可干。

---

①　周姑戏，俗称“周姑子戏”，有时依照方言写为“肘鼓子戏”，是日照市周边区域劳动人民喜爱的，具有浓厚乡土气息的地方戏种。

十七　挤售余粮与斗私商粮贩

（一）挤售余粮

1948年4月4日，日照全境重获解放。根据党中央关于1948年的土地改革工作和整党工作的指示，日照县委自2月份开始整顿农村党支部。8月，党支部、党员全部公开。[①] 经过了多年战乱，东村村民终于盼来了和平年代。新中国成立之初的东村，虽然经过了土改复查和政权变更，但乡村经济生活基本上仍按其原来的轨道运转。乡村新的贫富分化在东村也有表现。村民反映，新中国成立时穷的穷死，富的富死。有的人家日子过好了就买地，有的过不好，赌钱什么的，就卖地。贫富分化是自然状态下农村经济社会生活中的正常现象，即使土改复查后各家各户土地数量一样，日子过得不一样，肯定也会产生差距。但是，这一自然现象在志于改造农村社会的新政权眼里却是不正常的，被视为潜在的危机。

经过几年的和平时期，东村的农业生产基本恢复，家庭生活开始有所改善，尽管产量不高，全村人均口粮能够达到400多斤，再补充些瓜果蔬菜，村民终于可以吃饱肚子了。正当各家稍微有点"家有存粮，心里不慌"感觉的时候，殊不知，一场与国家工业建设及社会主义革命直接相关的制度变革——统购统销即将来临。

在1952年行将结束，1953年就要到来的时候，国家的发展面临新形势和许多新问题。一方面，抗美援朝战局已定、土地改革基本完成、恢复国民经济工作进展顺利，原来设想"三年、五年恢复"，现在三年就实现并超过了预计的目标。这一切改变了党中央对社会主义过渡论的认识，并决定从1953年开始执行第一个五年计划。另一方面，我国社会生活中又

① 日照市地方史志编纂委员会编：《日照市志》，齐鲁书社1994年版，第25页。

出现了一些新的矛盾。在农村，主要是土改以后农民分散落后的个体经济难以满足城市和工业对粮食和农产品原料的不断增长的需要，而贫富分化开始出现又使共产党人不能不去考虑个体经济究竟向哪个方向发展的问题。在城市，工人阶级和国营经济同资产阶级之间限制和反限制的斗争已经经历几大回合，斗争并未结束而是时伏时起，对国家经济生活有很大影响。工业化的大规模发展引起这些矛盾的加剧，使党不能不考虑加紧和扩大农村的互助合作运动和城市限制资本的措施。①

在社会主义革命已经提上日程，又面临 1953 年上半年全国性粮食供应紧张的严峻局势情况下，为一劳永逸地解决农村、城市的粮食问题，1953 年的国庆之夜，在天安门城楼会议室里党中央对统购统销这一重大决策拍板定案。② 11 月 23 日，中央人民政府政务院发布《关于实行粮食的计划收购和计划供应的命令》和《粮食市场管理暂行办法》。12 月 8 日，山东省政府发出通知，要求各级人民政府遵照执行。自此，山东全省开始实行粮食统购统销。

东村老党员都记得，1953 年整了差不多一年的党，整党内容就是入社走集体道路。秋天整党完毕后，接着统购统销，依法征购。人们现在知道，中央实行统购统销的政策，是在当时粮食供应出现紧张、过渡时期总路线已经基本形成的情况下，中央为解决城乡粮食问题，打击私商粮贩囤积居奇投机行为，消除乡村新出现的贫富分化，促进农村合作化运动开展而紧急出台的战略决策。统购统销工作的前奏是在广大农村发动挤售余粮运动，其目的是帮助国家解决粮食供应的暂时困难，要求农民在留足口粮基础上积极出售余粮，工作重点对象是那些存粮大户。

当时东村属于将帅乡。这一天，村干部派丁权布与丁权后两人到将帅乡驻地附近的古城子村开会，这个会持续十天。权后不是党员，权布是党员，在路上，权后就向权布打听这是要开什么会？权布本知道开会的主要议题，但没有跟他解释，而是说“你到会上听听吧，听听就知道了”。其实在去开会之前，村里的党员会就已经传达过统购统销的事情，而且说统购统销要拿起“土改复查”时的精神。党员们一听，都很吃惊，感觉这项工作的阵势挺大，不简单。那时上级开党员会也说过像东村佩阳这样的

① 胡绳主编：《中国共产党的七十年》，中共党史出版社 1991 年版，第 295—296 页。

② 同上书，第 326 页。

存粮户在“复查”时够不上批斗标准，“复查”不着，现在统购统销要把他们的余粮全部征购出来。党员会后几天就让权布和权后去开会了。其实，村干部让他俩去开会，是挑选了两个代表，权布是贫农代表，权后是中农代表，希望他俩在接下来的统购统销运动中发挥带头作用。当然，村支部的这种意图没有告诉他们。权后与权布开会回来之后，村里就召开村民大会要求自报余粮数量，挤售余粮运动开始了。在会上，权后报了300斤，佩纯报了四五百斤，其他人也都报报看。佩阳的妹妹相艳［人名］当时是青年干部，她嘴巴会说，“我省吃俭用报400斤吧”。权布听了后，很不以为然，心里想“你这个堡垒还不小啊[①]，你就卖这点，这不是糊弄人嘛!”［丁权布，050414］当时佩阳挑着挑子赶集贩白布，养着驴养着牛，在村里不是富裕中农也差不多了。这时权布在会上说，“我也省吃俭用，留出口粮，我卖余粮1500斤”。到了第二天，有些村民私下议论，权布能有那么多余粮？权布是那次会上报售余粮数量最多的一个户。他一报名，其他人脑子里打圈圈：贫下中农卖1500斤，那些尖子户才报二三百斤？以后报余粮数量的会议开了一次又一次，佩阳等余粮大户像挤牙膏一样报数量。佩阳他娘要拉这个、拉那个去她家看看，说她家没有余粮卖，但是没有人去看。

丁权军是挤售余粮运动的具体组织实施者，他对挤售余粮工作的流程记忆清晰。他记得，当时有些户囤积粮食多，不主动卖就动员他售粮，动员不行，就依法征购。东村只有佩阳一户被依法征购，他家有粮食，但没有估计得那么多。村干部估计谁家有余粮多少，主要根据他有多少地，他的庄稼长得怎么样，根据这个户的副业及家庭生活情况等，综合估计他能有多少粮食。但这只是大体上估计，那时单干，各人的粮食在家里，又不能到家里搜，绝对数外人不可能知道。上级没有给村里下达售余粮的指标任务，上不封顶。为开展挤售余粮工作，区里来人在东村蹲点，庄里开会区里来的干部也参加，但估计谁家要卖多少余粮主要由村干部决定。在依法征购环节，区长亲自来村召开村民大会，区长权连［人名］把征购单盖上印章，说“××依法征购多少粮食！拿去征购单！照着这个数卖!”［丁权布，050414］依法征购不用派人到各家去装粮食，只需把装粮食用

① 相艳（与佩阳是一家）家是余粮大户，也是挤售余粮运动的内定重点斗争对象。在这里丁权布把相艳比作“堡垒”，意指说服她售出大部余粮要克服很大的困难。

的麻袋发给他们就行了。如果发给了麻袋这家还不卖余粮，就把户主弄到区公所押起来，因为依法征购已经动了法令了，用法律了。在挤售余粮的时候，村干部对普通家庭只是动员，估计他能卖三五百斤就动员他卖上，实在卖不足，也就算了。一般来说，积极分子当然卖得多一点，他尽量一次卖足，留点口粮，其他的都卖上。当时国家收购余粮的价格比市场价格略低，一般可卖可不卖的户，就选择卖点余粮。在丁权军看来，佩阳在东村是个上中农户，家里织布卖布，有生意，地不少，养了牛驴，地有肥力，收粮食不少。村干部动员卖粮他不卖，佩阳的妹妹相艳是妇女队长，那时在曲河［村名］召开挤售余粮的会议，她在会上说，“我们家省点吃卖 50 斤䅟子”。丁权军当时就说：“相艳，你这样什么时候能才把数字报出来?”［丁权军，050319］在那个会上她没再吱声。后来佩阳家被依法征购，给了他家十多条麻袋。把麻袋扔到他家里，让他自已装，装好了送出来。

挤售余粮运动是中央发动的一场旨在解决城市粮食供应暂时困难，有力打击囤积居奇行为，进一步消除农村贫富分化，并为合作化运动打基础的具有深远政治、经济、社会意义的政治运动。这场运动可谓是组织准备充分，工作步骤周密，工作任务清晰，斗争目标明确。在村庄的实践中，延续基层擅长的曾经在组织参军、出夫等工作中屡试不爽的密集动员方法，如“挤余粮的时候，工作组和村干部估计谁家有多少余粮，就天天开会要他一定要卖出多少。谁家有粮食就说他是资本主义，不卖是不行的”［丁权后，050218］。

在挤售余粮运动中，全村人均留口粮一二百斤，剩下的粮食基本上是有多少卖多少。卖余粮后，全体村民普遍粮食不够吃，被依法征购家庭的生活有点困难。佩阳家被依法征购，大概卖粮七八千斤，卖上这些粮食后，已经没有口粮了，只能到集市上买坏母红薯①吃，还到菜园里捡拾人家扔掉的干枯的萝卜叶子吃。权布家卖了 1500 斤粮食，据称生活没有受到一点影响。权后家卖了 1000 多斤粮食，粮食不够吃了，到集市上买些母红薯补充。丁权军认为，村民可能有暗地里讨饭的，但没有明着讨饭的。

---

① “母红薯”是指农户留作红薯种，并且已经生过红薯苗的红薯。其营养已经大部失去，肉质严重纤维化，局部腐烂，异常苦涩难吃。

在挤售余粮运动中，丁佩阳成了一个悲剧性人物。丁佩阳到底是何许人也？东村村民由衷地说，“佩阳是老模范[1]，干活肯下力气，收粮食多”。就是这样一个勤劳肯干、勤俭节约的“老模范”，经过挤售余粮运动，却成为村民现身说法的活教材。当时对佩阳由原来的富裕户变成靠吃坏母红薯充饥，村民说什么的都有。大家的看法是，如果他听村干部的话，自觉多卖点粮食就好了，可是思想不通啊，结果吃大亏了。丁佩农对佩阳的遭遇不以为然：“我自劳自食，没有余粮卖，也没有买坏母红薯吃。佩阳家把粮食全卖光了，只能买坏母红薯吃。谁让他开始不卖的，相艳是党员，还干着村里的工作，也说没有粮食，就是不说实话，最后村里没有办法了，给了麻袋依法征购。就她家，别人都是让卖就卖，卖完了也没再要求卖，谁早卖谁占便宜。”［丁佩农，050417］丁佩农的观点代表了相当一部分村民的看法：老百姓得听上级的话，上级让你干什么就抓紧干，跟不上形势就要吃大大亏，吃亏活该。丁仕礼看问题有点深度：挤售余粮的目的是要老百姓口服心服，听上级的话。

在考察东村挤售余粮过程的时候，有些问题一直萦绕笔者脑际：在合作化时期，村干部行为方式的思想基础是什么？在上级没有给挤售余粮指标的情况下，东村村干部为何高估部分村民的余粮数量？为何丁佩阳的母亲头磕破了都得不到村干部的同情？为何挤售余粮后有些村民竟然陷入靠暗中乞讨度日的境地？按照“经纪”理论，村干部有可能成为村庄的“保护型经纪”或者“赢利型经纪”。显然东村村干部的行为不能体现“保护型经纪”的特点，也看不到村干部从中有直接的“赢利”，那么，该如何解释村干部对这项工作的“忠诚”？笔者认为，仇富嫉妒的狭隘心理不能说没有，但主要是村干部发自内心地对党和国家事业的信任与支持。丁权军、丁树栽这批村干部确实把党和国家的事业当成是自己的事在做，宁愿让全村老少爷们一起受苦也主动帮助国家解决困难，无条件地配合上级完成工作任务。可见，这时党和国家在他们心中是一种理想化的、整体状态的存在，村干部的行为既充满激情，又对上级包含精神层面的依赖，而长期以来村庄经济社会延续的内在逻辑却被漠视了。村干部不再如乡绅般做国家与村民的利益调和的中介，而是成为执行上级命令的忠实助手。

---

① “老模范”是指丁佩阳吃苦耐劳，勤俭节约。

（二）斗私商粮贩

1953年10月16日，中共中央发出了《关于实行粮食的计划收购与计划供应的决议》，粮食等农产品的统购统销自此开始。为推行统购统销政策，1953年11月政务院颁布《粮食市场管理暂行办法》规定："城市中的熟食业、食品工业等所需粮食，旅店、火车、轮船等供应旅客膳食用粮，及其他工业用粮，一律由国家粮食部门有计划地予以供应，不准私自采购或转售粮食。集镇中的旅店、熟食业、副食业等所需粮食，得视当地具体情况，由国家粮食部门予以调剂供应，或准其到指定的国家粮食市场进行采购。"统购统销，是借助政权的强制力量，让农民把生产的粮食卖给国家，农民自己食用的数量和品种也由国家批准后才能留下。城市所需要的粮食全由国家供应，严格控制粮食市场，禁止粮食自由买卖。统购统销实行之初，东村有几户做小买卖的村民成为运动的斗争对象。

1951—1952年，丁佩共收购小麦，然后磨成面粉，再把面粉挑到日照大集卖，能够赚个麦麸。后来他发现烙大饼更赚钱，就自己烙大饼，到马庄集、焦家集、范家村集、皋陆集等周边集市去卖，有时候赶日照大集。1953年统购统销，打击私商粮贩，丁佩共被召唤受审，同时受审的还有佩阳［赶集贩卖白布］、权积等小商贩。审查人员让佩共承认烙大饼的麦子是从粮所买的，那时如果承认，就是投机倒把的行为，就是违法，所以佩共死活不承认。区长权连亲自审问，他还是不承认。最后，审查人员给了佩共18条麻袋，要他回家装小麦。佩共一再请求他们来家看看，看看他家到底有没有那么多粮食，他们不来看。丁佩共被依法征购，家里没有粮食交，没有粮食可以交钱代替，只好把翻身分的七分地卖了。佩共曾对他父亲说，不要卖地，凑不足粮食就让干部把他弄到日照关押几天算了。家里人担心他收押受罪，就卖了地。家里也被民兵、村干部等翻了个底朝天。区干部又把这些被审查的私商粮贩戴上高帽子，让他们自己敲锣，作为投机倒把分子游街示众。当时从马庄［村名］走到将帅［村名］接近50里路，路边的村庄逢庄必进，丁佩共感觉遭大罪了。丁佩共一直不承认投机倒把的指控，李家洼村的佩师［人名］经不住审查承认了，结果被捉拿到日照关押起来。佩界［人名，西村卖豆腐的］、佩纯、佩共都没有被捉拿关押。佩共认为他在统购统销中的遭遇，是遭村干部佩森

［人名，时任庄长］陷害，佩森办事不公，公报私仇，使他有屈无处诉。佩共觉得，按理自己不应该被依法征购，是部分村干部、村民看他挣钱嫉妒。还在卖大饼的时候，东村就已经推行变工互助组了，但佩共不管它。被依法征购后，佩共再也没有做生意。

统购统销使农村产生了如下变化：统购统销之后，集市上就没有卖粮食的了，没人敢卖了，去卖如果让干部看见，那是不得了的事情。卖大饼、油条就不能明着卖了，只能暗地里卖，明着卖就犯错误了。谁家缺粮食只能到其他山岭村庄私下买点。对于上级实行统购统销政策的目的，村民当时并不明白，只能事后猜测。“统购统销当时有什么意义咱也不明白，反正来那么个运动。秋天搞统购统销，完了之后紧接着就成立合作社。大概是先实行粮食统购统销，老百姓见收粮食多了也没用，还得卖给国家，便于推行合作化。”［丁权军，050319］“1953 年整了一年党，就是为入社整的，整党内容是入社走集体道路。即使是党员也有一些人转不过弯来，那时党员也看不透，谁也看不透，上边的人也看不透。党员的水平比群众要高一些，他们也像做梦一样。”［丁仕礼，050413］如果说农村整党是把党员的思想统一到上级的要求上来，挤售余粮则用村民身边鲜活的例子使他们认识到自觉跟上级保持一致的重要性。四十多年后的今天，丁权军总结自己任村干部的经验：“总体来说，人得跟着上级走啊，怎么领导怎么行！有些人说合作化时老百姓傻啊，其实不是傻，现在再号召合作化，老百姓不还得跟着干？你不干，你吃不上饭，还得跟着干。这是上级的政策，谁也违反不了。”［丁权军，050420］

中国历史上不乏朝代更迭，一番血雨腥风之后，旧王朝灭亡，新王朝建立。王朝新政，大都轻徭薄赋，让老百姓休养生息，以恢复国家元气。新中国成立之初，绝大多数老百姓仍然按照习惯的路径，本能地重拾、延续传统的生产生活方式。殊不知，共产党领导的新政权并不满足于取得政权，而是有更长远的要把社会进行彻底革命的抱负，她要带领全国人民摆脱贫穷落后的状况，去实现现代化的历史使命。因此，当新政权关于国家经济社会发展蓝图的指示、命令如雪片般飘落村庄的时候，老百姓表现出不适应、不理解、不知所措。有些个体基于惯常的生活逻辑尝试进行一定程度的抵制、抗争，皆以碰壁告终。鲜活的经验让老百姓认识到，传统的“皇权不下县，县下行自治”的基层治理格局已经改变，农村已经被整合进国家管理的系统网络之中。而随着农村教育、卫生、养老、行政、生产技术等方面的可喜变化，越来越多的老百姓相信，从此以后，有中央为农村发展提供指路的明灯，有英明的共产党做航海的舵手，老百姓只管使劲划桨，新中国这艘大船就一定能抵达理想的彼岸。轰轰烈烈而又不乏悲壮的挤售余粮与斗私商粮贩运动不仅在一定程度上扯平了村民之间的贫富差距，更重要的是，这是一个所谓福祉意义上的现代社会的“规训”的过程，它从政治上整合了村民的思想，强化了上级政府的权威。在村民的自主性日益削弱的同时，村政组织的权威在村庄里愈发凸显出来。

十八　合作化运动

在考察东村合作化的经过之前，先回顾一下中国农业合作化的进程：农业合作化，是指在中国共产党领导下，通过各种互助合作的形式，把以生产资料私有制为基础的个体农业经济，改造为以生产资料公有制为基础的农业合作经济的过程。这一社会变革过程，亦称农业集体化。就全国而言，合作化运动的发展大概经历了三个阶段：第一阶段是1949—1953年，以办互助组为主，同时试办初级形式的农业合作社。1951年12月15日，《中共中央关于农业生产互助合作的决议（草案）》印发实施。至1952年年底，全国农业互助合作组织发展到830多万个，参加的农户达到全国总农户的40%，各地试办农业生产合作社（初级社）3600多个。1953年12月16日，中共中央公布了《关于发展农业生产合作社的决议》，此后，农业合作社从试办进入发展时期。第二阶段是1954年至1955年上半年，这是初级社在全国普遍建立和发展的阶段。到1954年春，全国农业生产合作社发展到9.5万个，参加农户达170万户。到1955年4月，全国合作社发展到67万个。由于发展速度过猛，不少地方出现了强迫命令、违反自愿互利原则的现象。1955年1月10日，中央发出《关于整顿和巩固农业合作社的通知》。1955年3月上旬，毛泽东提出了“停、缩、发”的三字方针，即根据不同地区的情况，停止发展、实行收缩和适当发展。到1955年7月，全国原有67万个合作社，经过整顿，巩固下来的有65万个。第三阶段是1955年下半年至1956年年底，这是农业合作化运动迅猛发展的时期。毛泽东严厉批评邓子恢等人在农业合作化发展方面犯了“右”倾错误，对合作化的速度提出新的要求。1955年10月，中共中央通过了《关于农业合作化问题的决议》，要求到1958年春在全国大多数地方基本上普及初级农业生产合作，实现半社会主义合作化。会后，农业合作化运动急速发展，并且不可避免地发生了要求过急、工作过粗、改变过快、形式过于简单划一的偏差。到1956年年底，参加初级社的农户占总农户的96.3%，参加高级社的达到农户总数的87.8%，基本上实现了完全的社会主义改造，完成了由农民个体所有制到社会主义集体所有制的转变。[①] 新中国成立之后开始的农村合作化运动，从生产组织方式上改变了传统的小农经济模式，深刻影响了几代村民的生活。接下来，我们从东村的经历来考察分析合作化运动的微观实践情况。

（一）互助组

日照县在抗战时期就开始在根据地农村成立多种形式的村民互助组织以发展生产。解放后，发展农业生产互助合作组织逐渐成为政府推动的重要工作内容。1949年之前，东村村民在农忙时有互助代耕、一起干活的情况，但成立互助合作组织的情况还很少。为响应上级号召，东村自1952年开始动员村民自愿结合组建一些农忙季节的临时性的生产互助组织。东村正式成立常年互助组是在1954年。当时，互助组又叫变工组，形式上是三家或五家合作起来，一起干活，地、肥都是自己的，个人的收成还归个人，互助生产。各户土地数量不一样，就记工，弄工票，秋后结算时大概核算一个工值多少钱，挣工少的户要找钱给挣工多的户。村级组织并没有明确推动秋后结算，这是互助组内部的自发选择。秋后结算，让地多户找补很多钱给地少户既不可能，也不现实，因为：一是老百姓没钱；二是村民寻找合作伙伴时总是找土地、人口、劳力等相匹配的户，大家脾气相投，付出差不多；三是互助组内部会寻找一个平衡，地多户自觉早起晚归多干点活，多挣些工分。另外，互助组天好天坏都可以干活，这样工分总量多了，单个工分值下降，有利于减轻地多户找补钱的负担。在很多村民看来，如果不加入互助组，地多户在农忙时也要找人帮着干活，就这样马马虎虎那么回事罢了。东村共成立了十个左右的常年互助组，总计有50%—60%的户加入。常年互助组大概干了两年，然后就进入了合作社阶段。

从东村的实践情况来看，成立互助组除了干部动员、党员带头之

---

① 罗平汉：《农业合作化运动史》，福建人民出版社2004年版。

外，对普通村民没有采取强制措施。所以，尽管1953年就有变工互助组了，丁佩共照样卖大饼；丁仕赞对参加互助组不积极，上级也不强求。对于互助组的实际效果，东村村民普遍认为，马马虎虎，没什么大不了的，对老百姓的生活影响不大。但是，多数村民承认，作为新社会的新生事物，互助组还是有利的地方多：其一，年轻和年老的，劳力多的和劳力少的搭配组合一下，互助组干活快；其二，尽管互助组对提高产量总体不明显，但少数青年积极分子利用互助组平台，到了冬天继续组织劳动，深翻地，用生土种花生，显著提高了产量；其三，互助组可以添置单个家庭难以购买的生产机械，如某个互助组在成立当年就六家凑钱买了播种机、深耕犁，当年干活很省力；其四，互助组可以发挥扶弱济困的救济功能，劳动力弱的户可由劳动力多的户帮帮，这些弱户也就能种上地了，能收上了，也就有吃的了；其五，互助组一起劳动，干活热闹，增进友情，丰富精神生活，受到青年人的欢迎；其六，为办合作社积累经验。

表8　**日照县农村互助合作发展情况统计（1952年11月）**

		1951年	1952年
共有乡数（个）		228	228
共有村数（个）		1060	1060
全区总户数（户）		129544	130949
共有农民数（人）		494517	593543
男女劳动力总数（人）		246997	258306
耕畜总数（头）		33054	37045
耕地总数（亩）		1356790	1356790
农业合作社	组数（组）		2
	户数（户）		21
	男女劳力数（人）		42
	耕畜数（头）		3
	耕地数（亩）		202
	结合副业（组）		1

续表

		1951 年	1952 年
常年互助组	组数（组）	2398	3526
	户数（户）	11798	42460
	男女劳力数（人）	21217	35896
	耕畜数（头）	4703	12360
	其中结合副业的组数（组）	25	404
临时互助组	组数（组）	5346	6679
	户数（户）	5346	6679
	男女劳力数（人）	31234	57437
	耕畜数（头）	6875	12085
	耕地数（亩）	221864	264198
	其中结合副业的组数（组）		
共组织起来的总数	组（社）数（组）	7744	14205
	户数（户）	33222	76327
	占总农户（%）	24.7	58.4
	男女劳力数（人）	52404	133337
	占劳力数（%）	21.2	48.38
	耕畜数（头）	11578	24445
	占耕畜总数（%）	26.3	57.3
	耕地数（亩）	357680	776701
	占耕地总数（%）	26.3	57.3
	结合副业共多少组（组）	25	405
个体农户总数	户数（户）	96322	54622
	占总户数（%）	75.3	41.6
	男女劳力数（人）	194593	124972
	占总劳力数（%）	78.8	51.6
	耕畜数（头）	21476	12600
	占总耕畜（%）	65.1	34
	耕地数（亩）	999110	579089
	占耕地数（%）	77.7	42.7

说明：1. “常年互助组”是指常年存在的稳定的劳动互助组织。

2. “临时互助组”是临时性、季节性的劳动互助组织。

资料来源：《中共日照县委1952年全年工作总结》，1952年，日照市档案馆藏，资料号：1—150永久。

（二）初级社

东村的初级社在1954年冬末开始筹建。当时全县刚开始号召正式的合作社运动，成立初级社的村还不多，周边只有东皋陆［村名］有一家初级社，成立一年了，没干出什么名堂。丁权后记得，1955年上级号召成立初级社，村里要求他出任初级社会计。因为土地等都要求入社，他当时思想不通，不愿意入社，也不答应干会计。区长丁权连在东村驻点，某天晚上在佩杏［人名］家召开支部会议，权连说如果权后不干村会计，东村初级社就成立不起来，这个责任全在权后。丁权后感觉被戴上一个"大帽子"，压力很大。那时，他已经分家了，就对父亲说，"你们不愿意入社就不入，我坚持不住了，我是一定要入了，不入吃不消"。［丁权后，050218］1955年春东村一下子成立了两个初级社，简称"东社""西社"。西社全称是光明农业社，东社全称是幸福农业社。[①] 全村约有43%的户入社。

1955年阴历二月份成立初级社的时候，丁权军任村支部书记。那时候，县里开会提出搞合作化运动，村干部就回村召开村民大会，动员村民报名入社。树栽和权军主动挑头做东社、西社的负责人，村民看中了哪个社就入哪个社，入社的总体原则是入社自愿，不乐意入社就在外头。成立初级社之初，村民态度不一，有说好的，有说坏的。有些人担心入社后土地等东西都没有了，如果社垮了怎么办？那些有牛有耙有犁的人担心入社吃亏，觉得入社能否增加收入还不一定。更多人想观望一下再做决定。东社、西社的轮廓大概拉起来之后，接着成立合作社管委会，这是合作社的行政组织。每个社的管委会由四五人组成，在西社，权军是社长、权后是会计，会计不属于管委会成员；在东社，社长是树栽，会计是佩都。初级社下没有生产队，设生产小组。东社与西社不是按居住区域划分，只是个称谓。两个社相比较，开始时西社人多，中农多一点，地多一点，生产小

---

① "1954年冬分两个社，东社和西社。当时起个名字叫灯塔一号、二号，1955年冬归一个社了。"［丁相凤，040504］"初级社时东社叫灯塔十号，西社叫光明十一号。村里［人］就分别叫［它们］东社、西社。高级社叫曙光四号，全乡分的［公社名称编号］。"［丁佩源，050218］不同受访对象给出的初级社的名称不同，一方面因为初级社持续时间短，不到一年时间；另一方面，说明当时给初级社起名称不是件很严肃的事情。

组长也行，因此，西社总体实力强一些。入社不论条件，五类分子、富农均可以入社，对他们没有歧视，一样的劳力一样的工，一样分粮。社是个行政单位，不是革命组织，只是把大家集中起来劳动。丁仕礼记得，“管制五类分子劳动主要是在 1947 年、1948 年、1949 年等三四年，以后就松了。”［丁仕礼，050413］都是一个村的老少爷们，对他们不会太过分。让妇女扫地，让男的开会没有发言权，就是给他们点难堪罢了，没有发言的权力不是很大的难堪嘛。那时五类分子不敢乱说话，老人小孩都受管制。老的管制得大点，小孩子基本上不管。

村民入初级社，土地、牛、犁耙、小车等都作价入社。劳动力需要交纳股份基金，一个整劳力[①]交 40 元钱，半劳力交 20 元，没有劳动能力的老年人、小孩不用交股份基金；土地根据数量多少和土地级数作价入股；个人养猪牛攒的粪，社里派人验收折价作为个人当年投资；牛入社成了固定资产，属社员长期投资；小车等一年使不坏的大工具作固定资产长期投资；山林折价入社。土地折价后，可以顶替劳动力的 40 元股份基金。牲畜、工具等折价也可以顶替劳动力股份基金。譬如一头牛折价 100 元钱，可以从中抽 40 元钱顶替一个劳力的股份基金，剩余的 60 元钱作为长期投资记入社员往来账。没有牛、犁具，又没有钱的户可以贷款。社员的土地、牲畜、工具等折价入股之后，就不再是个人的了，都是公的了。收了这一次股份基金，社就有了家产了。入社的牛由集体饲养，专门有养牛的屋，有专门饲养员。牛折价款不能取现给社员，先以固定资产记入往来账做长期分红。一下子入社这么多牛，社没有钱给付社员。如果社员生活特别困难，可要求从长期投资里取现一点，不能随便往外拿入社的资本，否则社维持不了。初级社初期的分配原则是地四劳六，即土地入股折价占四成分红，劳动占六成。初级社年终决算时从总收入中抽股份基金、固定资产、公积金等，剩下的部分再分配。社员以工分和当年投资参加年终分配。作物秸秆在晒场跟着粮食分配，收什么作物就分什么。对于家庭有特别困难的家庭，在分配时会格外照顾。那些往来账上有多余钱的户，可以把账上的钱用来吃粮，账上的钱一回一回吃粮了，最后钱也就没有了。

---

① “男性 18—50 岁，女性 18—45 岁是整劳力。其他的 18 岁以下，男性 50 岁、女性 45 岁以上的劳动者是半劳力。”［丁佩源，050423］

1955 年春天成立初级社，小麦是上年冬天前种的，阳历 6 月 1 日后开始收获，还归个人收。初级社时期各户的菜园没有入社，仍然自己打理。初级社的种子需要社员凑；到第二批入社的时候，已入社社员不用再凑种子了，新入社的户要凑种子。丁佩农记得，“成立初级社后就费大力了，拆屋推土压青沙。我们中午都干活，人家单干户就在树下休息，说俏皮话，笑话我们，单干户自由。”［丁佩农，050417］丁少宁就是当初说俏皮话的人员之一，“我是第二批入社的。刚开始的时候，自己脑子里不信。我对他们说‘你看你们进去费大力，我单干多好啊！看你们累死了！’他们对我开玩笑，‘你甭说累死了，到了秋天你也就滚进来了，不进套上绳子拽也把你拽进来’。”［丁少宁，050426］初级社社员在第一年中干劲很大，拆旧屋，盖新屋，把换下的旧屋土推到地里，改善了土壤肥力，使得头一年的作物产量有很大提高。西社换屋土换得多，收粮食更多一些。到秋后社外人员发现，入社户分的粮食不比单干户差，很多人的观念逐渐扭转那个弯。丁少宁就是到了秋天，看社员收入不错，主动报名入社。而且集体组织生产，可以种单干户种不了的庄稼和干不了的活。初级社改变了种植结构，多种了玉米、高粱和草种子，少种了穇子。没入社的村民看社员可以吃玉米、高粱、草种子，不用吃穇子了，非常羡慕，这也是部分村民参加初级社的原因。单干户主要种穇子，他们没有能力多种玉米、高粱等，因为雇佣别人的牛耕地，习惯上这块地生产的穇子秸秆就是给养牛户的报酬。初级社什么都宽裕，有牛具，草料收收就够喂牛的，还有花生秧、玉米秸等做补充，可以少种穇子了。到 1955 年秋收后，有 43 户村民自动要求入社，入社户占到总户数的 70% 以上。

初级社时期，村干部还是支部那几个人，他们入了哪个社，就参加哪个社的劳动。社员白天干活，下雨天多数休息或者干下雨天的活，节假日照常干活，没有过节放假的说法。出去赶集的人要跟组长说一声，如果赶集一上午，下午回来干活，只能挣半天的工分。一般来说，老百姓没有要紧的事舍不得赶集耽搁挣工。初级社时期村民的生活水平仍然有差别，这主要不是家底的原因，譬如有些劳动力多的户分粮多，分钱多，生活水平就高；人口多劳力少的户口粮、钱都不够用，他的生活水平就低。

东村首批 43% 的村民加入初级社，其中有上级号召、党员带头的作用，更多则是出于村民对党的信任，自愿报名入社。1955 年秋后 43 户村民（绝大多数是贫农）申请加入初级社，引发他们态度转变的原因就多样化了。其一，合作化运动的推进、干部动员以及从众行为等方面的影响。如丁佩共记得，成立东社、西社的时候，干部白天黑夜地熬你，劝你入社。不入社干部不愿意，早晚开会，让你脑子通。那时候思想不通，到以后非通不行，人家都进，不进不行了。［丁佩共，050326］其二，收入对比。部分村民在观望，结果一看多数社员分粮食多、分细粮多，“自己思想就转变了，不转变不行啊！人家收太多粮食！比单干收的多很多！也不知怎么回事。可能是因为上级支持合作社贷款买化肥，那时化肥都是外国产的，施一点效果就非常明显。结果人家产量不得了，没有入社的就眼馋了，到了秋天，基本上都入社了。”［丁少宁，050412］其三，村民在社外受排挤。丁少宁记得，不入社的村民在外面受干部的排挤，抗属有重活的时候干部就让社外村民去干，村民想找借口不去，干部就会说“你不去不行！”即使自己很忙也要先给抗属干活，把抗属的活干完了，才能去干自己的。丁少宁感觉在外面快累死了，“就想着快入社吧，不入社要命了！进去后要累大家一起累，要不累大家都不累。所以，到秋天啥也不想了，闭闭眼进去算了。”［丁少宁，050412］丁仕赞也是第二批入社的，他入社后干一年感觉不错，家里劳力多挣工分多，养猪积肥也折价算钱，分粮不少，最关键的是不用再交给养［公粮］了。没入社时，村里按地差和土地面积计算每家的给养任务。给养非卖不行，那时的给养，上级不要穇子和红薯干，要花生、小麦、稻子等细粮这样一年收的细粮都交给养了。社员不用交给养，由初级社集体交。丁仕赞认为村干部让社外村民负担更多给养任务，有排挤单干户的意思，最后把单干户都挤进去了，都自动入社了。［丁仕赞，050419］其四，社外村民耕作不方便。入社村民的土地连成片，打破田垄界线，统一耕种。没入社村民的耕地零星散落在成片的初级社土地中间，耕作起来非常不方便，最后不得已，也就入社了。

（三）退社风波

1955 年秋收后，就在不少家庭申请入社的同时，东村起了退社风波，要退社的人不少，党员中也有一些人要求退社。这些人觉得入社不如单干好，在社里分粮食少，不自由，干活受别人管辖太多，有人占便宜有人吃亏，等等。原来没入初级社馋着进来的权贵［人名］、佩景［人名］等人，试着进社推车送了几天粪，感觉累得受不了，决定不入社了。大概10%的入社户数想退社，其中贫农占多数的东社要求出社的户更多一些，西社少点，铁心干合作社的有70多户。丁权布就是有出社想法党员之一，他回忆：“以我为例，入社前家有9口人，哥在外当兵，有妹妹，有老祖，家里养牛养猪，一年小麦收六七百斤，收大麦也不少。在初级社里，按照工分吃粮，我家有10个地股，10个地股顶一个劳力，我家只有我一个主要劳力干活，所以挣工分总是落下，分的粮食不如单干多。有的户在初级社里分的粮食比单干多了，我家分的少了。到了秋天虽然没有闹，但有出社的念头，思想真有点变动。”［丁权布，050414］

对于部分社员要退社，丁权军今天依然说：“入社自愿，出社自由，想出社出就是了，不强制。如果真出，他的小车、牛具都应该还给人家。”［丁权军，050410］对于“入社自愿，出社自由”一说，很多村民不以为然：开始时说入社自愿、出社自由，可是说归说，真到想出社就不是那回事了。想出社的社员还没有来得及出社，1956年底反而来了合作化运动高潮，把所有的人都运动进去了。丁权军记得，东社、西社合并起来的时候，他正在县里开会，会上号召掀起合作化运动高潮。等他开完会回村，村里的群众几乎全部报名入高级社了（只有三四户没入）。那时，庄里有喇叭，现场直播县里的会议。丁权军等在县里开会号召掀起合作化运动高潮，群众在村里也号召掀起合作化运动高潮。［丁权军，050319］丁佩源当时住在北岭自然村，他记得北岭住户都没有参加初级社，因为路远不方便。初级社持续了一年时间。入高级社时就是强迫的了，不愿意入也得入。当时全村只有赵昌、丁权合、丁相会三四户没入高级社。不少村民在忆及入高级社时情景的时候，不约而同地使用了“一网打尽”这个词：接着开了一个月的会，把所有的单干户一网打尽，都入高级社了。对于从部分社员要求退社，到很快来了运动高潮，全村都入高级社的转变，丁权军这样评价：“这个事［指村民都入高级社］不能说是群众情绪高涨，是看看形势不行了，他［坚持不入社的村民］也就软了。”［丁权军，050410］春节之后，东社、西社合并成一个高级社，叫“灯塔四号”。个别没入高级社的村民事后看到别人都入社了，只有他们一两户不入，觉得没有意思，别人也瞧不起，受排挤，没法单干了，最后都选择入社。

（四）高级社

经过1955年秋冬的合作化运动高潮，东村绝大多数村民在1955年底加入了高级社，个别住在岭头的户到1956年秋后入高级社，最晚的老牛［牛洪运］家到“大跃进”时才牛牵着牛入社。对于合作化运动，丁权军感慨：“那时百姓看不透合作化是怎么回事，响应号召也就是了。老百姓对合作化很难说有什么看法，稀里糊涂地干就是了。大家都一个样，全中国都一个样。老百姓信任共产党，党号召的事多数相信。”［丁权军，050319］

成立高级社，东社、西社合并在一起，所有的东西都凑在一起，账目等也要合起来。高级社就没有土地股了，新入社的劳动力要交股份基金，整劳力每人40元，半劳力20元，60岁以上老人与小孩不用交股份基金。牛、车等折价作长期投资，长期投资可顶股份基金。没有牛、器具，又没有钱的户就贷款交股份基金。猪还是个人喂养，猪粪经验收折价作当年投资。山场等也折价入社。接着在高级社下分了生产队，把人口、农具、土地、牲畜等分给四个生产队，每个生产队的人口、土地都差不多。农村的五包户[①]制度就是从高级社开始实施的，五包户土地归公，其生活由社集体负责。分了生产队之后，五包户也分给了各个生产队。

生产队在社集体的统一领导下自主组织生产活动。生产队收的粮食不属于社集体，而是以生产队为核算单位，多收粮食多享受。社集体把全村的交售公粮任务、税收任务等分给生产队，卖公粮的现金收入属于生产队。生产队的管理水平影响工分值，哪个队管理得好，收入高，其工分值就高点。大概在1957年，三合村（村名）要合并到东村，东村的很多村民嫌弃三合村的薄地多，不想接收。第二生产队队长丁权平主动接纳了三合村，他们把三合村的一片山岭地种上花生，结果当年该队的工值达到7角多钱，其他队一个工才值3角多钱。该队有一个当年出夫子的人，因为挣工分多，回来一下子多分了五六百斤红薯干。多出这么多红薯干，按市价出售可不得了，很快别人就给他介绍对象了。社集体从生产队提取一点

① “五包户”是指无儿无女的年满60周岁以上社员，社集体给予他们包吃、包穿、包住、包烧、包医的待遇。

公积金、公益金①，但数量很少，主要用来办公，招待来客，订报纸，集体零花等。当时村干部没有工资，要求节约办社。

生产队收入现金按工分分配，收入粮食按人口和工分分配。在高级社初期粮食分配原则是人六劳四，即全年可分配粮食中的六成按人口分配，四成按工分分配。当年投资可以参加当年分配，长期投资如果有余额就记入各户的往来账，不参加当年分配。如果某户确实生活困难，经生产队管理委员会（简称队委会）讨论同意可从长期投资中取部分参与当年分配，挣不足工日数的户都可以用长期投资顶账。

从单干时候的自劳自食，到高级社按劳动与人口分配，家庭收入方式的转变对家庭生活水平产生了怎样的影响呢？丁相玉举了一个例子：高级社时一个六口之家最少得有两个整劳力，才能挣够吃的。当时丁佩石［人名］家有六口人，两个大人，四个小孩，被称为“三多户”［人口多，自留地多，贷款多］。他家只有佩石夫妇两个整劳力，孩子小时家里分的粮食还够吃，当孩子大一些上学了，分的粮食就不够吃了，两个劳动力就挣不出吃来了。［丁相玉，050327］丁仕赞入社时把自家的山林投给集体，山林折价做长期投资记入往来账。随着孩子数量增多，挣的工分不足分粮了，就把山林的钱一次一次拿出来顶口粮吃了，后来账上的钱也用完了。丁少子对合作化运动开始后的家庭生活情况做了简单概括：“入社不一定分粮食多。高级社第一年很好，可能是接着新地茬，各家的地还有地力，以后就无所谓了。入高级社后分粮食一年不如一年，肥力不行，没有化肥，施氨水了，但不舍得施多了。生活水平刚入社时比单干好，到炼钢铁时就开始不好了，直到重新单干后才开始好起来。”［丁少子，050415］

（五）合作化运动时期的生产组织

在初级社与高级社阶段，社员如何组织农业生产？如何进行生产动员与行政管理？1950年丁家疃分为东村与西村之后，东村的主要村干部就是权军和树栽等人，直至“文革”结束前都没有发生大的变动。由支部

① 公积金是扩大再生产的基金，用于农田水利等基本建设、购买耕畜、农具等固定资产。1955年东社、西社公积金各抽取4%。高级社时期的1956年、1957年公积金占2%左右。公益金是公共消费的基金，按纯收入的1%抽取，一般用于发展合作社的文化事业和公共福利事业等。如五包户的生活供给，有困难烈军属的优待以及困难户的补助，以及放电影、办演出等。

召开的全体村民大会一年开不了几次，但是外面来的驻村工作组长年不断。高级社没有专门的办公室，生产队部就是高级社部。开始时生产队部设在丁光［人名］家的闲屋，后来又换了几个地方。

初级社时期，一个社是一个经济核算单位。社长领着社员，八仙过海，各显其能，多劳多得。每个初级社下有三个生产小组，土地不分到小组，小组长领着干活，有锄地的，有推车的，有溜粪的，等等。小组长不是正式职务，经常换人。初级社按劳取酬，实行包工包产，如锄一块地包工多少，发工票，盖章签字。高级社成立时，树栽是书记，权军是社长。高级社下有生产队，生产队有队委会。1956 年高级社有四个生产队①，其中包括一个青年队②，到 1957 年分为五个生产队，1962 年又改成三个生产队③。生产队由社集体统一领导，统一布置生产任务，但生产队是独立核算单位。

高级社分队基本按居住区域分，各队的土地、人口、牲畜、工具等差不多。丁权平 1956 年开始做生产队队长，他觉得高级社时期社员听话。春天打水井，干部社员齐心协力，一下子打了十多口水井。社集体委托他和佩喜负责打出水来，佩喜年纪大了不能下水，丁权平喝上一碗酒就跳进井里，水深到脖子。丁权平体会到，当生产队长就是领着干活，操心费力，晚上做计划，安排第二天的劳动分工，事无巨细都需要队长安排，如安排谁倒粪，谁送粪，谁刨地，谁养牛，谁种菜园，等等，非常复杂。每天晚上队委会都开会，讨论第二天的生产任务，把大大小小的事情分派下去。队委会包括正副队长各一名，保管员一名，委员一两名，记工员一名，会计一名。队委会六七个人各负其责：队长负责分派任务，副队长负责管理与组织生产，小队委员一般负责一些小型农活的劳动管理，记工员主要负责社员劳动时间的登记。

合作化运动时期，作物产量提高跟施用化肥有很大关系。化肥在单干时就出现了，那时候群众叫它“飞天粉”［其实应是“肥田粉”］。有一

---

① 初级社，西社社长丁权军，会计丁权后；东社社长丁树栽，会计丁佩都；村长丁佩森。高级社一队队长丁权东，二队队长丁权积，三队队长丁权平，青年队队长张守果。

② “1956 年夏天分了 4 个生产队，还有个青年队。所谓的青年队就是个先锋队，成员不都是青年，青年队也都是户组成的，主要表现在采用新的生产技术等方面，有那么个名称也就是了。生产队是核算单位，到人民公社时合起来了。”［丁权后，050218］

③ 此后，东村就一直是三个生产队，没再改变过。直到实行家庭联产承包责任制，不再有生产队。

天，人们看到树后［人名］在村后高粱地里撒“飞天粉”，都说了不起啊，他在扬“飞天粉”啊！其实撒的是尿素。所谓的“飞天粉”就是硝酸铵或者尿素。当时老百姓普遍不接受化肥，说它抽地筋，能把地力抽干了，很少有人使用。初级社与高级社已经接受化肥了，上级为扶持合作社发展帮助贷款买化肥，施后增产效果明显。但合作社为节省开支，化肥使用量并不多，当时一个生产队一年使用3000斤、5000斤化肥就不赖了，主要原因是生产队没钱。当时化肥价格并不高，4角多钱1斤。因为氨水便宜，在人民公社时期，大队建设了氨水池，从化肥厂购置氨水，用水掺着用，对提高产量有效果。

对于高级社阶段生产队长的选拔方式，丁权军记得：“选拔生产队长没有什么标准，主要看谁干工作积极，看谁对生产有点谱气，不看是否有文化，没有其他特别的条件。”［丁权军，050410］生产队长的选拔不经过民主推荐，不经过选举，支部安排一下就行了。支部安排的生产队干部包括队长、副队长、保管等。没有成立初级社之前，村干部无工资，无补贴。初级社与高级社阶段，村干部无工资，补贴工分，没有额外的待遇。社干部属于哪个生产队就在哪个生产队干活，书记、大队长一般拿他们所属生产队整劳力的工分，参加该队的分配。生产队长没有报酬，因为他落不下挣工分，一般能挣生产队的最高工分。

对于1954—1958年的合作化运动，村民是如何评价的呢？综合村民的观点有如下几条：第一，走合作化道路，是党中央号召的事情，老百姓要响应，这是一种政治自觉；第二，至于合作化运动本身，当时村民难辨其所来所往，跟着上级走也就是了；第三，合作化的缺点是老百姓受管辖太多，不如单干自由；第四，合作化后，多数贫农的生活水平有提高，能够吃饱了，少数中农的收入不如单干；第五，合作化改变了农村的生产经营方式和生产条件，促进了农村的政治、经济、社会、文化等各方面的现代化。1955年11月9日颁布施行的《农业生产合作社示范章程草案》指出，“农业合作化是使劳动农民永远摆脱贫穷和剥削的唯一的光明道路。发展农业生产合作社的目的，是要逐步地消灭农村中的资本主义的剥削制度，克服小农经济的落后性，发展社会主义的农业经济，适应社会主义工业化的需要。”毫无疑问，党中央发动合作化运动的初衷是好的，而且对农村发展关键问题的把握非常准确，她所探索的农业合作化道路至今仍是农村经济体制改革努力的方向。所以，不能因为中国农业合作化曾经走过一段弯路就否定这段历史的意义，相反，应认真吸取其经验教训，思考中国农村合作化发展的深层逻辑，积极探索改变当下小农经济结构的生产组织形式，促进农业规模化生产和产业化经营，实现农业、农村既快又好的发展。

十九　人民公社物资筹集

1958 年 7 月 1 日，《红旗》杂志第 3 期发表了陈伯达写的题为《全新的社会、全新的人》的文章，提出“把合作社办成一个既有农业合作，又有工业合作的基层组织单位，实际上是农业和工业相结合的人民公社”。这是在中央报刊上第一次提到“人民公社”的名称。接着在 7 月 16 日第 4 期《红旗》杂志又发表了陈伯达写的《在毛泽东同志的旗帜下》，明确引证了毛主席的指示：“毛泽东同志说，我们的方向，应该逐步地有次序地把工（工业）、农（农业）、商（交换）、学（文化教育）、兵（民兵，即全民武装）组成为一个大公社，从而构成为我国社会的基本单位。”1958 年 7 月初，全国第一个人民公社“嵖岈山卫星人民公社”在河南诞生。《嵖岈山卫星人民公社试行章程（草稿）》规定，各农业社的一切生产资料和公共财产转为公社所有，由公社统一核算，统一分配；社员分配实行工资制和口粮供给制相结合；推广公共食堂；同时成立托儿所、幼儿园、敬老院；公社设立了农业、林业、畜牧、工交、粮食、供销、卫生、武装保卫等若干部或委员会，下设生产大队和生产队，实行统一领导，分级管理和组织军事化、生产战斗化、生活集体化。1958 年 8 月上旬，毛泽东在河北、河南和山东等地视察时，对于“人民公社”这个称谓给予积极评价。这些消息见报后，全国各地纷纷效仿。1958 年 8 月 29 日，中央政治局扩大会议通了《中共中央关于在农村建立人民公社问题的决议》，指出：“几十户、几百户的单一的农业生产合作社已不能适应形势发展的要求。在目前形势下，建立农林牧副渔全面发展、工农商学兵互相结合的人民公社，是指导农民加速社会主义建设，提前建成社会主义并逐步过渡到共产主义所必须采取的基本方针。”“人民公社将是建成社会主义和逐步向共产主义过渡的最好的组织形式，它将发展成为未来共产主义社会的基层单位。”自此，人民公社化运动在全国兴起。

1958年，伴随“大跃进”，农业生产关系急速变革。8月《中共中央关于在农村建立人民公社问题的决议》下达后，日照县迅速开展人民公社化运动，短时间内就把高级社合并升级为25处人民公社。至9月上旬，全县已实现人民公社化。9月，全县农村开始大办公共食堂，实行所谓“吃饭不要钱”，至1958年年底共有食堂3218处。10月10日，日照县委下达《关于人民公社命名的通知》，取消乡的名称，统一改称“××人民公社”。在接下来的几节里，我们将仔细考察“大跃进”在村庄的推行过程及民众反应。

1958年秋天接近种小麦时，东村所属的将帅乡更名为将帅幸福人民公社。1959年幸福人民公社沿傅疃河分成东西两处人民公社，河东叫城关人民公社，河西叫马庄乡人民公社（简称马庄公社）。马庄公社下分7个片，东村属于马庄公社东村片，东村片包括李家洼、马家店、荆家沟、石岭子、东村（包括三合村）、西村、小村等7个村庄。

村民记得，到人民公社时，就有很厉害的强制性了，谁单干都不行了，到家里硬搬东西。老百姓也不再想单干的事了，反正单干是行不通了。村里没有做生意的了，佩阳［人名］也不卖白布了，天天都在家里干活。一切东西都归公，铁、锅、木材、木板全部上交，登记入账。当时开会就说，谁不劳动不得食，谁不把锅等献出来，就怎么处罚等。社员很听话，把什么都献出来了。老百姓想反正吃食堂了，什么都不留。村干部还入户检查，看是否还有什么东西。劳动力都不在家，在家闲着也没事可做，因为家里什么东西都没有了。

大队把各户的猪收起来了集中养，权明［人名］和仕礼［人名］负责养猪，上百头猪在地里放养，让猪拱地。马庄公社还在三合村西盖上一排房子，做养猪场，仕军［人名］就因为在那里养了一段时间猪，后来进了供销社。牛、鸡也集中养殖，有专门的牛棚、养鸡场和饲养员，全村曾养到70多头牛。所有的畜禽从家庭收归集体，没有给个人钱，均记在账上。牛养得还行，猪不见精饲料不行，养养就死了。鸡也经常得病，一旦得病就死光了。不养猪攒不着肥，死光了再买，接着养。

办公共食堂，把各家的粮食收走，各家做饭的家具都收归集体，碗、磨、小锅、鏊子都没收了。铜器收归国家，一个铜脸盆换一个铝脸盆，还找补了一点钱。那时国家收铜，就是开会一说，各家各户就自觉把铜器交出来，谁私存铜器好像犯法一样。箱橱上的铜角等都是社员自己撬，撬下来卖给供销社，干部不用检查，全村就权英［人名］家藏了一个铜脸盆。炼钢铁时，家里的床也弄出去烧了，谁家有大树也砍了，推走炼焦炭。食堂做饭烧河崖、山上的树木，主要烧煤炭，派社员到石臼［地名，相距东村逾 50 里］、岚山［地名，相距东村逾 70 里］用小推车推炭。集体所需的食堂、库房等用房利用社员的闲屋。

散住山岭的住户干活、吃食堂不方便，被要求搬到庄里集中居住，由集体统一安排，分散住到庄里的人家。岭上腾出的房子由村集体集中养猪、养鸡，后来鸡死光了，养鸡场也散了。万桂芝记得，搬到庄里住后，北岭家里的东西都让别人拿走了，一个风箱、一个铁锅、一个鏊子，板凳没有拿，床没有拿，一个大缸被拿到食堂盛饭后来被供销社拿去装酒。住在西北岭聚落的少官［人名］等人的房屋居然被拆了，以至于后来往回搬时无房可住。岭上住户住到庄里人家，彼此都很不方便。安玉玲说：“住在别人家里总归受挤对，那个不得劲就不用提了。人家就是讨厌我们，谁舍得把自己的屋给别人住？俺家赵昌去厕所小便，听见这家人在屋里说：‘岭上的人都是穷鬼’。住岭的户哪有富的？我其实经常听见他们这样说，但我不吱声而已。咱不是没有屋啊，是咱愿意住在这里的？咱这不是被人家赶下岭来的？赵昌听了那些话后就不想再在庄里住了，回到岭上收拾一下已做了猪圈的屋，搬了回去。我家一搬回去，其他住户也都搬回去了，在庄里住了一年多后都回去了。”［安玉玲，050507］

人民公社的特点是“一大二公”“一平二调”等。“公”既包括村集体内部所有财物的“公有”，也包括公社内部人财物的“公有”。“大跃进”开始后，东村的各个生产队就区分不出来了，全村统一干活，收的粮食由大队统一储藏，没有生产队什么事情了。村里的农具牲畜除了留着小车、犁耙、牛等外，其他的东西都在公社范围内公有起来。外面来人看见哪家有砖，不管砖是在墙上还是在哪里，拆下来推走建炼钢炉。公社缺什么东西就来村要，经常来东村平调粮食，还从东村调走一头牛，调到哪里东村都不知道，公社还砍村里的树用来炼焦炭。总之，上级要什么东西，村里就给凑上什么东西，平调走的东西很多，后来基本没有退赔，也就那头牛赔了几个钱。

成立人民公社，把村民的生产、生活资料化私为公，基本未遇大的阻力。其中原因，第一，当时的政策宣传，走“一大二公”的人民公社道路已经是一项政治任务；第二，经过合作化运动，村民的土地、牲畜等大宗主要生产资料已经归公；第三，在人民公社初期，集体采用赎买、置换的方式征集村民的个人财物，包括木材、工具、锅盆、粮食等，集体没有现金支付就记账，集体没有白占村民的东西，村民可以接受；第四，村民的生产、生活资料不是一下子化私为公，而是逐步递进，使村民有个适应的过程。如：等到食堂吃了一段时间，而且吃得还不错的时候，开始收锅、揭鏊子；在村民看来，此时家有的锅、鏊子已属多余。大炼钢铁是人民公社最狂热的时候，村民吃食堂不受地域限制，个体“小家”的物资产权意识已不甚清晰。老百姓谁也不知道以后会怎么样，都不把日子当日子过了。

表 9　“大跃进”时将帅公社从东村调走物资登记

名称	数量	单价（元）	金额（元）
水牛	1 头	200	200
驴	1 头	25	25
柴	1500 斤		
弹花机	1 台	150	150
水瓢	20 个	0.2	4
车脚	1 个	2	2
大锅	2 口	5	10
簸箕	6 个	1.5	9
犁钩	10 个	5	50
秤	2 杆	5	10
木杆	63 根	0.1	6.3
秫秸	1788 斤	每百斤 3 元	53.64
穇秸	158 斤		3.16
落子	170 斤	每百斤 2 元	3.4

续表

名称	数量	单价（元）	金额（元）
木柴	190 斤		3.8
铧车	1 辆		3.5
粪勺	2 个		1.7
八棒锤	2 个		12
茼子	19 斤		
合计金额：12833.39 元，不包括木柴的金额			

表注：该表由钟霞、郑卫东根据东村文书档案长期卷 11 整理。

表 10　　“大跃进”时东村外调其他单位物资登记

接收单位	名称	数量	单价（元）	金额（元）
代疃水利	抬筐	16 个	0.9	14.4
	粪筐	8 个	3.5	28
	拉子	1 个	0.5	0.5
	风箱	2 个	7	14
	铲子	1 个	0.35	0.35
鞋厂	大缸	1 个	10	10
	猪皮	2 张	2	4
焦家饭馆	驴	1 头	25	25
焦家农中	大锅	2 口	5	10
胶车	3 辆		195.5	
小车	8 辆	20	160	
大锅	1 口	5	5	
大缸	1 个	5	5	
铁勺	4 个	0.45	1.8 元	
驴皮	1 张			

表注：该表由钟霞、郑卫东根据东村文书档案长期卷 11 整理。

二十　“刮五风”

“大跃进”时期，“五风”［共产风、浮夸风、强迫命令风、生产瞎指挥风、干部特殊化风］肆虐。“刮五风”乱象在今天看来，简直匪夷所思，给农业生产和农民生活造成严重损害。

村民一致反映，1958 年确实是难得一遇的丰收年，收的粮食、蔬菜在坡里堆成山。不少村民确信，那一年的粮食如果全收上来，全村吃两年没问题。不过，受“大跃进”影响，劳动力外出炼钢铁，村里缺少劳动力收庄稼，还有对未来共产主义生活的盲目乐观，结果那年该收的粮食没有收上来，不该扔的粮食也扔了，成为导致 1959 年后粮食短缺的主要原因之一。丁权军记得，1958 年秋天，花生带着秧子从地理刨出来后都垛在坡里，不能及时收晒入库。村干部到坡里检查工作，饿了，就随便点火烧一垛，然后吃一顿。如果嫌点火麻烦，在坡地里看见哪里有堆灰烬，过去找一找里面就有许多烧熟的花生。吃够了，站起来就走，没人管。花生本来应用镐头刨，现在没劳力，就用牛犁，很多花生都浪费在地里，下雨后白花花一片，没人去捡。路上也散落着很多花生，没人拾。看着那么多花生扔在地里可惜，饲养员丁仕礼把猪群赶到地里让它们吃花生，结果猪吃得都吐了，吃够了！收完花生，接着收红薯，一棵红薯结五个也就收三个。红薯刨出后不能及时切片晒干，天冷就冻了；碰到下雨天，红薯干没干透就收进仓库，结果在仓库里霉变，被群众称为化学红薯干。

当时赵玉妻在赫岭出夫子，就问同村的人，“劳动力都出夫子了，村里的红薯、花生怎么办？”其他人就说，“不用担心”。可是当阴历十一月份他们回家的时候，发现红薯和花生都还在坡里，有的红薯冻烂了。他们晚上加班用扁担挑花生到晒场，到三合村、小村、南山去挑花生，那时没有小推车，都用扁担挑，一晚上挑三趟。赵玉妻感慨，那年真是丰收啊，一个红薯一斤多，一棵花生都结一斤多，就那年花生最丰收。可是当时老百姓根本不在乎粮食，总想着反正家里没锅，吃饱不要钱。劳动力不常在村里，白天哪里有任务又走了，把那些粮食白白地扔了。

秋后种小麦，片长来东村指导生产。片长说种子使用得越多越好，要求一亩地下几百斤麦种，正常情况下小麦的亩产都没有那么多。丁权军站在片长旁边，看见种子使用得太多了，就说“这还了得?”片长说“不多啊”。片长给他计算一亩地用多少种子，一粒种子可以产多少麦子，一亩地就收多少粮食，就这样算亩产。丁权军明白，用这么多麦种，小麦是无法正常生长的，长出来也是一地“牛毛”[①]。上级的瞎指挥，既糟蹋了种子又收不着粮食。但是，对于瞎指挥，丁权军有意见也不敢提，因为在那种情况下，村干部不听上级的话就要被“拔白旗”[②]。不用说是村干部，即使是更大的干部说“错”了话，都要被“拔白旗”。丁权军举了一个例子：马庄公社书记胡杰，原来是日照县副县长，他和其他工作人员到高兴人民公社检查积肥情况，看见一堆石头上边盖了几棵草，就说“这能当肥料吗?”就因为说了句“这能当肥料吗?”他在县里被拔了几天白旗，又被两城人民公社拔了七八天的白旗。在基层，“拔白旗”就是让那些赶不上形势的人当众做检讨。他还是个党委书记啊！有这个前车之鉴，别人谁还敢说实话？丁权军记得那时到片里开会，上级要求各村报产量，会上谁也不愿意早报，因为谁最晚报谁的产量就是最高，谁早报谁的产量就是最低。

“大跃进”初期，丁权后被调到管区工作。管区总共才几个人，却从各村调去好几个会计，还有两个通讯员，这些调来的人员都是为当时的“数字”服务的。管区驻将帅［村名］，西村［村名］相税［人名］是通讯员。上级的通知很快就下来了，说今天要积多少肥，要求一天一汇报。各村会计就在家里“造数字”，造积了多少肥，种了多少地的数字，一天一上报工作进度表。相税从各村收到数据后，就急着往将帅跑，忙得可要命了。为完成积肥任务，各村就沿着大街堆土堆，把土堆成堆就说是肥，说今天完成积肥几十万斤，明天完成积肥几十万斤，地里刨出的穇子点上火，就说完成积肥多少万斤，那个浮夸简直不通人性了！谁要是不浮夸，

---

① “牛毛”指小麦过分密植，不能正常分蘖长麦穗，只能长出一地的麦草，像牛毛一样。

② “拔白旗”：在1958年的“大跃进”过程中，曾把一些坚持实事求是、反对浮夸的人，以及一些所谓具有资产阶级学术观点的人都作为“资产阶级白旗”加以批判、斗争甚至处分，当时把这种做法叫做“拔白旗、插红旗”。

就是落后，丁权后感慨："那时的事无法说！浮夸由来已久，从大炼钢铁时每天报炼多少钢铁、多少焦炭，还有数吗？那时人话不说！"［丁权后，050218］

"大跃进"时期，"人有多大胆，地有多大产"的口号也传到了东村。不过比较而言，东村没有像有些地方那样狂热，浮夸到不着边际，用丁仕礼的话说"咱庄实际吹得不大"。"刮五风"时东村种大麦、小麦的规划如下：

小麦：亩产二万斤的 16.8 亩，产量 336000 斤

亩产一万斤的 40.8 亩，产量 408000 斤

亩产五千斤的 72.96 亩，产量 364800 斤

亩产两千斤的 95.52 亩，产量 191040 斤

亩产一千斤的 23.28 亩，产量 23280 斤

亩产三千斤的 52.56 亩，产量 157680 斤

亩产五百斤的 24.96 亩，产量 12480 斤

亩产二百斤的 5.04 亩，产量 1008 斤

合计：331.92 亩，产量 1494288 斤［文书档案显示是 974176 斤］

大麦：亩产五千斤的 63.84 亩，产量 319200 斤

亩产两千斤的 23.28 亩，产量 46560 斤

亩产一千五百斤的 20.16 亩，产量 30240 斤

合计：107.28 亩，产量 396000 斤

总计：439.20 亩，产量 1890288 斤［文书档案显示是 1370176 斤］

具体到地块面积及预计产量见表 14。

表 11　　**1958 年东村秋种面积与产量**　　（单位：斤）

地块名称	亩数	单产指标	粮食合计	坐落	亩数	单产指标	粮食合计
家后	12	20000	240000	东河路南	14.4	5000	72000
场头	4.8	20000	96000	大圈屋西头	2.88	5000	14400
北官庄下头	10.08	5000	50400	大乔岭北	12.48	500	6240
邵家场	10.56	5000	52800	尤红云屋东	0.72	200	144
北官庄西头	3.12	5000	15600	大圈	30	10000	300000
北官庄东头	3.6	5000	18000	东河三角	10.8	10000	108000
东大荒	9.6	5000	48000	泉东	3.6	5000	18000

续表

地块名称	亩数	单产指标	粮食合计	坐落	亩数	单产指标	粮食合计
旗杆林前	4.8	2000	9600	石羊 ×	4.08	2000	8160
西大荒	15.84	3000	47520	东大岗 ×	20.16	1500	30240
北沟东	5.76	1000	5760	东河路南 ×	19.2	2000	38400
旗杆林东	3.84	1000	3840	大圈 ×	20.4	5000	102000
皋陆岭	8.88	500	4440	东河三角 ×	6	5000	30000
高垛前	4.32	200	864	泉东 ×	31.44	5000	187200
大林东	3.6	500	1800	老林前	13.68	1000	13680
大林西	17.52	3000	52560	石羊	15.12	5000	75600
东北于子	19.2	3000	57600	东大岗	75.84	2000	151680
老林后	14.88	2000	29760				

表注：1. 带 × 是指大麦产量与面积，其余均是小麦。

2. 粮食合计有三处有误：家后 24000，高垛前 8640，石羊 7560。上表已改正。

3. 总亩数：439.2 亩，总产量是 1890288 斤。

资料来源：该表由钟霞根据东村文书档案长期卷 9 整理。

表 12 **1958 年东村全年粮食总收入统计** （单位：斤）

作物	亩数	总产	已交公粮	留种子	食堂用粮	实库存	备考
小麦	421	21913.3	3424	5258	12376.3	855	已种，用麦 5258
皮大麦	174	24759.6		3210.9	21548.3		已种
玉米	28	9343.4		200	9143.4		
草种	35.2	7872		50	7822		
高粱	43	12096	2598.4	200	9297.12		
谷子	39	10144	1571	80	7925	568	内提出 30 斤
稻子	110.1	23479.8	2000	3515	7980.8	3284	
穇子	53.7	115951		500	14476	975	
黍子	5.66	1189.8		15	1174.8		
春豆	105	17949.11	4800	2500	5025.11	5624	
爬豆	64.2	10235	2600	1500	2636	3499	
绿豆		214			50	164	
荞麦	2	30		30			
瓜干	652	378000		37500	550000	245500	
合计		493176.8	23693.4	54608.9	154405.11	260469	

续表

作物	亩数	总产	已交公粮	留种子	食堂用粮	实库存	备考
花生	213.7					10000	预计数字
红麻	3.6			6000（米）			
地蛋	5						
芋头	2			300	3200		

表注：该表由钟霞根据东村文书档案长期卷 11 整理。

“刮五风”时东村曾经试行工资制，给劳力评级，一级一块钱，最高八级。东村的树栽、权军、权书［村保管］、权后四人是八级。从东村文书档案看，上级共拨了两次工资款，每次 1000 元左右。东村文书档案记载工资款支出两次，但具体什么人领取了多少工资无从查考。丁权后是村会计，当时在管区，没记得有领工资这回事。他估计上级拨付的工资款没有按工资发放，而是被一部分人预支着用了。生产队长丁权平记得领过一次工资，发了 7 元钱。丁权平认为这个事情不好，当时生产队长以上的村干部都发上工资了，副队长等人没有发，其他人就有意见。发上工资的村干部的金额都一样，都是 7 元钱。

“刮五风”给农村的生产、生活造成极大损害。“五风”过后，整“五风”的工作随即开始。村民记得，大概从 1959 年开始整风，随后的 1960 年、1961 年等年份的整风工作都很厉害。整风就是批评过去工作中哪些地方做得不对，谁对此负有责任。上级派工作组来主持整风会议，村干部上台挨批斗，有错误要检讨，东村几乎所有的村干部都上台检讨了。

二十一　大炼钢铁

据“日照大事记”记载：1958年4月，县委召开万人“跃进”誓师大会。自此，全县掀起“大跃进”高潮。5月16—23日，县委召开三级干部大会，总结基层整风经验，批判所谓“右倾保守”思想。6月，县委举行学习，贯彻“鼓足干劲、力争上游、多快好省地建设社会主义”总路线动员大会，号召全县人民向技术革命和文化革命进军。8月下旬，县成立“钢铁指挥部”，并开始抽调大批青壮年土法上马大炼钢铁。高旺矿区人数最多时达十万之众。[①] 但是，高旺铁矿并不丰富，炼钢原料是筛选海沙里的黑铁砂子，远远满足不了小钢炉的“胃口”。于是县委又做全民动员，要求各家各户把家里的铁制品、木制品都要捐出来炼钢。由于技术不得法，“小土炉”实际炼出的是一堆堆的“铁饼子”“黑疙瘩”——含碳量、含沙量都很高，根本派不上用场。

大炼钢铁运动开始，东村各家各户把锅、烙煎饼用的鏊子都交了，连院墙都拆了，把砖头运到高旺庄建窑炼钢铁。各家的锅是在阴历九月份揭的，各家的家具都被拾掇到街上，家里连床板都没有了。当时盛传蒋介石要反攻大陆，因此要大炼钢铁，海边上全是部队。1958年秋冬，上级把东村的劳动力调往高旺庄［地名，山东与江苏交界现在属于赣榆的地方］等地炼钢铁，要求50岁以下18岁以上的男人都去，识字班[②]和有一个小孩的妇女也要去，家里只剩下了老汉、老婆婆、妇女和小孩。能干活的都

---

① 日照市地方史志编纂委员会编：《日照市志》，齐鲁书社1994年版，第29页。

② 群众教育的一种组织。自中国民主革命时期开始，在革命根据地普遍设立，以识字为主，并学习时事政治，对扫除文盲起了很大的作用。在沂蒙山老区，因参加识字班的多为年轻妇女，后“识字班”演化为对年轻妇女，尤其是未婚少女的称呼。一般女孩到十五六岁，出嫁之前，就可被称为“识字班”，大姑娘的意思。（相应的男子被称为“小青年”）流行于临沂、日照等地。

去炼钢铁了，仅在高旺庄的东村村民就有一两百人，村里还要组织人力炼焦炭，往高旺庄送粮、菜、草、焦炭等。丁佩共在大炼钢铁时做搬运工，把村里收集到的木材等，运到高旺庄，感觉累得够呛；赵玉妻记得往高旺庄送红薯掺草种子做的煎饼，偶尔送点菜。那时大队长树栽在外带夫子炼钢铁，任连队指导员；书记［丁权军］领人在队里搞生产。后来丁权平也被公社调去高旺庄带夫子，任连长。几十个村一个连，一个连队里每个村有四五个人，一个连队总共有 100 多人。丁权平与李家洼［村名］的仕凡［人名］同属一个连队，仕凡是东村管区下面小乡的乡长，在连队里任指导员。团部领导由公社干部担任，一个团部有十多个连队，一个连队有一个食堂。各村送来的东西先送到团部，由各连的司务长来领。各村往高旺庄送物资多少根据各村去炼钢铁的人口数量，有多少人交多少粮食、煎饼等。

赵玉妻曾经到高旺庄炼钢铁，她对那段经历念念不忘，充满留恋："我 1957 年嫁来东村后，丈夫在小古城［地名］铁业社里打红铁[①]，那时结婚过了三日就要求回去干，一个月只允许回家两天送换洗衣服，送钱。丈夫经常不在家，我跟公公两个人刨地，感觉没意思。上级来要炼钢铁的夫子，我就想报名。那时我一边在坡里干活，一边还要帮食堂挑水，一天要挑 40 多担水。40 多担水还不够用，多少人在食堂吃饭啊！坡里的重活我还要干，不说假话，当时就我是青年，就我没有孩子。所谓年轻的，都有一个或两个小孩了，这些人在食堂里推磨烙煎饼等，其他都是老婆婆在食堂做饭。出夫子 14 周岁就够格了，所以 14 周岁的小孩都出夫子了。一开始我在三食堂干，后来到一食堂干，大队要求每个生产队人数差不多，第一生产队人少，把我调过去了。在食堂干了不到十天，高旺庄来要夫子炼钢铁，书记在庄里找不着人了，夫子数还不够，我就赶紧从岭上下来报名，把书记乐坏了，那时候缺劳力。从此我自由了三年。我和同村三个人先到赫岭［地名］，抬大筐，打石头，送石头，那活累人。吃食堂，走到哪就在哪吃饭。那时候连长一吹号，说上哪就去哪，树栽是指导员，领着干，那种生活有热情。我们开出的石头很大，说是能炼钢铁，高旺庄的炼

① "以前咱这属于将帅［乡］，后来分到马庄［公社］。属于将帅的时候，我到［日照］水库［工地］干红炉。［水库完工后］少文［人名］和我分到日照［干红炉］，后到后村机械厂。到'文革'时候，工人要下放，我就跑［回家］了。"［赵玉，050415］

钢炉我们在屯沟［村名］就看见火焰了。后来有人说炼钢炉也炼出大铁团子了，那时稀罕那些东西嘛。经过涛雒（镇名）的时候，我们看到很多大衣橱、箱子堆积在河沟里，说是准备用来炼焦炭，我就纳闷这样的衣橱能炼焦炭？出夫子的时候我惦记自己家里的箱子，我问同村人："我家的箱子没有被抬出来吧？"他们说"咱村还没有"。我们一停下工作就唱歌，每天晚上加班中间休息就唱"炼出钢铁千万吨"。晚上不唱歌就开会，开会就说要集中精神，不要胡思乱想，不要想自己的对象或丈夫在家里怎么着。那时刚结婚的、有一个小孩的妇女也在那里。开会就说不要顾虑你的屋，你没有屋，走到哪里哪里就是你的屋；走到哪里哪里就是你的家，到哪里就白头到老，生根发芽。当时工地上共有3000多人，东村女的有两个，男的有佩石、佩怀、佩安、李世景、树栽等7个人。我从赫岭接着到高旺庄，从高旺庄回家又到了屯沟［地名］，从屯沟回家就过年了。过了年我想到日照水库工地干，张守果说："你还是到西村桑园吧，去个近的地方。"桑园是公社办的，让我们去学技术。在西村干活就在西村食堂吃饭。刚到西村，人家还先给我盛上饭，好像我是个客人。散工又回到食堂，他们说，"客人又来了！"我就说，"天天来就一样了，不是客人了。"［赵玉妻，050415］

表13　**1958年东村大炼钢铁送高旺庄物资登记**

名称	数量	单价（元）	金额（元）
八棒锤	2个	6	12
水瓢	12个	0.3	3.6
车脚	2个	2	4
锅	3个	5	15
簸箕	10个	1.5	15
犁钩	73斤	0.5	36.5
二杆秤	4杆	5	20
棉花机	1个	150	150
柴筐	5个	4	20
青砖	495个	0.03	14.85
铧车	1个	3.5	3.5
小车	6辆	20	120

续表

名称	数量	单价（元）	金额（元）
粪箕	6 个	3.5	21
抬筐	15 个	0.9	13.5
柴席	15 卷	2	30
铁锤	2 个	3	6
石匠锤	2 个	3	6
洋镐	3	4	12
铁钩	3 个	4	12
铲子	2 个	3	6
铁锨	5 个	1.8	9
铁镢	1 个	3	3
风箱	4 个	7	28
大小盆	8 个	3	24
黍秸	1788 斤	0.03	53.64
木棒	93 块	1	93
柴	190 斤	0.02	3.8
木梢	2 个	0.25	5
木柴	663 斤	—	—
合计金额：12833.39 元，不包括木柴的金额。			

表注：该表由钟霞根据东村文书档案长期卷 11 整理。

大炼钢铁这样的激情岁月给赵玉妻平淡的生活增添了些传奇色彩，让她留恋不已。不过，并不是每个人都对“大跃进”留下了美好记忆。丁少宁对在高旺庄炼钢铁的最大体会是干活累，晚上没时间睡觉。佩来［人名］的姐姐到高旺庄炼钢铁被惊吓出病，生产队只好安排她在队里做针线活。丁佩共腊月到日照水库出夫子，感觉可受罪了，冬天水冷啊，从水里出来冻坏了。那时没有抽水机，小车都是木轮子。大队往日照水库送红薯、白菜、盐等，都是地里冻坏的红薯，没有好的吃。丁权后说起“大跃进”、大炼钢铁，最直接的反应就是“那时才乱，糟糕了！”村里还有些人被招工去更远的地方，1959—1960 年丁权平等四五个人被派往肥城挖煤，其中相照［人名］后来举家迁到了肥城，成了煤矿工人。丁权平从肥城回来又到石臼［地名］建设港口，任司务长。这不是出夫子，是他自己想出去的。他觉得村里事情太复杂了，即使出去费大力抬筐也不愿意待在村里。

二十二　公共食堂

1958年8月19日，日照县委公布关于在农村全面实现食堂化的决议，要求“全党动员，全民发动，使社员群众高高兴兴地积极踊跃参加，防止强迫命令和简单从事的不良做法，保证这一运动全面地展开”，并要求各社于8月25日向县委“报捷”。[①] 东村公共食堂具体哪一天开张，访谈对象都已记不清楚。从东村文书档案来看，社员投粮时间从8月19日开始，而支粮票、饭票的时间从8月26日开始。[②] 由此可大致判断，东村公共食堂开张是在8月末或9月初。东村是东村片最早开办公共食堂的大队。在食堂开张后，外面很多人前来参观学习。刚开始吃食堂时发饭票，会计印制饭票，按人定量发放，小孩少点，大家都感觉够吃的。饭菜质量不错，一日三餐有米饭、芋头、烙饼等，食堂变换着花样做饭，大队生产什么就吃什么，不用到外面买东西。刚开始吃食堂的时候，全大队只有一个食堂，安排几间空屋，放上几张小桌子，就是公共食堂了，全体社员都在食堂吃饭，食堂管吃饱但不能往家带。

阴历九月份，各家的锅、鏊子被收走炼钢铁，各家的粮食过秤存到生产队仓库，登记入账。多数社员对于给公共食堂投粮没有意见，因为吃食堂不用自己做饭了，而且锅都被揭走了。丁仕礼记得，初办食堂时多数家庭没有向生产队投粮，因为合作化后分的粮食本来就少，家里存不下粮食。从“大跃进”开始，生产队生产的粮草就由大队统一管理。1958年夏季收的麦子仍然分到了各家各户，秋季粮则没有分配，留着吃食堂。各家的菜园收归集体，先吃食堂后收菜园。吃食堂了，自己菜园的东西不要

---

① 日照县委档案1958年永久卷289，《县委1958年关于社员收入分配、生活安排、生产救灾工作的意见、指示、报告、通知》。

② 东村文书档案1958年长期卷7，《社员食堂粮登记表》《食堂支粮票登记表》《食堂支饭票登记表》。

了，丁仕礼菜园的大红薯就被西村的人刨走了。食堂工作人员包括一个食堂主任，两个负责搬粮草的男壮劳力，七八个管做饭的妇女，另有七八个妇女属于烙煎饼小组，摆开十几个鏊子，整天在那烙煎饼。

表 14　　　　**1958 年东村社员投粮登记**

姓名	时间	粮名	斤数
丁权括	8 月 19 日	大麦	13. 12
丁权民	8 月 20 日	大麦	18. 12
丁树条	8 月 20 日	玉米	1
丁树格	9 月 12 日	红薯	59
丁佩农	9 月 15 日	红薯	300
	9 月 16 日	红薯干	100
丁权?	9 月 16 日	红薯干	70
丁权彬	9 月 24 日	红薯干	54
丁佩同	10 月 5 日	红薯干	16. 84
丁树搞	10 月 17 日	红薯	600
	10 月 18 日	高粱	41
	10 月 18 日	稻子	16
		小麦	13
		大麦	26
		谷子	10
		穇子	36. 8
丁仕卓	10 月 21 日	草种	212. 13
		大麦	67
		瓜干	36. 14
		穇子	38. 8
牛洪运	10 月 18 日	小麦	28
		大麦	33. 8
		高粱	77. 8
		谷子	44
		黄豆	49
		草种	40

续表

姓名	时间	粮名	斤数
丁树次	10月18日	高粱	41
		稻子	50
		小麦	18.8
		䅟子	43
		大麦	49
		春黄豆	50
丁树福	10月18日	䅟子	37.8
		高粱	29
		小麦	16
		大豆	26
		大麦	20
丁仕增	10月18日	䅟子	30
		大麦	15
丁佩?	10月20日	红薯干	51
丁相照	10月22日	瓜干	152

表注：该表由钟霞、郑卫东根据东村文书档案长期卷9整理。

到大炼钢铁时公共食堂开始实行“吃饱不要钱”，大队不发饭票了，外面来个工作人员坐下就吃，不用付钱。社员出夫子，到吃饭的时候看见个食堂进去吃就行，那时饿不着人。从习惯了节衣缩食过日子，到这时“吃饱不要钱”，多数村民十分兴奋。万桂芝说：“吃食堂高兴，干活都带着碗，中午人家把饭挑到地里。过了一段好生活！饭好啊，大家都去抢。一个人拿一个大盆去抢，吃不完拿回家吃，去晚了就没有了。”［丁少子妻，050415］丁佩杏满足地说：“1958年我在外面工作时吃饱不要钱，但是也有限制，只允许在食堂里吃，不准拿出去。在外面食堂吃饭，喝羊肉汤，吃得很高兴。可是当饭不够吃的时候，人家找来算账了，让我们交钱，因为我们当时是工人身份，有工资。但我们也不轻易给他，后来稍微交了一点算完了。农民在外面食堂吃饭最后没要求算账交钱。”［丁佩杏，050504］

全庄在一起吃饭，食堂做饭烧水的任务艰巨，工作人员繁忙，领导感觉掌控不了。1958年冬，大队让原来的三个生产队自办食堂，一个生产队一个食堂。每个食堂配备食堂主任一人，负责领粮挑水的保管员一人，四个妇女负责做饭，另有四个妇女加工煎饼。柴米油盐由大队统一发放。初始，社员到生产队食堂吃饭，管饱，不准往家带。几个月后，感到有些浪费，开始按人口分饭，允许社员把饭打回家吃。吃饱不要钱的“好”日子维持到1959年麦收时候，粮食开始紧张。1959年秋天重新实行按年龄定量，生产队发放自印的饭票（包括煎饼票、稀饭票等），饭票一次性发给各户，由各户统筹使用，凭票买饭。吃公共食堂不仅浪费，而且社员反映按人定量的标准不合理，譬如1959年的定量标准把17—60岁看作一个年龄档，这里面20—40岁的青壮年明显吃亏，因为他们的饭量大。公社书记来东村驻点，看到食堂用炭供应不足，买饭的社员排很长的队伍，需要等几个小时才能打上饭。随着粮食趋于紧张，社员对食堂的抱怨增加，吃食堂带来的幸福感逐渐消退。丁权桥1959年秋天到信用社[①]工作，记得有一天早晨去东村片办公驻地开会，将帅区区长马成凡［人名］说，“树栽最近办食堂有点落潮啊，得整整他了”。生产队食堂开办之初，食堂之间矛盾不大，各人打饭各人吃。后来，因为不同食堂的饭菜质量不一样，矛盾就大了，只好把三个生产队食堂重新合并成一个大队食堂，这发生在1960年秋。当时粮食已经严重不够吃，政府开始给各家各户分批次退赔锅具。

到1960年秋冬食堂粮食没有了，没办法就找副食品代替，吃黄豆叶、红薯秧、花生叶。食堂把鲜黄豆叶搁点红薯秧面，用碗扣成馍馍状，蒸来吃；或者把黄豆叶搁上红薯秧面烙饼。社员还到地里采鲜谷子，连带谷子皮一起磨，把磨成的浆水烙煎饼、熬稀饭，这样做成的稀饭缺淀粉没有黏性，谷子皮都沉淀在罐底上，人吃了后大便干结。这时候，煎饼不常有了，没有必要用饭票了，食堂只做稀饭，按人口一人一勺分稀饭，盛回家吃。后来，食堂维持不下去了，就散了。食堂散了后一段时间，大队食堂仍然负责集中烙煎饼，因为妇女要上坡干活，没有时间烙煎饼。大概在

① “我那时有点文化；国家缺人，从村里调工作人；再一个我在村里也挺活跃的，在领导面前有脸。大概在1959年秋天去信用社。1958年东村调出去工作的有相照［人名］等，肥城煤矿来咱村要了五六个人，只有他一个人坚持下来，其他人都下放回来了，可能是他干得好。1958年我干庄里的会计，我在权后和相凤之间，干了也就一年多，那时没有多少账。有一次外面来要人，我和权军大队长商议让佩云、佩同去青岛修汽车，结果青岛比咱这里还苦，青岛人还到咱这里摘红薯叶子，他们两个［佩云、佩同］饿得回来了。”［丁权桥，050430］

1961 年春夏之交，各家的锅、鏊子基本都有了，大食堂不再继续烙煎饼了。但是，如果上级领导来视察，或者农忙季节，大食堂有可能重新开伙几天。所以，东村公共食堂停止的时间是断断续续的，村民对于食堂结束时间的记忆并不一致。

丁少宁妻曾经在食堂烙煎饼，她回忆当时在食堂工作的情况："咱村有三个生产队，有三个食堂，我在一队食堂干，有两百多口人吃饭。食堂工作人员有十几个，熬夜干活的就是我们四五个人。天还没亮我们就起来做饭，熬糊糊、切菜。饭做好了，再推磨，一次推八十斤的粮食用来烙煎饼。一天一个生产队吃一百多斤粮食，社员还感觉饿。食堂用的粮食由大队分到生产队，归生产队使用。生产队粮食不够的话，也到其他生产队借点，一般各生产队的粮食调和着使用。虽然我在食堂做饭，但是有食堂主任在旁边看着，不能多吃，别人吃什么就吃什么。有时候饭给社员分完了，就添点水涮涮锅当饭吃了。以后办大食堂，我又到大食堂工作。办大食堂是为了省工，人要到地干活，十几个锅安在食堂，烙煎饼，做饭。大队食堂主任是权非［人名］，其他人有负责挑水的，磨黄豆的，烙煎饼的，做饭的，等等。如果下午食堂不做饭，我还得上坡干活。吃食堂没有猪肉吃，人都没有东西吃，还有喂猪的东西？猪都饿死了。吃食堂后期没有粮食了，就拿黄豆叶、红薯秧、萝卜叶来吃，也不做煎饼了，只吃点菜，野菜。吃食堂时过年不在家过，在食堂包点包子蒸着吃，用红薯面做包子皮。二百多人吃饭，食堂包不出那么多包子，每人就吃几个尝尝。"［丁少宁妻，050426］

安玉玲也是食堂工作人员，她回忆："我开始在三队食堂工作，权非［人名］是食堂主任，我做饭。后来我到了二队，为什么到二队呢？三队食堂的男青年都没娶媳妇，我们年龄相仿，辈分也差不多。我做晚饭后，吃饭的时候就不和他们一起了，我去挑水，等他们吃完了，我再吃。我一个人干了两个人的活。我这样做有自己的道理，是为了自己清白，因为丈夫在外打铁长时间不在家，我暂时又没有小孩，前一年一个三岁的女孩死了。阴历十一月天冷了，二队食堂主任佩修［人名］来向权非借个劳力去帮着做饭，因为二队权积［人名］家的小闺女死了，权积家属在家里哭不能做饭了。权非说，借谁都可以，但是不准借赵昌家属，因为赵昌家属一个人干两个人的活。佩修说让她干几天就回来。这样我去干了十天，每天在二队干完活就回三队食堂吃饭。权宅［人名］家属和佩果［人名］娘就对我说：‘你寻了人家还回来吃饭？’权非每天都给我留着饭。这些女人是说我的坏话，不死了丈夫谁另寻人家？我看长远，不吱声，吃自己的饭。权非说：‘二妹妹，我看你要回不来了。’我说：‘怎么回事？让你卖了？’权非说：‘你跟他们认真干，他们不愿意放你了，我听说你的户口都过去了。’我说：‘在哪里还不一样，又不是出国，耽搁不了我吃饭就行了，我在哪里都是糊个嘴。’1958 年不挣工分，吃饱不要钱，后来我感觉在哪里都一样。权非碰见我就说：‘二妹妹，你不回来了？’我心想我可不回来了，人家二队对我也不孬。食堂垮台后，大队给各户分点粮食回家自己做着吃，大队食堂还做煎饼。后来食堂也不做煎饼了，做饭的赶不上吃饭的，食堂里的几个人就忙死了。到了冬天，其他妇女都蹲在炕头上享福，吃饭的时候拿着盆罐来打饭，就食堂里几个人忙，又不挣工分。最后，没有办法，食堂垮台了。不光咱村垮台，各村都垮台了。”［安玉玲，050507］

丁佩杏曾担任生产队的食堂主任：“我 1960 年差不多干了一年的食堂主任，我之后也就不吃食堂了。当时佩贤［人名］、权非、我三人任三个生产队的食堂主任。那时早饭一个生产队要烧两缸稀饭，按人口，一口人一勺。那时人真好，没有说饭稀饭稠的，没有说围着饭缸，唾液星子四溅的，来的人自觉排队。一天做三顿饭，标准是一口人一天半斤粮食，那时有个口号，叫‘一天五大两’①。在农村还可以添点菜，多于五大两。稀饭按人口分，小孩多的家庭占便宜，劳力多的家庭吃亏。那时人也傻，不知道多种点蔬菜，因为舍不得土地啊。到秋天就采红薯秧头放到稀饭里，社员吃不饱。粮食都是大队的，各生产队按人口到大队仓库用秤称出。我干食堂主任的时候不用饭票，就是按人口盛饭，到吃饭的时候社员就拿着盆来打饭。咱庄食堂停办可能是在 1961 年春天。散食堂之后，还有食堂负责烙煎饼。”［丁佩杏，050504］

丁佩农曾在村食堂工作过一段时间，负责舀饭。大炼钢铁时他到莒县挖煤，回来后接着在食堂工作，一个食堂就他一个人舀饭。那时，食堂粮食开始不宽裕了。刚开始大家在食堂管吃饱，后来开始用

① 当时公社规定社员一天的口粮是五两粮食。

饭票，外面来的人在食堂吃饭用粮票。用饭票节省粮食，饭票定量分配，各家统筹安排使用。各户都把饭打回家吃，如果粥稠就加点水，可以撑肚皮。佩阳在家里先准备下开水，从食堂打饭回来后掺点水再吃，否则孩子多了，一人一碗分不到头。佩农在食堂舀饭时间长了就有经验了，一饭瓢就算四两粮食，对于他盛的饭瓢满不满，粥稠还是粥稀，社员的意见在私下里是少不了的，他尽量做到每勺都一样。三个生产队食堂合成一个大食堂后，就不是每个户都到食堂打饭了，大队分点粮食，多数户在家里做饭吃。没有大锅的户就用小锅或铁片子煮饭，慢慢地都有锅了。

很多受访者谈到吃食堂时有“不劳动者不得食”的说法。这句话不仅仅是宣传口号，而且是实实在在地执行。三队队长权明［人名］，看见谁没有下地干活，就告诉食堂不给他面粥。丁佩池记得，那时一人一天“五大两”，外加蔬菜作为副食品。一天三顿饭中午大饼子，早上晚上喝粥。个人想开个小灶，一是家里没有炉子，锅都收走了；二是谁家也不准留粮食。不干活就没有饭吃，所有的人都要上地，小孩也要跟着去，以免小孩在家里惹事：偷偷摸摸弄些生的瓜果粮食，藏在家里等大人回来吃。

1960 年丁相玉在马庄［村名］上中学，没东西吃，中途辍学回家了。到吃饭的时候他就拿着盆去食堂领饭，他感觉吃食堂一是不方便，二是吃不好。丁相玉用一民间俗语形容公共食堂的困境：“人多无好饭，主多无好事”。1960 年不怎么浮夸了，但还高举“三面红旗”，公共食堂走向穷途末路，大队开始给社员买锅，准备不吃食堂的了。食堂散时，仓库里只有一点红薯干，而且没有保存好，长着绿毛。大队给每家每户按人口分点长着绿毛的烂地瓜干。1961 年春节后，食堂已经时断时续。那时的主要问题是有些家庭没有大锅，当年公社与大队挨家挨户给社员买上大锅，原来谁家鏊子砸了，就给买上。大队只给社员补了锅和鏊子，别的东西都不退赔。不吃食堂了，给社员发粮食，假设有 100 斤粮食，只分 60 斤给社员，40 斤留在生产队，有人口多实在不够吃的家庭，可以到仓库借一点粮食。借粮食要经过三重批准，大队、生产队长和仓库保管员，纪律很严格。1962 年重新分成三个生产队，生产队成为基本核算单位。1962 年社员在家过的春节，过年时各户分了点小麦。1962 年给社员分小荒地、自留地[①]，个人自己做饭吃，但还是不够吃。

对于吃食堂，社员有很多意见。在当时，社员的意见能否表达？若能表达，又是如何表达的呢？丁权后很严肃地说：“对吃食堂谁敢提意见？没有敢公开提意见的。”［丁权后，050417］丁相凤说：“对吃食堂不满意，那时一般人没有敢说的，说了不得了。那时说多了挨批挨斗，谁愿意去多惹事，不作声算了。”［丁相凤，050422］丁佩池成分贫农，他说：“以前日子过得好的那些财主们，当时受贫下中农监督，不敢说话，有合理化建议也不敢提。”［丁佩池，050320］丁权平成分贫农，他说：“社员没饭吃，大家对上级的意见非有不行啊。但是有意见也没办法。那时社员的牢骚怪话才多呢！在食堂吃饭，有人饭量大，有人饭量少，饭量少的社员就不满意，就提意见。”［丁权平，050414］可见，在当时环境下，阶级成分划分发挥着强有力的政治控制功能，中农受贫下中农的监督，严格遵循明哲保身少说话的原则，对吃食堂有意见不敢说。贫下中农对吃公共食堂有意见，但表达的仅是对吃多吃少、占便宜吃亏等琐细的技术问题的不满。有些意见不敢公开表达，人们就用民间喜闻乐见的顺口溜、调皮段子等，隐晦表达自己的牢骚。丁佩共妻记得当时有个顺口溜：“得罪了厨子打得薄，得罪会计使笔戳，得罪挖大粪的三勺当一勺。”[②]

食堂工作、管理人员是否因为近水楼台而有多吃多占的情况呢？生产队食堂主任丁佩杏说：“我管着食堂自己可以吃饱吧？不行，一口也不能

---

① 丁相凤回顾自留地的变迁情况：“［集体化时期］自留地菜园分分合合六七次都有。刚入高级社时每家每户都有菜园，没有自留地。办食堂时菜园充公，菜园里的菜大队收了直接进食堂。《六十条》出来后重新分给各户一点菜园、自留地、小荒地，但社员还是没得吃，生产队供应一点烂红薯干子，每个月一口人供应多少，去仓库称着吃。1961 年 7 月份就去刨红薯［正常应该在 10 月份刨］，连红薯秧刨来分给各户回家吃。那时家里还没有大锅，以后集体抓紧买锅。到 1962 年各家都有像样的锅灶了，从 1962 年开始生活稍微宽裕一点，但因为生产力水平低，咱这里生活一直不怎么样。［丁相凤，050417］［分自留地］按人口，一口分 1 分或者 3 厘地。自留地收的东西都归自己。到后来为鼓励社员养猪，又给各户分了 1 分或 2 分饲料地，让大家发展养猪，不养猪的不给饲料地。1965 年把菜园收回去，因为集体粮食产量拿不上去，菜园不是土质好吗？就挤那点菜园，自哄自啊！那时社员早晨天不亮就往自留地菜园跑，散了工也赶快往自留地跑，不能耽误生产队挣工时间。生产队一开始干活，去晚了就给你退工，那时队长还与你讲理？你迟到了，就给你退时。”［丁相凤，050422］

② 这个顺口溜的意思是：如果得罪了食堂工作人员，他就给这家盛很稀的稀饭；如果得罪了生产队会计，他就在账目上做手脚，让这家吃亏；如果得罪了负责淘大粪的人员，他就会少报这家的大粪的数量。

多吃！完全自觉，自己是党员，又是领导，再说有十多个做饭的人围在那里看着，谁多吃点看不见？不行啊！一个食堂有两三个烙煎饼的妇女，我发现对烙煎饼的偷吃没有办法，我只能对她们说，‘你们别往外说，你们在屋子里吃饱我不管，但出门我一定要搜身’。”［丁佩杏，050504］丁权民妻曾经是食堂的管理人员，她说：“我是食堂的负责人也没有好的吃。我管理一队食堂，少三［人名］妻子烙煎饼时偷吃，被我碰到了，我就对她们说，‘你们吃点我不管，可嘴巴得严实点，别往外说’。曾经有个偷吃煎饼的人被我撞见了，第二天羞得不敢来烙煎饼了。我走过去她们肯定怕我，我不能当面呵斥她们，否则把她们惊出病来怎么办？避免不了烙煎饼的偷吃点。我在食堂工作很辛苦，白天在食堂工作一天，晚上回家抓紧做些针线活，有时晚上还组织学习。”［丁权民妻，050427］

丁佩杏与丁权民妻都是食堂的管理者，从他们的话语中了解到食堂管理者与一般工作人员之间有较强的监督，因为在食堂工作缘故而多吃多占的情况避免不了，但并不十分严重。当然，这是从与管理人员中谈话得出的结论。在与一般工作人员的访谈中，笔者了解到这些情况因时因人而异，不一定是普遍现象。食堂工作人员安玉玲沾沾自喜地说：“社员分完了饭，我们这些做饭的就关上门窗，做好饭自己吃，这样我们吃了很多次，沾点‘公家’事的人都饿不着。我的亲戚来了，我不向生产队食堂要煎饼，他们不愿意给我，我去向大队食堂保管丁佩喜［人名］要。我勤快，在他面前有脸，就向他要，拿了20多个煎饼放在腋下衣服底下就走了。我兄弟赵文从日照饿回来了，我又向佩喜要了煎饼走了。我还去要大米，自己动手拿，拿回我家，婆婆做了米粥，给赵写的儿子吃了。我担心赵写老婆说出去，就对佩喜说如果别人问起我吃大米的事情，就说撒在地下的大米被你扫到门后，被赵昌媳妇偷回家吃了。不久赵写老婆真的来向佩喜要大米，佩喜就按我告诉他的话说了。我还记得1960年食堂吃麦子煎饼的事情。那年生产队收麦子多，平衡各家轮流吃一餐麦子煎饼，吃了一段时间。生产队有头有脸的人可以称到纯麦子煎饼吃，其他人只能用饭票称穆子或谷子煎饼。不是说有特权的人才能吃麦子煎饼，如果你是一般社员或者来晚了可能一顿麦子煎饼也吃不上。也有吃不完一包袱一包袱地捎给亲戚吃的，那得是食堂里面的工作人员，特别是食堂主任。”［安玉玲，050507］对于食堂工作人员的这些行为，社员虽不知细节，但大概都心知肚明，并颇多怨言：那些在食堂干活的人吃得饱，有煎饼吃，在坡里干活的社员只能吃红薯。丁佩源举了另外一个例子："在食堂烙煎饼的人可以占点便宜，一斤粮食烙几斤煎饼上交，加水可以多出斤两，余出几个煎饼带回家。他家有一个老奶奶在食堂烙煎饼，可以偷偷地多拿些煎饼回家。"［丁佩源，040430］

表 15　　1958 年、1959 年、1961 年东村饭量按人定量标准统计

1958 年	1959 年（卷 10 长期）	1961 年
1—3 岁：160 斤	1—3 岁：62 斤	1—2 岁：103 斤
4—9 岁：240 斤	4—7 岁：103 斤	3—4 岁：141 斤
10—15 岁：350 斤	8—12 岁：144 斤	5—6 岁：179 斤
16 岁以上：440 斤	13—16 岁：185.8 斤	7—8 岁：207 斤
	17—60 岁：225 斤	9—10 岁：235 斤
	61—100 岁：183 斤	11—12 岁：273 斤
		13—14 岁：301 斤
		15—16 岁：320 斤
		17—60 岁：367 斤
		61 岁以上：320 斤

表注：该表由郑卫东、钟霞根据东村文书档案资料整理。

二十三　东村困难时期的生活记忆

“大跃进”时期，东村村民挨饿最厉害的年份是1959年、1960年、1961年与1962年，与全国三年困难时期（1959—1961年）相比还要稍长一些。困难时期的生活给东村村民留下了刻骨铭心的痛苦记忆。相比较全国最困难的地方，东村的饥荒情况还稍好一些，但也大量发生水肿病。

1961年3月后，农村集市恢复。但是，集市上没有卖粮食的摊位，老百姓拿着钱买不到吃的。东村新吾［人名］是一名教师，他的两个女儿在范家村［地名］上中学，饿着肚子回来了，问新吾：“爹啊，没得吃啊，吃点什么吗?”新吾回答：“啊！吃不饱啊！有钱买不到东西吃。”在1960年，各家各户没有锅，不能做点东西吃。如果各家有点地，还可以种点青菜充饥。直到1961年春，东村才给社员分一点自留地。社员利用早晨和晚上的时间打理自留地，先种点红薯为了早点接口。阴历五月份种红薯，阴历七月四日就去刨红薯（正常应在阴历十月份）。小红薯才有拇指粗，连带着红薯秧一起切，用石磨磨成浆，可以烙几个煎饼。那煎饼不容易烙，因为里面没有多少淀粉，都是嫩叶子、秧子。散了工，妇女们就去挖野菜，回家洗洗掺到从食堂打来的稀饭里吃。挖野菜的人太多，野草也没得挖。有了自留地后生活稍微好一点，但还是不够吃。在东村极度困难的时候，社员普遍没得吃。赵玉妻记得有一年在一个嫂子家推磨，快饿晕了。那时是腊月，还在吃公共食堂，食堂没有东西吃，她也不喜欢食堂供应的用坏红薯面做的煎饼。这位嫂子在院墙外种了一棵方瓜，结了一个大瓜。她把这瓜做成菜豆腐，当天非让赵玉妻吃碗菜豆腐，赵玉妻推辞不吃。大嫂就让她的女儿对赵玉妻说，如果她不吃，就不让推磨了。赵玉妻推辞不过，吃了一碗。她一直忘不了这个嫂子的恩情，在人饿成那样的情况下，谁给一口吃的一辈子都忘不了。赵玉妻还记得在困难时候吃土豆秧、梧桐树叶子（这两种植物都有毒素），一吃上眼睛就看不见东西了，不知道啥时猛的一下就摔倒在地上，失去知觉了。

食堂散了，社员自己做饭，粮食不多，以前没有存下一点余粮。食堂垮台的时候，丁权布家分了一点干玉米芯子，让磨磨吃。丁权布说，“这种东西能吃？赶快用它烧水”。有的户把那玉米芯子磨碎吃了。1961—1962 年连续两年天气不好，玉米十棵只接五个棒，红薯只长藤。没有东西吃，村民只能吃树皮、野菜、红薯秧，甚至把花生壳作为“代食品”食用。丁佩长［人名］从丁权桥家借了一篮子花生壳吃了。村里街道都变成红色的了，那是被红薯秧水浸的。杨树叶子都被吃光了，树光秃秃的。吃杨树叶子，肚里虫子对杨树叶子不适应，一团一团地被逼下来了。乡干部来东村召开会议，介绍如何度荒，“吃代食品也有科学了，现在咱们吃花生壳也有科学了。花生壳直接吃太硬，怎么吃呢？放在开水里煮一煮，然后晾干，再磨成面，就可以吃了”。社员吃红薯秧、糠、玉米芯子，没有机器，全靠妇女用臼磨，把红薯秧晒干碾成粉，将它和红薯面混合，这个秧粉没有黏性，弄不成形，怎么蒸馍馍呢？做不成馍馍，就用水拌之后，用茶碗装好压实，反扣过来再蒸。干活的时候，社员拉下的大便干了就被风吹跑了，都是糠。那时社员干活没力气，休息时大家都躺下来。时间长了有些人得了水肿病。1960 年出现一些得水肿病的社员，肿脸、腿、腮、眼皮等。上级照顾，让水肿病号喝点豆汁。公社粮所赶紧下拨一些大豆，在食堂熬成豆汁，让水肿的社员喝。丁权军到日照开会，记得会务组给患水肿病的与会人员喝点牛骨头汤。丁权后也得了水肿病，大腿肿了。公社医生给检查，一按一个窝，浮不上来，证明水肿，然后批准喝豆汁，一天喝三次，还很管用，那时就那东西救命。那些在外边干活没有水肿的人就馋得慌，整天看自己的脚，说自己怎么还没有水肿呀？东村因水肿喝豆汁的有 100 人左右，因饥饿出现其他症状的也有。

贺淑芳回忆：“那几年受罪了！食堂做的䅟子饼子我不敢吃，吃了大便干结。大姑姐敢吃还说好吃。大侄女丁荣［人名］炼钢铁出夫子弄出病来，村集体照顾了一个小锅。后来村干部佩森［人名］说这个锅在北岭①上做饭了，把小锅又收回去了。那时真傻，如果是现在，无论如何也偷点东西吃。因为北岭自然村住户不多，周围都是庄稼地，偷摘个玉米方

① 贺淑芳住北岭自然村。

便得很。集体有负责看青的巡查人员，假如你偷了，他们还能把你怎么样？就是自己天生胆小，也傻。有一天晚上，直接没有什么东西吃了，过会儿少风［丈夫］回来了，分了几个玉米棒子。啊，今晚上有东西做饭了！如果少风不带点玉米回来，那晚肯定要饿肚子。记得赵五爷家大婶子，长了疮要去弄点药，在路上遇到佩森，佩森对她大吼：‘你要去哪？你不能带个牛筐去干活？’她吓坏了，踮着小脚掉头就往回跑，一直跑到我家，对我说，‘元娘啊，吓死了！佩森怎么那样？可把我吓死了！’我们这茬人真没有享天福。”［贺淑芳，050504］

村民记得，在最困难的时候，生产队每人每天给 3 两口粮，一人一年允许吃 4 两花生油。当时周围村庄都差不多，所谓管理得好的典型村如小曲河［村名］、井沟［村名］等大队，村民认为其实际情况也够呛，所谓“隔着窗户棱子吹喇叭，名声在外”罢了。虽然各村生活都困难，但是村庄之间还有差别。赵玉妻就曾经到皂户沟［村名］姐姐家要了一小篮子［大概有 5 斤］红薯干，全家吃了十多天；丁权布到宅科［村名］亲戚家要了点粮食，又到马家店［村名］户家借了一点粮食；树栽到井沟［村名］食堂借了一点大麦，等等。不少村民困惑，为什么越是模范村越糟糕？东村是远近闻名的“大跃进”模范村，却没有粮食吃，不得已到马家店借粮食。东村社员到了马家店，看到该村社员搁上青菜煮红薯干吃，馋得不得了。丁佩池对此颇有怨气，他说：“马家店没有把粮食一下子收起来放到食堂里，没有揭锅锁门，人家有余粮，所以没饿着。咱这里是模范村，揭锅锁门，让社员空着肚子干活。”［丁佩池，050320］

丁佩源感慨，那时候生活真难啊！他母亲走亲戚，带回一把红薯秧梗，全家就很高兴了。那时候人们不敢与别人有人情来往，自己家里都没有粮食吃，哪敢让别人来吃饭？在困难时期，村庄也没有办婚嫁这样的事情了，太困难了，顾不上结婚了。仅有的几件生丧嫁娶事件成为透视当时村民生活状况的典型窗口。丁权桥在 1960 年阴历六月六日结婚，家里没有锅，晚上从食堂领回点疙瘩汤分着吃，来喝喜酒的客人没有菜吃，只能喝点酒。妻子是坐花轿过来的，女方没有做被子，男方只准备了一床旧被面，女方陪送一对买的别人复查时分的箱子。婚礼没有送水饺，没有面条，食堂对结婚户不照顾。当时还没有集市，家里鸡猪等啥都没有。来喝喜酒的客人搭伙送帐子，上边写几个字。丁权桥与妻子经媒人介绍相识，认识后俩人也有谈恋爱的过程，父母不干涉。妻子是贫雇农，妻子与他

［中农成分］相亲时已不太担心阶级成分那些事了，但还不愿意找富农。崔兆兰一家六口人，包括三个儿子，一个女儿。第一个小孩于1959年出生，那是很困难的时候，正吃不上饭。第二个儿子出生的时候，红薯秧都没得吃，饿得眼睛都睁不开了，算他命大活过来了。那时没有东西喂小孩，想喝点糊糊都没有。

人民公社运动开始后，为饥饿所迫，东村渐渐兴起了闯东北（主要是黑龙江省和吉林省）的热潮，在此期间日照县政府也曾组织农民分批次地移民北大荒，政府提供路上车票和饮食费用。从工厂、城镇下放回来的人很多接着就闯东北了，没本事的人才待在家里。东村前前后后有一百人左右闯东北。当是，这些人在东北基本上没有什么亲属，听说黑龙江、吉林土地多，作物产量高，地里粮食没有被挖干净，能混口饭吃，就直接去了。不过，闯东北的人事后回来说，全国普遍没有东西吃，东北也是那样，刚去那里还受委屈。政府组织移民北大荒的人事后都离开了，受不了那罪，还要自己盖屋，后来听说东北哪地方好就奔哪里去了。从1958年到1965年，东村闯东北者一直络绎不绝，全村有三十多户闯东北。那时闯东北，本地方没有限制。在家里没得吃，出去“挣钱不挣钱，混个肚子圆”，没人管。东村青年闯东北除了生活所迫之外，还有另外一个理由：20世纪六七十年代闯东北很吃香，一个青年闯三年东北回家多数能搞到对象，如少永［人名］、少山［人名］、赵珍［人名］、赵林［人名］等都是如此。

表16　**新中国成立后东村“闯东北”外流人员统计**

时间	闯东北人员
50年代初期	丁佩吕全家移民去北大荒，丁少相、丁佩常、丁相楼、丁淑职、丁仕学
60年代	丁相余全家、丁相晃、丁相记、丁佩营、丁仕玉、赵珍、赵宣、丁少五、丁佩松、丁佩字、丁佩玉、丁权积全家、丁权禄全家、丁佩连、丁成俊、丁成明、丁仕红、丁滨、丁少云、丁绍永、少山、丁权启、赵林、丁仕永全家、丁成连
70年代	赵永森、赵华永、丁相陈、丁相旭、丁相幸、丁全福、丁佩石全家、丁权居全家、丁佩汪、丁仕运全家、丁仕富、丁佩敖全家、丁仕营、丁仕新、丁佩乐、丁相根、丁相连、丁相平、丁相合、丁相因、丁仕玉、丁相恩全家、丁仕义、丁少运、丁成青、丁佩坤、丁仕爱、丁佩海
80年代	丁相红、丁相亮、丁仕亮、丁林、丁志春、丁相山、丁海力、丁仕路

资料来源：东村退休大队会计丁佩源来信提供。

笔者归纳导致东村困难时期的原因，有如下几点：第一，大吃公共食堂，粮食浪费严重；第二，尽管1958年是大丰收年，但因为劳动力外调，该收的粮食没有收上来，丢弃、烂掉了很多粮食；第三，“刮五风”超量播种不仅浪费了大量种子，而且因播种过密收不着粮食；第四，1961年与1962年雨水大，自然灾害严重；第五，因为饥饿，很多作物未成熟即被消费①，影响后期产量；第六，干部为挣荣誉，在灾年依然按量，甚至超量交售公粮，加剧口粮短缺②；第七，家里没有锅具，没有余粮，市场没有粮市，缺少自留地，使农民自救缺少弹性空间，等等。

① 为了弄点吃的，社员干活翻红薯秧时，故意弄断一截下来，散工时生产队分分，还可以吃点红薯秧。那时，红薯秧才长尺多长，红薯只有拇指粗细，被社员偷偷抠着吃了。

② 在最困难的时候都得交公粮，只有一年没交公粮。1962年雨水大，自然灾害，地瓜干割了三茬，都烂掉了，一个生产队收入不到两万斤红薯干。来一袁姓工作人员，仕礼问他：“今年国家还要粮？”他说：“看看吧，你们先别交了，我给问问，打个报告，还能不让社员分粮了。”那年没交公粮。［丁仕礼，050413］

二十四 “农业六十条”之后

1960年10月，中央着手部署整风整社，以求肃清“五风”危害。1960年11月3日，中共中央发出由周恩来主持制定的《关于农村人民公社当前政策问题的紧急指示信》（简称“十二条”）。“十二条”规定：人民公社实行三级所有，队（相当于原高级农业生产合作社）为基础，至少七年不变；彻底纠正“一平二调”的错误；允许社员经营少量的自留地和家庭副业；从各方面节约劳动力，加强农业生产第一线；认真实行劳逸结合；整风整社等。“十二条”第一次正式、系统地提出在农村肃清“五风”的任务，这些政策得到了基层社员群众的热烈欢迎。1961年1月八届九中全会上通过了对国民经济实行“调整、巩固、充实、提高”的八字方针。毛泽东在会上号召大兴调查研究之风、恢复实事求是的作风。为了纠正人民公社化过程中的“一大二公”“共产风”“浮夸风”等极左倾向所造成的错误，1961年3月22日，中央工作会议通过了《农村人民公社工作条例（草案）》（下文简称“农业六十条”）供各地试行。在“农业六十条”将人民公社组织规定为公社、大队、生产队三级，明确了公社、大队、生产队的责、权、利；强调自留地长期归社员使用，自留地的农产品，不算在集体分配的产量和口粮以内，国家不征公粮，不计统购；允许农民到集市出售国家统购农产品以外的农副产品等。同年秋，中共中央又决定将基本核算单位下放到生产队。1962年9月，《农村人民公社工作条例修正草案》正式颁布，明确规定人民公社的基本核算单位是生产队，实行“三级所有，队为基础”，即生产资料分别归公社、生产大队和生产队三级所有，而以生产队所有制为基础。生产队实行独立核算、自负盈亏，直接组织生产和收益的分配。按劳动工分计酬，恢复社员自留地。在“农业六十条”颁布之后，“五风”危害受到抑制，农村的生产逐步恢复。

在“农业六十条”颁布的时候，东村有四个生产队，其中包括一个青年队（也叫技术队），张守果［人名］任青年队长。所谓青年队只是个名称，名义上它是一个突击队，可以试验新技术，采用新设备等，其实使用的工具和其他生产队一样，没有什么特殊的地方。从 1962 年开始生产队成为基本核算单位。首先把土地分级登记，划分一级地、二级地、三级地、等外地等，然后按照生产队的人口、户数多少分配这些土地。分配土地时，不是各生产队的土地零散混杂，而是大致按一片一片的区域分配。村前日十公路两侧的水浇地各队都想要，就抓阄。土地产权归大队，使用权属于生产队，生产队服从大队的管理，对大队负责。农具、耕畜等都按人口均分，每个生产队都有养牛屋，各自储藏本队的生产工具。社员自留地按人口分，一般标准是每人五厘地，个别户需要照顾就多分给他一点，或者地块质量不好就稍微多分一点。东村主要副业项目依然归大队统一经营管理，包括打红铁、弹棉花、磨粮食等。每个副业项目都有专门的会计，大队有一个领导分管副业，副业会计一般一月向大队会计上报一次，农忙的时候有可能几个月上报一次。大队党支部书记、大队长有时也会过问副业项目经营情况，大队会计就向他们汇报。大队副业收入不高，平均每年挣三五千元。山林没有分给生产队，大队选派两个人负责看山。春秋季节允许社员到山林拾草，砍点树枝烧火用。水库归大队所有，平时没有什么管理，防洪时领导要去巡视，发现有塌方渗水隐患的地方就派劳力修补。在“农业六十条”下来后，生产队也开始搞点小副业，譬如张守果大约在 1972—1973 年开始打白铁，他每天给生产队一块钱，队里给他记一个工。张守果赶集挣钱，每年上交生产队多少现金，剩下的归自己。生产队搞副业，挣钱多少都归生产队，参加副业的社员只挣工分。在 1962—1978 年期间，最好的生产队一个工日值四角钱多一点，少的也就值一角多钱。1962 年，生产队允许社员开垦小荒地，小荒地存在了一年多，以后又统统收归生产队所有。给社员的自留地不需要社员上缴税收等任何东西，但说不定什么时候自留地就被集体收回了。收回自留地的权力属于大队。

在“大跃进”后期，上级对村集体与社员的物资损失做了部分退赔，主要是退赔锅和鏊子。公社退赔的时候，先轧铁锅，原来从社员家里收来的铁锅碎片还堆在公社。曾经说如果爆发战争，这些碎铁片可用来制造手榴弹、地雷备战，或者制造机械等。结果，铁锅碎片没有做手榴弹，重新轧了铁锅。人口多的家庭给个大铁锅，人口少的家庭给个小铁锅，村民记得当时好像也稍微交了一点钱，这大概发生在1961年和1962年。牛鸿运［人名］是三合村人，“大跃进”时三合村被合并到东村，牛鸿运牵着他的一头水牛入社。1961年，三合村又从东村分离出去，在公社组织退赔的时候，牛鸿运从三合村来到东村找到会计丁权后，说他还有一头牛在东村账上，没有拨到三合村账上，想把钱要回来。丁权后就告诉他说：“你要什么牛钱？别人的山场、土地、牛等入社的多了，现在问谁要？你入社时佩都［人名］任大队会计，你向他要去吧。”牛鸿运后来又找丁权军讨要，没有要到。

表17　**东村统调锅、鏊退赔情况综合（1961年9月10号制）**

队别	统调锅鏊数						已赔锅鏊数						
	锅			鏊			锅				鏊		
	八人	六人	小计	八人	六人	小计	八人	六人	五人	小计	八人	六人	小计
一队	24	16	40	18	1	19	23	13	2	38	13		13
二队	14	23	37	20	1	21	12	29		41	8		8
三队	15	24	39	26	1	27	16	18	3	37	10		10
四队				6	2	8							
合计	53	63	116	70	5	71	51	60	5	116	31		31

表注：转引《马庄人民公社东村大队财务账》，东村文书档案长期卷11。

在“农业六十条”颁布之初，社员偶尔赶集。那时农村集市上卖的东西很少，只有白菜、萝卜等，没有粮食，没有精细的东西卖，国家严格控制食品销售。有几个卖鞋的，没有卖衣服的，也没有很多摊位。社员养鸡产的鸡蛋自己不舍得吃想到集市上卖钱，管理集市的人不允许。那时基本没有私人做生意，社员的普遍观点是：让个人赚钱那还了得！不仅生产队不同意，其他社员也会红眼。社员赶集需请假，到了农忙的时候，生产队长一般不批准。未经允许赶集，不仅不挣工还罚工，罚工没有限度，队长说了算。到人民公社中后期，市场逐渐活跃，老百姓可以到集市上卖点自己的东西了。赵玉妻记得当年和邻居一起赶日照集卖棉花，大家自带煎饼当午餐。生产队把籽棉按人口分给社员，社员把籽棉拿到大队机房弹成棉花，弹好的棉花自己不舍得用就拿到集市上卖，卖了钱可以给孩子做身衣服。生产队分配籽棉的标准一般每年每口人五斤。生产队收成好时，也曾一口人分到六斤籽棉。

1963年后社员家家养猪，主要目的是向集体投肥。每个生产队都有养猪场，养十多头猪。随着生产队经济情况好转，猪养得不错。生产队一年杀三次猪，即在七一建党节、中秋节和春节三个节日。每个生产队在七一节杀一头猪，中秋节杀两头，春节杀三头。生产队按人口记账分肉，社员不用交钱，猪骨头、内脏等都分给社员。村民记得，当时不像现在，现在人愿意买瘦肉，那时社员都不愿意要瘦肉，想弄点肥肉炼油吃，只有有头有脸的人才能多分点肥肉。

日照人习惯把东村向西一直到黄墩［镇名］这一片叫“日照西乡”，字里带一点“穷乡僻壤”的歧视意味。人民公社时期时兴西乡的村庄与海边的村庄结对子，互相合作，共同进步。西乡村庄产的红薯干多，海边村庄耕地少，缺粮食，但是有海产品。结对子的村庄可以互通有无，用西乡村庄的红薯干交换海边村庄的鲜鱼。每年秋冬季节，东村社员用独轮车把红薯干送到海边村庄，然后推着鲜鱼回来，全村分鲜鱼。因为吃鱼，还产生了一些广为流传的歇后语，如“权后［人名］喝老鼠鱼汤——放阵了”①“少山［人名］称鱼——高起来”②。有时候，公社会给东村一些沤肥用鱼的指标，即让东村到海边弄一些烂鱼回来沤肥。东村社员把鱼推回来后，把其中的好鱼挑出来分给社员，把烂鱼用来沤肥。

集体化时期是“泛阶级斗争化”的年代。任何一件刑事、民事案件，甚至一般的小偷小摸行为都有可能被扣上“阶级斗争”的帽子。与东村相邻的小村［村名］在人民公社中后期曾经连续三年逮捕了三个人。第一位被逮捕者是一个投毒分子，名叫丁仁［人名］，他的阶级成分属于地富坏分子。丁仁原来是名教师，因为出身不好，被开除了。他媳妇也因他成分不好离他而去，留下一个小孩。丁仁负责给生产队挖粪，对生活很不满意。那时日照县水利营住在他家里，为了报复社会，发泄私愤，他给水利营的食用面粉投毒。水利营吃了之后都中毒了，这在当时是一件影响恶劣的大事件。丁仁被抓起来后被判决枪毙。第二件是毒死亲夫案。小村一

---

① “老鼠鱼”是社员俗称，其学名为马面鲀。“放阵”的意思是“随便吃吧”，意指老鼠鱼汤做了很多，大家不用限制，尽管吃吧。

② 这个歇后语的意思是：生产队分鲜鱼，少山负责称鱼，人们就对着少山起哄，让他把秤高一点，这样可以多称些鲜鱼给社员。

个女人的丈夫闯东北了，这女人在家与另外一个男人相好。后来，她丈夫回来了，而且身体有病。这女人就和姘夫一起把她丈夫勒死了，案发后这女人被依法逮捕。第三件是打架斗殴案件，小村的佩智［人名］和别人打架，把人打伤，被批捕。东村在那几年因为没有发生类似的事情，治安状况良好，受到上级表彰。其实，东村也发生过社员晚上到生产队晒场偷粮食的情况，有的人被民兵抓了现行。丁权平时任村治安主任，一旦抓住偷粮食的社员，他的处理原则是只要社员把东西放下，治安人员就不声张。丁权平认为，抓住一个人不是一定要把他征服、把他整得很可怜才好。抓住人后，慢慢地给他说不能这样做，然后把他放了，这样他心服、老实。在这方面，东村的措施比其他村庄要轻得多。在丁权平任治安主任期间，整个村庄的治安风气不错。

二十五　集体化时期的生产劳动

学界一般认为：集体化时期农村社员普遍的“搭便车”行为，造成农村集体劳动“出工不出活”，生产效率低下。造成“搭便车”行为盛行的原因，套用奥尔森①等人的观点，主要是产权不清晰，缺少差异化的激励机制，缺乏信任与乐于奉献的文化氛围等。接下来，我们通过了解集体化时期东村农业生产组织管理的基本情况，更好地认识发生“出工不出活”现象的内在机理。

20 世纪五六十年代，东村的作物种类主要是红薯、䅟子、小麦，种少量的玉米和水稻。䅟子糠多，不是好粮食，但对肥料要求不高；红薯适应性强，产量高；玉米对肥料要求高，东村不能多种。在集体化时期，东村还建起了几座小型水库，打了大口井，有了水源保证，生产队建起了水稻试验田，也种旱稻。1961 年生产队给社员分了点自留地，后来又允许社员开点小荒地，社员早起晚归抽时间在自留地上种点花生、方瓜。社员耕种自留地，生产队分给一点农家肥。有些户还在院子挖个泼水坑，平日的剩汤剩水、烂叶菜根等扔到里面去，时间久了可以沤点肥料。社员多数养几只鸡，攒点鸡粪。自留地与集体土地不可避免地发生了争夺有限农家肥的冲突，村民总是偷偷地把好的农家肥施到自家的自留地，使得生产队的肥料更加短缺。当矛盾激化到一定程度的时候，大队就统一做出收回自留地的决定。或者把肥力已有很大改善的自留地收归集体，再另划地块重分自留地。村民记得当年自留地的政策经常变动：1961 年开始分自留地，不久生产队把自留地收回去了；后来又允许社员刨点小荒地，种了一年多，来了政策，把小荒地收归集体；又下来政策允许各户开垦自家祖坟周边的空地，不久又来了政策，把开垦的坟地收归集体；又来了政策，要求

① ［美］曼瑟尔·奥尔森：《集体行动的逻辑》，陈郁等译，上海人民出版社 1995 年版。

把地里的坟整平。

集体化时期的分配基本按人口、工分和投肥三者合计计算。俗话说，“庄稼一枝花，全靠粪当家”，生产队对农家肥非常重视，以至于集体化时期农家肥的收集及其质、量的测定都成了“技术活”。生产队抽调专门人力，组建淘粪队。刚开始直接称猪圈粪的重量，社员说这样不公平，因为猪圈粪的质量不一样，后来调整为根据猪的体重计算积肥重量。生产队一个月称一次各户的生猪体重，生猪每10斤折算1元猪粪肥款，如果某头猪体重是100斤，那么该猪该月积猪粪肥的折款额就是10元。但是，猪的体重超过150斤就不再称体重了，只按150斤折算。猪圈粪由淘粪队负责清理。人粪也用秤称，淘粪队先到这家粪池舀一粪勺称其重量，然后根据总勺数计算这家的人粪肥重量。初始时人尿社员是可以自己用的，后来人尿也由集体收起来。农家肥折款，不仅根据重量，也看粪肥的质量。有些投机分子往粪便里多掺土，其粪肥质量低，价格就低；有些懒人不正常推土垫猪圈，其粪肥质量也低；那些既勤快又诚实的社员的农家肥质量高，价格也高。从淘粪队的设置可以看出，集体化时期的生产组织及其分工达到了事无巨细的程度。生产队的项目多，分工复杂，淘粪队、饲养员、技术员、保管员等，占去了大量的劳动力，真正参加田间劳作的劳动力就少了。所以，那时社员感觉农活特别多，冬天还要刨地，鼓励“干到腊月二十九，吃了过年水饺就下手［干活］”，有些年份正月初二就干活，冬春不好弄庄稼了就建水库，一天没闲着，却依然缺衣少穿。

生产队的劳动作息时间没有准确的钟点，而是以天明、日落为标准。一天工作时间分10时，早上工作时间算2时，中午下午各算4时。虽然没有正式的规定，但在记工分、评工分的过程中，劳动力是有等级的。一个男性壮劳力，保质保量一天工作10时，可挣1个工（1个工=10分）。国家号召男女平等，同工同酬，但在实际运作中，男女仍然有所差别。一个女性壮劳力，保质保量一天工作10时，满分可挣8分工。以男女壮劳力为参照标准，其他劳力的工分等级根据其年龄、体质等因素相应调整。生产队给劳动力评工分，不仅考虑劳动力自身的等级情况，还要结合他当天的劳动完成情况。10分的劳动力如果不认真干活，干一天不一定挣10分工，可能评给8分或7分；相反10分劳动力干得很好，有可能给他评11分或12分工。如果实行包工，就根据工作任务定额劳动量，承包的社员完成工作任务，就给他（她）那些工分。包工定额工分数量由生产队长说了算，其他人没有反对的权力，谁看着合算谁干。生产队工分按月结算，如果社员要求公开账目，可以公布。一般谁挣多少工分自己心中有数，听到公布的数字没有歧义也就行了。生产队曾经使了几年工票，因为工票没有存根，那些负责管理工票的人有可能多发工票给关系好的社员，所以后来就不用工票了。多数情况下当天评工，遇到忙时可能第二天再评。生产队长有记工单和记工本子，一个月终了，这两样东西必须一起交给生产队会计，只有记工单没有记工本是不行的。通过这两个数据，把每个社员一个月挣的工分统计出来。社员如果感觉工分不对可以找会计问问，回想当天和谁一起干什么活，找队长核实。

集体化时期的生产组织，生产队长发挥着重要的作用。从人民公社的组织原则看，每个社员都是村集体的产权人之一，而集体主义要求保障每一位社员的经济生活。在这种情况下，生产队长该如何调动社员的劳动积极性呢？铁面无私的管理方式与注重人情的乡土社会不符合，难以赢得民心，也不一定具有可持续性；玩弄手腕、亲疏有别肯定抓不上生产。大队书记丁权军与生产队长丁权平介绍他们的工作经验：那时人的素质总体上低一点，队长怎么说他们就怎么干，主动积极干的情况比较少。总体来说干部自己的思想别出毛病，能够身体力行，以身作则，工作就好干一点。如果干部自己思想出了毛病，让别人抓着把柄，就不好开展工作了。为了督促社员出工，生产队要求社员每天几点钟必须锁门。干活时生产队长到各家看看，看到谁家不锁门就进去问问，问为什么不去干活？为了调动社员的劳动积极性，生产队有时实行包工包产，队委会找老农共同研究某块地该种什么，亩产该有多少等，一块地一块地地评估，一做就是很多日子，很麻烦。丁权平认为那时白费了很多力气，生产队没收着东西，社员生活水平也低。在当时情况下，社员即使对现状有不满，也不敢要求单干。有的人看见不顺眼的事情敢出头说话，敢与各级干部叫板，这些人属于犟头。大多数人很狡猾，干部说他听着，但还是按照自己的想法干活，所以生产队的工作干不好。有时个别人说的话严重一些，对大队、对生产队造成恶劣影响，社员人人都反对他说的话，这样的人要给予处分；一般的牢骚话对集体、对个人利益影响不大，则受不着处分。那时候怪话、牢骚话很多，到了人民公社后期更多。干部对社员的牢骚话也不听，就让他们说去吧，反正他们不主事，说了不算。干部对群众也经常讲阶级斗争，用阶级斗争、忆苦思甜排除歪风邪气。

丁权军评价集体化时期的生产劳动效率："劳力出勤不少，功效不高，为什么呢？反正天天干，下雨刮风都干，游荡着干，不出活。"［丁权军，040503］丁权军没有回答"功效不高"的原因，而丁权平的一句感慨之言道出了原因所在："比较而言，现在社会的变革了不得啊！可以说包田到户让老百姓真正发挥了有一分力发一分光的作用了！"［丁权平，050414］很明显，产权不清晰，多劳不多得，缺乏有效的激励机制等是导致集体化时期"搭便车"行为盛行的主要原因。虽然各级政府注重培养先集体后个人的无私奉献的集体主义文化，但是当长期的无私奉献得不到有效回报，甚至利益交换、"庇护"关系成为基层生活常态的时候，主旋律文化不可避免地与实际生活日生隔阂。参加集体劳动对很多社员来说，成为一种"仪式"性的活动，"出工"只是为了上演一出集体的"磨洋工"。那时公社的牟老师来东村蹲点，包一个生产队。她每天都到地里转转，看三个生产队哪个队出勤多。她说哪个队出勤多，人堆在一起，就是不干活，看起来也好看。生产队没有办法让社员提高劳动效率，却有办法让社员天天出工。部分村民对此现象有另一种解释："大跃进"要求深翻地，天天干活，早上干晚上干。白天干一天活，晚上接着开社员会，第二天晚上还开，天天开，念文件、报纸，怕社员干活不积极，怕社员晚上偷东西。

在集体化时期，东村的副业生产曾经达到了一定规模，与相邻村庄相比，算是副业发展比较好的典型。刚合作化时东村没有副业，在人民公社时期慢慢添置了粉碎机、磨面机、磨草机、弹棉花机等，还有铁匠铺、木工组等。人民公社时期大工具属于生产队，由生产队负责维修；镢、铁锨等小工具都归社员所有，社员负责修理；小推车是个人的，数量比较少。木工组是大队的副业，可以做小推车，谁要需花钱买，跟在集市上买一样。大队还有打石头组，但打石头组不常有，譬如在修水库时才临时成立。第三生产队还开了一间茶馆，属于生产队的副业。生产队购置了茶炉、煤炭、水壶等，安排专人烧水、卖水，卖水收入归生产队。当时有十多个水壶摆在那里，社员用钱买几个水票，一壶水一角钱左右。水主要卖给本村人，不是每个村都有茶馆，社员来买水主要因为家里缺柴火。虽然副业挣钱不多，但是对发展集体经济，方便村民生活，还是发挥了较好的作用。村集体的非农业收入主要靠副业，但副业收入只占大队总收入的较小比例，不够集体开支之用。人民公社时期东村的副业没有进一步发展壮大，不是当时的政策不允许，而是因为村庄的家底太薄，没有钱买原材料，没有钱上其他项目。铁匠铺打的铁器销路不是很好，因为其他村庄也穷，购买力有限。铁匠铺主要在麦收时打镰刀，秋收时打镢，这些东西都拿到集市上卖，会计跟着到市场上记账。集市上赶集的人不少，但那时有了供销合作社[①]，社员买东西大多到供销合作社买。丁佩杏 1957 年从部队复员回来，先在第三生产队担任一段时间保管员，接着负责管理副业。他记得，当时东村的副业可是远近闻名，大队有两台拖拉机，一台磨面机，两个铁匠炉，三台弹棉花机，两台轧种车，等等。副业赚钱不多，加工费低，给供销合作社轧一斤棉花只有三分加工费，主要是挣棉籽。那时账目要求非常严格，各级干部都有自己的权力，办什么事情，就找负责干部层层请示。受访的村干部都强调如下观点：当时村干部当中没有人敢乱花一分钱，不用支部监督，每个党员都能够自觉地站在党员立场上处理事情，上了党课得听党的，不能把个人利益搁身上，大多数党员能做到这一点。

---

① 服务东村的农村信用社、供销合作社均是在人民公社前建立。据《日照市志》载，“1954 年春，各区、镇都试办信用社。至年底，全县共建立信用社 118 处，入股社员 42447 人。1955 年底，全县 202 个乡全部建立信用社。”（日照市地方史志编纂委员会编：《日照市志》，齐鲁书社 1994 年版，第 397 页。）丁相凤记得：“信用合作社、供销合作社都是每个社员凑点钱投资办起来的。投资要动员，社员没有办法就卖点粮食和黄豆，卖点钱交上。［这些入股的村民］没有年底分红，供销合作社在逢年过节时总能在社员买东西时免几角钱。”［丁相凤，050417］

二十六　“闹造反”

1969年丁相玉从水泵厂下放回东村，那时村里正在闹“文化大革命”。东村时任大队长是丁权军，大队党支部书记是丁树栽，作为当权派的代表，这两个人已经被打倒，上级派来驻村蹲点的工作人员也要被打倒，村里造反派当家。东村的造反派成立了两个战斗队，号称东战斗队与西战斗队。东战斗队领头的是丁佩墩，西战斗队领头的是丁佩同。丁相玉刚回来不知道哪个战斗队是正确的，因为佩同时任民兵连长，而新中国一直强调党管武装，所以在丁相玉看来西战斗队应该是党的队伍，如是他报名参加了西战斗队。丁相凤时任大队会计，东战斗队与西战斗队都来动员他入伙，他坚持哪个派也不参加。

丁权后记得当时社会很乱，临沂地区革命委员会都搬到了马陵山上，整个公社不知分成了几派，派系之间斗争激烈。东村的仕建［人名，中农，日照师范毕业，时任公社初中公办教师］是公社某个派别的头目之一，“文革”中期被打成“右派”，还在公安局关了几个月。丁仕建从公安局释放回来后被剥夺公办教师资格，负责在村里淘大粪。东村的佩亭［人名］是红卫兵，据称外出到了南京；佩友［人名］是红卫兵，“文革”时到过北京，据说还见到了毛主席；大家都不知道他们这些话是真的还是假的。

那时候，造反派早晨起来游行，喊的口号是“打倒王效禹”［时任山东省委书记］。造反派曾经扎好了纸帽子准备给树栽游街，树栽听说这事后，跑了。丁权军被打倒后，在村里就不管事了，和普通社员一样上坡干活。一天下午，丁权军走在回家的路上，碰见丁佩墩，丁佩墩对他说，明天早上不要喝酒啊！丁权军一听就知道明天早上看来要把他游街了。权军回家就想，明天要游街，别的不说，这个冷要命啊！要戴着高纸帽子，手里还得拿什么东西，冷啊。第二天早上，权军早点起床，烧点开水喝了，然后拿着镢头上坡整地去了。过一会儿，远远望见庄里的造反派吵吵闹闹地来到他家。老伴对他们说，“他早就出去了”，他们又嚷嚷着离开了。等权军早晨干完活回到村里，看见墙上贴的一张大字报掉下来了。吃完早饭权军在庄里碰见佩墩，权军走过去说：“你去看看吧，大字报掉了，该贴的重新贴上去啊，可别说是我撕下来的”。佩墩说：“掉下来就掉下来吧。”不久，中央来了文件，不准戴高帽子批斗干部，这个事就过去了。

在村民看来，“文革”对东村没有造成多大冲击，村庄没怎么乱，“文革”批斗不像其他村那样打架，就是闹派性，晚上两个派别在一起“打嘴官司”（辩论），形式而已。

造反派当家持续一年多时间，然后农村开始落实政策，让原来的村干部官复原职，让党支部骨干成立党内核心小组，让权军出任核心小组组长，权桑［人名］任副组长。那时，树栽还没有站出来任村干部。“文革”期间，树栽在全体社员的批斗会上被宣布打倒，还戴着高帽子游街，自己觉得很灰心、失望。这么多年他为村里工作搭上了多少工夫，办了那么多事情，还挨斗挨批，他不想继续出任村干部了。上级让权军重新站出来任村干部，权军心里也不愿意，就在社员大会上说自己年纪大了，让青年干吧。造反派就在会上大喊，说他不虚心，还得打倒！权军心想：打倒就打倒，反正打倒也是种庄稼，不打倒也是种庄稼，你们要怎么样就怎么样吧。不久，“文革”平息下去，树栽、权军继续出任大队主要干部，领导社员发展生产。

二十七　集体化时期的分配与生活评价

经过了“农业六十条”之后的短暂恢复期，“三级所有，队为基础”的人民公社体制基本成熟并稳定下来。从此以后，东村村民的生产与生活进入了秩序化的轨道，直至实行家庭联产承包责任制。

1958—1961年全庄虽然分了生产队，但是由大队统一核算，那几年东村没有搞分配。“农业六十条”明确生产队为核算单位，各生产队在大队统一领导下，自主经营。具体来说，生产队各干各的活，收的粮食归各生产队，大队主要控制各生产队分粮的数量，确保队与队之间没有太大的差别。生产队一年的分配分预分和决分两部分。预分是春天预先做出分配方案：根据生产队的耕地数、劳力数，制定种多少种庄稼及各种庄稼的亩数等种植计划；然后预估粮食产量，预估全年工分数与投肥数，预估公社允许本年度社员口粮标准[①]；最后汇总数据，根据预估粮食产量、预估社员口粮标准，以及人口数、预估工分数、预估投肥数等，计算人口、工分、投肥等分配的粮食数量。然后根据这个标准，什么粮食产下来了，就分一部分，基本上按照人口分，其他的粮食存起来等决算时分配。秋收结束，各生产队的生产统计数据汇总报给大队，大队把汇总数据上报公社，公社据此决定该大队社员的口粮标准。然后，各生产队根据口粮标准，和一年来实际发生的工分数、投肥数、人口数等分配粮食和现金。决分时，原来的预分方案就不算数了，一切按当财政年度实际发生的数据为依据。生产队留有决分粮，前期分粮不足的家庭从决分粮里面找补，决分是一年分配的大头。秋季决分，要设置一个截工日期，截工日期以后挣的工分、投肥、投资等就算下一财政年度了。生丧嫁娶等与分配的关系也要规定。春天出生的人口分全年口粮，春天死亡的人口不分当年口粮；截止阴历九

① 人民公社时期，社员的口粮标准由公社评定，大队无权决定。

月三十日，在这个日期以后出生的人口，没有当年口粮，这个时候死亡的人口分全年的口粮；阴历七八九月出生的人口分配相应几个月的口粮，阴历七八九月死亡的人口相应取消几个月的口粮；嫁娶等类同。

预分方案一年制定一次。实际上，预分是生产队在上级要求下，在春季制定的一个全年粮食分配方案。这个方案仅是个形式，报给上级领导看而已，在村里基本上没有什么效力。年底决算，一年的所有收入退去成本剩下的余额根据人口、工分、投肥等按劳分配。那时一个最好的劳动力一年余 100 元现金就是很了不起的事情了，一般四五口以上的家庭是没有年底余钱的。只有那些三口之家，即青壮年夫妇和一个小孩，或者两口之家，只有青壮年夫妇，这样的家庭劳动力整齐，能有点余钱。社员家里缺钱一般从生产队借不到钱，干部也借不到，除非是那些真正有病灾的户向大队借钱，大队支部书记、大队长在条子上签字同意之后，会计、保管才同意把钱给他，借款数额登记到该家庭的往来账上。如果某人因为喝喜酒等人情往来向大队借钱，即使大队支部书记、大队长签字了，会计也不给他，会计得把关。生产队多产了粮食，经过公社评定，可以允许该生产队的社员多分配一点。其余的粮食要卖给国家，叫卖余粮。余粮年年都卖，不卖公社不同意。卖余粮的价格比出售公粮的价格稍高一点。卖余粮多了，上级会奖励生产队一些化肥等。

在“农业六十条”颁布后，大队支部书记、大队长、大队会计、大队保管等大队主要干部一直有工分补贴，生产队长、生产队会计等没有补贴。大队支部书记、大队长等大队干部平时属于哪个生产队就在哪个生产队劳动，但一般不给他们记工。书记、大队长的工分补贴数额需要大队集体研究决定，不能随便给。年底分配时，给他们补贴的工分数不是生产队的最高工分，而是按一个上等劳力的工分数给予补贴，365 天给 365 个工就可以了，不能给高了，或给低了。生产队长、会计等人的工分一般少不了，他们天天干活或者坐班，每天都是 10 分工，不用补贴。

人民公社时期，社员一般没钱、没料盖屋。如果社员盖屋，由大队批给他一处房盘。军烈属、转业、复员军人的生活由大队统一确定优待工分数，参加口粮分配，保障其生活高于一般社员的水平，所需费用从公益金中扣除。对五包户的保障其相当于一般社员的生活水平，给他们提供粮、菜、柴草等，一般也给点钱，从公益金中扣除。职工家属挣工分少，需要拿钱补足当年欠款才可以分粮，否则就先把粮食放在库里。职工家属也是拼命地挣工分、养猪攒粪，秋后还欠款。生产队长管着，职工家属交不上钱，就不给分粮。那时东村有五六个职工，职工工资大概是27块钱左右。对人口多劳力少的困难户，生产队先把人口口粮给他们分上，其当年欠款登记入来往账。生产队要照顾病灾户，给他们提高点口粮标准。民办教师、保健员按规定每年给他们多少工分，没有额外奖金，年终决算时与一般劳动力一样看待；如果他们闲时参加生产队劳动，额外记工。以生产队名义从事个体手工业的社员，生产队规定投1元或1.5元买一个工，他们给生产队投多少钱就给他们多少工。从事集体副业的社员，由大队和生产队给他们定下成本和利润，这个政策执行了一两年，后来改成给他们派会计，结果他们更不认真工作了，他们算计着只要挣出工分就行了。外出上学的学生假期回来参加劳动也给记工，一般都给学生定额包工，如一天捡多少花生就给记多少工，否则他们也不出力干活，学生也调皮。如果出现儿女不孝顺父母的情况，生产队直接把儿女的工分拨到其父母账上，父母参加生产队的分配。有些家庭实在缺少劳动能力，又不符合五保户的标准，就确定他们为“三定户”：定口粮、定工分、定差额。“定工分”要求他们一年需挣足多少工分；“定口粮”规定他们的口粮标准，比一般劳动力稍低；“定差额”是指如果三定户完成了生产队的劳动要求，大队给予其工分等的补助差额。

生产队每年提取公积金与公益金，公积金提取额一般不超过总收入的5%，公益金提取额一般不超过总收入的3%，固定资产折旧每年都提取。公积金主要用于集体扩大再生产，公益金主要用于五包户补助、教育、文艺演出等。公积金、公益金都有专门用途，不可随便使用。生产队经费紧张也不可动用公积金与公益金。另外，公积金、公益金只存在于账面，并没有对应的实物。大队的公共支出主要用副业收入，有时从生产队的公积金、公益金中提留一部分。大队以前的债务需要继续偿还，其他组织或个人对大队的欠款、欠物继续追要。大队规定社员每年承担几个义务工作为大队的基础建设用工，一般用于夏季防洪等零碎的事情。公社的公积金有部分从各村上交的农业税中提取，村里提取的公积金、公益金供自己专用，不用上交。在人民公社时期，生产队内部就像一个家庭，生产队之间基本没有往来，偶尔有互相借工具、种子等情况。生产队与大队之间的交往也比较少。大队负责分派每个生产队的农业税、公粮任务，只要生产队把交售国家公粮、农业税的任务完成了，大队与生产队之间就基本没有什么事情了。

在人民公社中后期，东村的分配原则调整为“人七劳三”。当时社员有牢骚，说劳力多的养人口多的。赵玉就尝到了孩子多而分粮食多的甜头：“你看劳动力多的家庭分粮食多，其实他们吃得还不如我，因为我孩子多，我有五个孩子。”［赵玉，050427］小孩出生就有口粮，孩子多而分口粮多，小孩饭量小，大人跟小孩沾光。劳动力饭量大，劳动力多的家庭就不够吃。但是，家庭收入光靠人口分配也不行，劳动力还要努力干活，尽量使自己挣的工分数超过一般水平。在当时情况下，“人七劳三”的分配制度对家庭的生育决策确实产生了显著的影响。

东村有三个生产队，生产队之间因为领导管理理念不同，在分配方面存在着明显差异。当时东村流传着一句口头禅：“三队穷，二队富，一队开当铺。”其意思是一队很穷，靠卖家当才能过日子；二队富裕，有计谋不说藏在肚子里；三队领导好大喜功，嘴巴能说，社员受穷。二队分粮食，分得最晚，总要把粮食晒干透，把杂质挑干净，社员分 1 斤粮食就是 1 斤净粮。另外，二队分 100 斤麦子还扣除 10 斤亏耗，分 100 斤瓜干扣除 20 斤水分，所有分的口粮都扣除水分和亏耗，草也多分，社员占便宜。三队打下粮食很快就分下去了，还没干透，土和杂质掺在粮食里一起分了。对比三队，二队社员沾沾自喜：二队分粮食即使不扣除水分也比三队强。一队分粮与三队差不多，一队的权军在晒场里看见花生被收拾得很干净，就说把秕花生也掺上一起分了。一个老汉抱怨说：人家上级说的“够不够，三百六”，是指干干净净的 360 斤口粮，不是掺土的 360 斤粮食。上级曾经要求各大队上报耕地数量，后来还用飞机来量地。一量发现东村瞒下了不少耕地，都是生产队瞒下的。二队会计佩都［人名］瞒下土地最多，一队相凤［人名］人很精明，瞒下土地也不少，只有三队一点也没有隐瞒。在部分社员看来，三队队长张守果［人名］等队干部量地实打实，有多少报多少，不知道耕地面积报多了社员口粮要吃亏。其他生产队都是耕地的边边沿沿不算，洼地不算，其实这些地收拾一下也都成了很好的耕地。

如何评价集体化时期的生活？在东村社员看来，社员生活自 1963 年秋才开始有点起色。从此后，没有太饿，也没有富裕，年年月月都差不多，一个劳动力一年挣三百二三十个工，总工值一百多块钱，一个工值两三毛钱。不过当时物价也便宜，红薯干七分钱一斤，小麦一角二分一斤，玉米每斤一角、大豆每斤一角多。生产队收粮食少，而且国家规定无论产量高低，一人一年吃小麦不准超过一百斤，多产的粮食卖给国家。丁佩源记得三队从来没有达到过这个标准。国家规定每人每年分十二斤花生米用来榨油吃，不准超额。“文化大革命”时期宣传割资本主义尾巴，社员自己做点事就说是资本主义。一口人只允许养一只鸡，大队晚上组织人摸鸡窝，数鸡等数量。丁佩源家四口人多养了一只鸡，被罚红薯干七斤。当时宣传宁要社会主义的草，不要资本主义的苗，资本主义再好也不行。丁佩池记得，白天干，晚上干，一天工分值两角五分钱，布票一年三尺三，别想做件衣服！那时，夏天男人披着蓑衣当衣裳，冬天有的人还盖着蓑衣。村民喜欢把集体化时期的生活与现在作对比，一致认为那时候没法和现在比。一提起以前就说那时吃的是什么！人被束缚得太厉害了，赶集得请假，而且请假还不批准。村民记得那时经常开会表扬井沟［村名］生产搞得好，上级批准其人均吃六十斤麦子，这在当时好像是不得了的事情一样。把它跟现在比较，它算得了什么？现在人均一千斤麦子都不止！

二十八　集体化时期的村干部

村干部群体是农村的一个特殊阶层，不同历史时期的村干部的行为特征、价值偏好等都有比较明显的差别。如何评价集体化时期的村干部？村干部如何自我评价？在村民眼里，集体化时期的村干部又是怎样的形象呢？

在集体化时期，社干部由社员大会选举产生，村支部成员在上级党委领导下由村党员大会选举产生。绝大多数村民对集体化时期的主要村干部（丁树栽、丁权军、丁相凤等）评价较高，认为他们都是好干部，把集体的日子当成自己的日子过，都不贪钱，没贪点东西，当时也没钱可贪。村干部可能吃得比社员好一点，用钱稍微宽裕一点，但都比较公正。在集体化时期，一切分配需经过会计，大队会计加生产队会计共有三四个人，村干部受层层监督，没发生用公款大吃大喝的情况。丁仕堂［人名］在“四清”时进了村支部，他记得那时的干部干工作不讲条件，在社员家吃了顿饭，来了运动还要退赔。譬如村干部主持社员分家，分完了主人邀请吃顿饭，来了运动必须退赔这顿饭钱，权军、树栽都受过退赔。群众及上级对村干部的监督作用也很大。那时生产队搞建设，如果干活的社员问保管要包烟抽，保管经不住他们要，买了一包烟。别看是公用，如果生产队会计不给他下账，保管就得自己出这包烟钱。在1963年之后，上级一年组织两次查账，春天查和秋天查。一般是片下通知，东村的贫协组长从村里找几个人帮着查账，上级派几个人来，类似于现在的“审计组”，不过当时还没有这个名称。

村干部外出参加会议自带干粮，喜欢喝酒、喝茶的人自己花钱买。大队干部有支部书记、大队长、大队会计、民政主任等，生产队干部主要有生产队长、生产队会计等。丁相凤感叹：那时候当村干部，都要正儿八经地在队部工作，需要点煤油灯处理当天事务，晚上很晚才回家。那时候的饭不容易吃啊！办社的公共开支，初级社时一个村的管理费一年四五十元，会计办公经费一年不准超过30元，也就是买个蘸笔、账本子可以报销，办公用的钢笔都不准买。生产队长多数情况下由大队支部安排，也有经生产队社员大会选举产生的时候，但生产队会计除非犯错误，否则一般不更换。会计的专业性较强，需要经验积累，一般人干不了。大队书记与大队长也不轻易换，合作化以来一直没有换过，只不过在“文革”时期把大队长、书记打倒了。

集体化时期东村村干部积极响应上级号召，带领村民抓革命促生产，成为远近闻名的先进村，赢得满屋锦旗。对此，现在村民回想起来，颇有微词。不少村民认为，人民公社初期，东村社员没得吃，大队缺粮食，连花生种都留不出来，主要因为大队干部好面子争先进，向上级虚报产量，结果上级随之提高征购粮数额，东村的家底被彻底掏空了。丁权布记得，他老家门前大路边晒场建了很多红薯干囤子，像山一样，那些红薯干全卖给国家了。东村一时名声大噪，但是，卖完粮食，老百姓没得吃了，受了几年罪。如果不那么挣脸，老百姓日子或许还好过点。权石［人名］当时就说话调侃：“没有吃不可怕，还有马家店［村名］嘛。”[①] 马家店不争荣誉，不虚报产量，卖完公粮后村里粮食依然宽裕。丁权布用了一个很形象的比喻：当村干部，各人有各人的风格，就好像居家过日子一样，有的人顾念家里，有的人只顾面子不顾家里的老婆孩子。东村就是只顾面子不顾老婆孩子吃饭嘛！回想起来，东村就是吃了处处争先进的亏！那时候，上级召开现场会就选择东村。马家店村支书来东村开现场会，跟东村的社员说话调侃：“你看，你们挣那么多锦旗啊！”

丁相凤在“四清”时接替丁权后任大队会计。1957年，丁相凤初中毕业，秋天到两城［乡镇名］挖河，1958年到日照水库当司务长，负责从夫子村要粮运粮，照应100多个人吃饭。这100多人不属于同一个村，但属于一个连队。后来相凤又受公社派遣，到皋陆［村名］的水库建设物资供应站和培见［人名，山字河村人］一起工作了几个月，主要是把从各村收来的煎饼批发给水库的各个连队。水库未完工，他又被公社选拔到日照红专学校学习，可是不久学校关闭了，相凤重新回到东村。1959

① 这句话字面意思是：“马家店没有虚报粮食产量，所以村里有粮食，东村缺吃的可以到马家店借。”其实这句话是反语，批评东村干部虚报产量，把粮食全卖空了。

年，丁相凤回村后开始帮着权后（时任大队会计）算账，后来任生产队会计。“四清”时，上级来东村查账，发现权后账目有点问题。权后被叫到公社说明情况，由佩同出任大队临时会计。权后在公社办公室吓得直哆嗦，相凤就对他说：“你害怕什么？有事情就交代，没有事情不要乱应承。”事后证明，权后没有错误，没有贪污。相凤与彦机［人名，生产队会计］给权后清账，发现账上少了30元钱，但保管管理的现金不缺。原来，那30元钱是树栽卖了一只老母猪的钱，权后没及时把它记到账上，现金放在保管那里。另外三队的一个旧茶水炉子卖了17块钱，权后没有把它放在收方，而是放在付方了。这就是查出权后账的事情。这之后，公社要求撤掉丁权后的职务，一位姓陈的工作人员动员相凤出任大队会计。丁相凤说：“权后是中农，自己也是中农，那自己干跟权后干有何不同?”陈姓工作人员说：“大家伙都评论你行，你非干不可。”上级动员了好几次。丁相凤任大队会计后，有的社员说：“东村的会计怎么都让中农干?”当时就有人想把相凤从大队会计的岗位上推下来，只不过因为别人干不了这个工作而作罢。

从整体上看，东村集体化时期的村干部都是好干部，但不同村干部的性格特征，以及工作风格等，也会影响村民对他们的评价。多数村民认为，树栽性格温和，好面子，脾气好；权军性子急，要求严格，脾气有点坏。丁权军做的一件事曾经惹恼了丁权后。丁权后与学南的儿子相熙［人名］交情不错。相熙到枣庄煤矿工作后，权后曾写信让他寄几本故事书看，相熙给他寄来一摞马列书籍。有一次，相熙来信让权后帮着问问村干部，他爸爸是什么原因被砸死的。权后就向权军说了相熙委托的事情。权军听后眼一瞪，说“他要翻案?”权后就不敢再吱声了。在落实政策时，大队把相熙家的成分改成中农。后来，相熙娘从枣庄回来东村，她家原来在南山上有点林场，她就带着几个人去南山伐树。人民公社后南山所有林场已经收归集体，于是大队开会批判她，要把她的成分改回富农。又过了几年，枣庄煤矿来了两个人调查相熙，把权后、权军叫到佩墩［人名］家，问相熙是否来信问他爹是怎么死的？权后说有那回事，相熙只是问问，没有翻案的意思。权军就说相熙来信是想翻案。就为这事，相熙在外面受罪更厉害了。从这件事上，权后认为权军很坏。另外，当时一些外部机构调东村的人外出工作，很多人因为受到权军的阻挡而没能出去。如相熙从枣庄回来后，上级要安排他工作，权军就是不放，相熙没有办法只得去了东北。

对于丁权军曾经有阻碍本村青年外出工作的行为，丁权布也颇有微词："我入党算是比较早的，在 H 镇也不算晚。我虽然不当干部，但东村所有当干部的事情，我从没有例外，我都知道。在工作中我顶撞过权军很多次，有些事情我就是看不服。权军年轻时脾气暴躁，人家叫他'毛三枪''张飞'。这些年夏天在外面乘凉闲谈，有人说东村在外边工作的人不如别村多，说李家洼［村名］在外工作的人就比东村多很多。我说，村里有的青年有能力、有文化，就是因为成分是中农，村里不用，宁用无文化的贫下中农也不用中农。学南［人名］的三个儿子下放回村，是亦工亦农下放来的，枣庄来信要调他们出去，村干部不批准。一段时间强调贫下中农管理学校，树栽还去管理了一阵，不识字的相君［人名］还去教了一阵，有文化的仕锋［人名，中农］不用，就是干部不允许嘛。我就说权军'你一个人把这个庄卡死了，人家李家洼只要外面来调人，不管是地主还是富农成分都让出去'。'不管地主还是富农只要走革命路线怕什么？谁出去还会忘了咱这个村呢？'东村相凤［人名］、玉芬［人名］等有文化的青年，上级来调了多少次！上边要调他们出去工作，权军就说他们是中农，不放。当晚，权军听我这么说，感觉很尴尬，追着我问他不让谁出去了？我说这就是闲聊，何必认真？你实在要追问，我不说远的，就说仕锋吧［仕锋与权军还是近房亲属］，外面来调他多少次？为什么权军不放这些人出去？原因有多方面，其中多多少少有点私字在里面。权军把大儿子佩旺［人名］往公社安置了好几次，都不行，没文化；权军二儿子相华［人名］被安排到公社副业岗位工作。如果当时村干部放松一点管控，东村还能出去一些人。结果，东村只放出去了成刚［人名］，成刚后来在县直单位当工人。马家店［村名］、李家洼有多少人在外面工作啊！当干部的遇到事能瞒糊就瞒糊过去，何必太较真！小曲河［村名］仕章［人名，时任大队支书］在村里说一不二，他儿子是县副书记。他村一个姓孟的负责给生产队养牛，被仕章气得敢怒不敢言。这个姓孟的也厉害，竟然给仕章水缸里投毒。多亏发现得早，仕章被救过来了。但是，仕章并没有兴师动众报复，反而继续提拔这姓孟的养牛。你看，仕章的水平不就高了！人啊，不管做什么工作，太实在了也不行啊，该松时也得松啊。那时缺干部，外调的人很多啊。再说，东村是革命根据地，外面也相信这里的人。就是权军卡严了，树栽是老好人，谁也不得罪。这个事不对，以前我在支部会上也说过这事，但讲不过去。”［丁权布，050414］外面单位多次调丁相凤外出工作，村干部不放，使得相凤一辈子只能待在村里：“外面调我出去工作，村干部不让走我能有什么办法？后村粮所的所长亲自来调我几次，有消息大队长不跟我说，也不放我。我和培见［人名］在皋陆一起工作时，他就发现我账目很好，亲自来东村调，村里不放。东村比李家洼、西村［村名］少出去很多人啊！李家洼在公安局的人就很多，几乎哪个市直单位都有他们村的人。咱村怎么说呢！咱村和外村不一样，也不仅仅是出身问题，就是不放。”［丁相凤，050417］

管理一个村庄几百口人，不是一件容易的事情，所谓众口难调。村民在整体肯定集体化时期村干部的同时，也对他们提出一些批评意见。村民反映，树栽、权军为了挣脸，把东村的粮食送给其他村。而当生活最困难的时候，权军向小曲河［村名］仕章要了100斤高粱自己吃，其他村的干部也给了树栽一点粮食。村民认为这有假公济私的嫌疑。权知［人名］当生产队保管员，乘职务之便，从仓库往家偷粮食，家里什么吃的都有。他大闺女出嫁了，家里就剩老两口，权知把粮食从仓库偷出来，女婿来拿回家，烙成煎饼再拿来。社员知道权知偷着从仓库拿东西，但没有办法。

正如事物都有多面性一样，生活在村庄“权力的文化网络”① 之中的村干部，不是六根清净的道德完人。村集体对村庄经济、政治、文化等资源的垄断，客观上赋予了村干部相当大的支配这些资源，乃至干预村民个体生活的权力与便利。因此，集体化时期的民主监督问题特别突出，受到中央高层的高度重视，针对村干部群体的社教、整风等运动从未停息，并从整体上保障了这一时期的村干部群体在思想上与中央保持高度一致，在行动上做到廉洁自律。

树栽、权军都是抗战时期的老党员，他们忠诚于党的事业，在全公社率先建立起了大队食堂，不惜让村民饿肚子也要超额交售国家公粮，“挣了一屋子锦旗”。对于村干部的这种行为，虽然不少人颇有微词，但大多数村民皆表示理解：“在那个时候，上级怎么指示就怎么干，怎么下命令就怎么办，否则就犯错误。”［丁相凤，040504］现在看来，干部这些行为不仅使东村村民饱受困难时期的饥馑之苦，还使不少富农、中农出身的

① ［美］杜赞奇：《文化、权力与国家——1900—1942年的华北农村》，王福明译，江苏人民出版社1994年版，第205页。

青年失去了外出工作的机会，成为时代的牺牲品。在充分肯定这一时期村干部群体对上级尽职尽责的同时，亦不可回避个别村干部有“挟公权发私威”的狭隘意识。虽然个别村民的言辞可能过激，例如“那时谁主事谁撑死，谁不主事谁饿死”“权明就因为是树栽的过继儿子，才当上队长的”等言说，但是这也说明集体化时期假公济私、裙带关系等现象不同程度地存在。特别到集体化后期，随着干部更替，村级管理中的不正之风有愈演愈烈之势。

东村村干部的工作作风在“文革”后发生了重大转变，“基本上可以说‘文化大革命’之后，一些事就没人管了，逐渐地卡不住了。支书乱花公款，会计无权管。‘文化大革命’之后村庄的事情就是书记说了算了，就实行实报实销了。”［丁相凤，050417］村干部工作作风的转变与中国经济社会从人民公社体制向市场经济体制的转型基本同步。丁相玉是处于这个转折期的主要村干部之一。1964年，丁相玉时任村青年书记，由村支部推荐参加“四清”运动。他同县委书记牟步善、组织部长郭常芳等人属于一个工作队，工作队有30多个人，其中丁相玉和县文化馆馆长，还有两城［公社名］一名青年书记三人属于一个小组。他们先在临沂市陈湖大队工作了半年多时间，与农户同吃同住同劳动。在这里，丁相玉觉得自己文化水平不高，说话办事能力有限。第二年工作队回日照县在城关七里河子［村名］又干了一年。丁相玉于1965年在七里河子入党，入党介绍人之一是名海军排长，另外一人是城关的老村干部。那时入党要求很严格，除了部队就是“四清队”要求最严格。第二年搞完社教活动，上级把丁相玉分配到县农机公司当合同制工人。“文化大革命”开始后，一切都乱起来了，工厂一方面不能正常生产，另一方面开始下放人员，丁相玉被下放回村。为什么下放他而不是别人呢？丁相玉认为主要是自己对工作太实在了，一方面积极肯干，另一方面积极提意见，这样厂里的小组长对他就不满意了。当时，和他同是“四清队”队员的另外一个人，因为嘴巴甜，会说话，就没有被下放。丁相玉回村后，村干部安排他在村医疗所做保健员，原来的保健员翠芬［人名］出嫁了，由他接着干，一直干到1979年。在相玉之前，东村已有佩景［人名］、翠芬两任保健员，但他们水平都一般，就是给社员拿点药，没有干出什么名堂。在相玉做保健员的时候，农村医疗开始步入正轨，每周都有赤脚医生例会在乡医院召开，汇报情况总结经验，除此之外还经常组织培训学习，一年中要求学习一个月或者一个星期。刚开始，相玉没有一点医疗基础，他觉得培训学习有用，自己的医疗知识全是那时学来的。农村有了赤脚医生后，医疗水平提高了。相玉成了东村片各村赤脚医生的片长，打防疫针等都由他负责。在大队从事保健员工作的报酬是挣工分，与10分工的劳动力相同，按天计算，另外每天还多1分工，因为晚上他还要出诊看病，公社不给任何待遇。像保健员这样在大队里挣工分的人，他们的工分由三个生产队平摊。不管刮风下雨他都按日计工，劳动力有可能在刮风下雨天就歇工了。医疗所的药材由大队出钱到后村按批发价提货，批发价加15%就是零售价。群众不舒服自己拿钱买药，后来搞合作医疗，社员看病不要钱。当时搞合作医疗，提倡少花钱治大病，不花钱治小病，大队组织挖中药，保健员学习下针拔罐子。那时老百姓思想好，不多拿药，小病一般不拿药，很少打吊瓶，一般病吃几片药就好了。青霉素、链霉素都不充足，每月每个村庄分几支。搞了两三年吃药不要钱后又开始需要付费了。医疗所的利润空间就是那15%的加价，还要用来买煤油，买酒精，医疗所财务由大队会计负责办理。1979年就要开始实行生产责任制了，村支部改选，丁相玉被选为党支部副书记。那时上级号召为人民服务，保健员上门打针，还要回访。丁相玉想一心不能二用，要干书记就把它干好，于是辞职不干保健员了。他从1979年开始出任村干部一直工作到1993年，干了14年，最后没有办上退休，上级只给他搞了一次性退职补助，补了1000多元钱。丁相玉现在有些懊悔，真不如当年一直干保健员！丁相玉任东村支部书记有3年多时间，那时农村支部两年换届，他差一点就任满两届。1984年上级号召干部年轻化、知识化，干部不能满45周岁，要求老干部让贤。上级开会有那样的引导，丁相玉觉得应该跟上形势，就在支部会上说“东村有三个退伍兵［少军、佩义、仕金］，都是高中毕业，应该让他们干”。于是，少军［人名］出任村支部书记，相玉任支部委员。相玉总结自己这一辈子，虽说没有为共产党干出多大的成绩，但真的一点没有偷奸耍滑。

十一届三中全会拉开了以家庭联产承包责任制为主要内容的农村改革的序幕。1981年东村把三个生产队分成六个生产队，各队人口大体相等。全村土地分成湖地、村后地和岭地三种类型，每种类型的耕地再划成两等份，然后使用抓阄的办法将土地分到各队。1982年春，东村在生产队的基础上实行口粮田和责任田的双田制，包田到户。干了不到一年，村民嫌土地不均匀，就把全村的土地打乱重新分配。刚开始分地的时候，谁分地多了还骂人，他认为分地多了交售公粮任务就多。单干头一年老百姓收入增长明显。单干头两年，大队还有点家底，用集体家底统一交国家税收。丁相玉辞掉支部书记的 1984 年，村集体没有欠债。过了几年，什么东西都多出来了，集资比税收多出好几倍，农民负担逐渐成为热点问题。

附录一　20世纪村落家庭结构、家长权威与家庭生育的变动*

新中国成立六十多年来，中国乡村家庭结构、家长权威与生育观念已经发生了显著变化。李若建指出，“中国文化中重视整体轻视个体是一个突出影响中国人口行为的因素”①。李银河在《生育与村落文化》一书中也做出如下总结：“中国人的生育观念之所以与西方人的生育观念有极大区别，是因为中国人的生育基调是以家庭为本位的，而西方则是以个人为本位的”②。本章就20世纪村落家庭结构、家长权威与家庭生育的变动关系做些考察。

一　家庭规模与村落家庭结构

在中国宗族宗法制度的发展进程中，宋儒理学的贡献是一个转折点。宋儒把孔孟的“孝”“睦”结合起来，强调“孝悌忠信、敦厚和睦”，形成其以“孝睦”为核心的家庭伦理，并把孝睦伦理引申到政治领域，延伸到累世同居共财及同族之间在经济上的互相协济。一般认为，宋代以后，累世同居的大家庭纷纷出现。③

大家庭是与私有制经济制度有密切关系的家庭形态，是兄弟婚后和睦相处的典范，备受正统观念推崇。但是，王跃生指出：“目前学者对传统时代中国家庭结构的认识，有一点是较为一致的，即历史上被人们推崇备

* 本章文字最早发表于《山西师大学报》（社会科学版）2007年第4期。

① 李若建：《人口行为与文化差异》，载阿让·热·比松编《狮在华夏——文化双向认识的策略问题》，中山大学出版社1993年版，第216—223页。

② 李银河：《生育与村落文化》，中国社会科学出版社1994年版，第135页。

③ 李文治等：《中国宗法宗族制与族田义庄》，社会科学文献出版社2000年版，第35页。

至的累世同居大家庭，并没有成为民众的普遍选择，更多的家庭居制是围绕父母、祖父母，或者自身与子女组织起来的两代和三代家庭。”① 王跃生曾以中国第一历史档案馆所藏刑科题本婚姻家庭类档案为基本资料，分析 18 世纪中国的家庭结构。根据这项研究，复合家庭为 6.75%，直系家庭为 30.47%，核心家庭为 57.02%，单人家庭为 4.53%，残缺家庭为 1.23%。依照其个案汇总结果，传统社会的复合家庭（实际是大家庭的主要类型）并不占较高比例，而是核心家庭占主导地位，直系家庭也是重要的家庭形式。②

言心哲在《中国乡村人口问题之分析》一书中，汇总整理了 20 世纪二三十年代社会研究者在中国北方乡村所做的家庭与人口调查数据（见表 1）。在表中，每家人口数以四口者最多，占总家庭数的 17.71%；其次是五口之家，占 17.05%；再次是三口之家，占 13.70%；第四是六口之家，占 13.58%。据言心哲汇总数据，各地家庭平均人口数为 5.26 人，人口数最多一家有 65 口，属定县。③

表 1 中国乡村每家人口数举例

人口数	1	2	3	4	5	6	7	8	9	10	11	12	13	14	15	16	17
户数（户）	641	1635	2907	3750	3611	2876	1933	1236	778	560	396	248	154	112	86	137	119
百分比（%）	3.03	7.72	13.70	17.71	17.05	13.58	9.13	5.84	3.67	2.64	1.87	1.17	0.73	0.53	0.41	0.65	0.56

在文中，言心哲还指出，“据乔启明先生之观察，中国乡村大家庭制度逐渐崩溃，而小家庭制日渐发展（乔启明，民国二十一年）。大体说来，中国乡村家庭田亩愈多的，经济状况较好的，其人口数亦愈多，反之，其人口数目亦较少。近年来，农村破产者日多，经济状况远不如昔，由此吾人可以推知，中国乡村家庭人口数目有日减少之趋势。”④

① 王跃生：《华北农村家庭结构变动研究——立足于冀南地区的分析》，《中国社会科学》2003 年第 4 期。

② 王跃生：《十八世纪中国婚姻家庭研究》，法律出版社 2000 年版。

③ 言心哲：《中国乡村人口问题之分析》，载《民国丛书》第三编卷 16，上海书店据商务印书馆 1935 年版影印本。

④ 同上书，第 12—13 页。

20世纪上半叶的东村，饱受战乱动荡之苦。关于新中国成立前东村的详细家庭结构情况已经无从查考，现在只有1947年与1949年的村庄人口数据（见表2）。可以看出，东村1947年的平均家庭人口数是5.37人，与言心哲汇总的家庭平均人口数5.26人相差不大，与王跃生认为的农村家庭人口数平均五口左右基本相符①。可以推断，新中国成立前东村的家庭也应该是以核心家庭与直系家庭为主，复合家庭、单人家庭和残缺家庭为少数。与村庄老年人的访谈证实了我们关于村庄复合家庭比例数的推断，当时全村250户，有复合大家庭14—18户（复合家庭，指由父母和两个以上已婚子女及其配偶、未成年后代所组成的家庭），家庭规模都是20人左右，多为三世同堂。到1955年，东村还有两户复合家庭。②

表2　　　　1947年、1949年东村总人口与总户数

年份	总户数（户）	总人口（人）	户均人口（人）
1947	246	1322	5.37
1949	250	1326	5.30

二　复合家庭与家长权威

尽管东村的复合家庭数量不多，但拥有一个“家大业大”的大家庭却是当时多数村民的梦想。“办合作社前，多数人家讲究家大业大，一个大家庭在一起过，在别人眼里很光彩。”［丁佩源，050818］“都愿意家庭越大越好，一大桌子人一起吃饭，当时兴那个，谁家分家别人还笑话。”［丁少子，050415］“地主不分家，怕别人笑话。分家被别人就笑话死了，当时就那么个社会。”［安玉玲，050507］“大家庭好，分家是丢人的事情。”在新中国成立前的东村成为风气，不管是穷人，还是富人，都把大家庭看作治家有方、家道振兴的标志。

笔者认为，在强调旧时村落维持大家庭主要是受传统文化强烈影响的同时，也要考虑大家庭有其存在的微观经济基础：第一，农业生产劳动具

① 王跃生：《华北农村家庭结构变动研究——立足于冀南地区的分析》，《中国社会科学》2003年第4期。

② 丁少茜一家11口，丁权杭一家12口。（东村文书档案1955年永久第1卷）

有时间紧、强度大的特点，在农忙季节需要多人协作，大家庭可以统筹安排自己的劳力，省去多户联合成立组织的成本；第二，大家庭有较多的土地和足够的饲料养得起大牲畜；第三，在早婚早育的婚育模式下，很多刚结婚的年轻人独自扛不起家庭的担子，大家庭对他们有庇护功能；第四，在动乱年代，大家庭对家庭成员具有更大的保障功能和抵御各种风险的能力；第五，房屋对分家的制约作用。若要分家，还要面临是否有房可分；若无房可分，新盖房屋或购买房盘对多数家庭来说都是一笔沉重的负担。正如安玉玲所说："地主分家行，他又不分，穷汉怎么办？穷汉生一大群儿子，没有屋，他分到哪里去？我亲眼见的三个儿子三间屋，分家，一个儿子一间屋，父母没地方住只能在院子里搭个草棚子，死在院子里。"［安玉玲，050507］

费尔德曼（Freedman）认为，在传统的中国社会，父母与几个已婚儿子所组成的复合家庭是人们追求的理想家庭模式，人们希望大家庭能够世代延续，姓氏永远传递下去。家庭和家族的规模也被认为是决定其社会地位和社会影响的重要因素。然而在现实社会中，只有一部分家庭能够实现和保持这种理想大家庭模式。因此，绝大多数家庭是一种理想大家庭和由于贫穷与家庭人口结构原因等导致的现实之间不可避免的妥协。[①] 科肯（Cohen）指出，造成中国传统家庭理想与现实之间差距的主要原因在于，父子几代同居、世代相传的联合大家庭只是人们理念上的"终极期望"（ultinate aspiration），而与家庭经济和社会处境有关的家庭"实用管理"（practical managament）才是决定现实社会中家庭经济安排和家庭再生产的实际因素。[②] 以上两位学者都注意到了复合大家庭对农民的文化功能，也分析了农村只存在少量复合大家庭的现实原因。但他们对维系村落复合大家庭存在的要素结构却语焉不详。

新中国成立前的东村一直是一个比较穷困的村庄，"在咱庄里没有像样的大财主，有三四十老亩地就不赖了。"［丁权军，050319］"咱村没有地主，真正的富农其实也没有，划分成分时咱村里只分两个阶级，一个是富农，一个是贫下中农。咱村的富农在其他村里也就算个上中农"。［丁

① 李树茁、靳小怡、费尔德曼：《中国农村子女的婚姻形式和个人因素对分家的影响研究》，《社会学研究》2002年第4期。

② 同上。

权布，050414］东村的十多户复合大家庭，显然不是“高官巨贾之家”，甚至也达不到王跃生所认为的“中等以上”生活水平。就是在这样的穷村，还有 14—18 户复合大家庭。农民维系复合大家庭既有价值追求的目的，又有现实经济的考虑，但以哪个因素为主呢？从访谈得知，复合家庭内部存在巨大内耗，主要靠父母的力量、特别是婆婆的权威才得以维系。[①]

“大家庭的维持主要靠婆婆的权威，能把几个媳妇团结在一起，不是很容易的。”［丁佩源，050818］“在大家庭里面，你有心眼你抠点，我有心眼我挖点，就那憨的在里面生闷气就气死了……有些大家庭三辈住在一起，这样老婆婆妯娌之间就合不上一块了，各窝顾各窝。虽然这样，掌勺的［指当家的婆婆］卡着，就一锅饭，按人口分饭，各窝也不能怎么样。［可是］这样老祖就非常操心，非常累。只要老祖能管住子女媳妇，老祖在就不能分家，只有等老祖死了，妯娌公开吵架了，家势必也要穷了，弟兄们在一起实在合不下去了，这才分家。”［安玉玲，050507］“不分家在一起也是受活罪。说什么大家大口好，其实那样的户也不多，一般也就分开了。”［丁权后，050417］可见，东村村民在新中国成立前维系大家庭主要并不是出自家庭经济利益最大化的现实考虑，而更多是价值理性[②]作用的结果。

三 复合家庭与生育

黎小龙在《义门大家庭的分布与宗族文化的区域特征》一文中指出，聚居的宗族组织（家族或家庭）都是中国封建宗族文化的实践者、传承者。几十数百，乃至上千人的累世同居大家庭，不仅是封建宗族文化主要的载体，而且朝廷的旌表、礼教的宣扬、社会的钦羡，又使义门同居大家庭成为以孝义为核心的封建家庭、家族的楷模，对社会产生极大的影响，从而决定了义门同居大家庭在历代封建宗族文化中的特殊地位及其主导

① 王跃生曾指出复合家庭维系主要依靠父亲权威。参见王跃生《华北农村家庭结构变动研究——立足于冀南地区的分析》，《中国社会科学》2003 年第 4 期。

② 社会学领域对“理性”展开系统探讨的经典大师首推马克斯·韦伯。卡尔伯格（Kalberg）把韦伯的“理性”归纳为四个类别：实践理性、价值理性、理论理性与形式理性。

作用。[①]

对于贫穷人家的复合家庭来说，维系大家庭并不是其实践理性作用的结果，主要出于价值理性的追求，由此可以看到中国传统文化对村民的作用力。大家庭是中国传统家族文化的实践者、传承者，东村的复合家庭对家庭生育的影响主要表现在如下方面：

第一，既然大家庭的维持出于对中国传统家族文化的践行，那么，与核心家庭相比，复合家庭受传统生育文化的影响会更大。如果说核心家庭在经济压力下会产生少生孩子的意识，在大家庭中这种意识会少得多，因为传宗接代、人丁兴旺、家大业大、儿孙满堂等是维持大家庭的主要目标。

第二，在天灾人祸频繁与极低的农业生产力水平下，大家庭有利于提高家庭成员的整体生存能力。由此，大家庭比小家庭具有更多承担多育后果的能力，这在一定程度上弱化了家庭成员对多育后果的危机意识，为家庭多育提供了客观的物质基础。

第三，虽然大家庭同居、同财、同爨，但是在大家庭内部也存在着由夫妻子女组成小团体单位之间利益的明争暗斗。在合财同爨的格局下，生育对于夫妻小团体来说具有负外部性和正内部性。小团体成员多，会分享更多的家庭财富，这会引起子女少的小团体的不平等感和嫉妒，从而刺激成员少的小团体努力多育。

第四，大家庭中家长的权威会强烈影响家庭成员的生育偏好。大家庭中家长的生育观念一般比较传统，他们的权威地位决定了其生育偏好势必会影响到他们的子女。

第五，在传统乡村，分家是件丢人的事情。大家庭尽管内耗严重，但大家庭人多力量大，在生产、生活方面的积极效用也会随时表现出来，对村落中其他家庭的生育也会产生较大影响。

四　新中国成立以来村落家庭规模、家长权威与生育的变化

新中国成立以来，随着乡村各项改革事业的发展，特别是市场化改革与计划生育政策的实施，村落的家庭规模、家长权威与村民的生育意愿已经发

① 黎小龙：《义门大家庭的分布与宗族文化的区域特征》，《历史研究》1998年第2期。

生了巨大变化。表3显示了新中国成立后东村历年家庭规模的变化情况。东村家庭平均人口已经由1949年的5.3人，下降到2004年的不足3人。

表3 东村历年家庭规模统计

年份	总户数（户）	总人口（人）	户均人（人）
1949	250	1326	5.3
1955	132	589	4.46
1956	129	594	4.6
1958	170	749	4.41
1959	171	796	4.65
1960	171	788	4.61
1961	139	600	4.32
1962	138	620	4.49
1963	140	646	4.61
1965	135	630	4.67
1966	136	639	4.70
1967	134	647	4.83
1968	134	655	4.89
1970	145	715	4.93
1971	147	736	5.01
1972	151	744	4.93
1975	163	790	4.85
1976	169	797	4.72
1977	170	790	4.65
1978	170	754	4.44
1979	171	755	4.42
1980	175	792	4.53
1981	170	739	4.35
1983	182	750	4.12
1988	220	733	3.33
1993	232	779	3.36
2000	247	718	2.91
2004	251	730	2.91

数据来源：根据东村历年文书档案整理。

王跃生根据“五普”长表1%抽样数据库资料来研究当代中国家庭结构变动，发现三代直系家庭比较稳定，夫妇核心家庭明显上升，单人家庭也有增长，缺损核心家庭明显减少，标准核心家庭有所下降。[①] 东村2004年有251户村民，其中单人家庭22户，三代直系家庭6户，核心家庭220户，包括夫妇核心家庭与标准核心家庭两种，其他家庭3户。东村的直系家庭比例已经降到不足24%，核心家庭占到总户数的87.6%。直系家庭数量显著减少与核心家庭的显著增加是实施计划生育与农村分家文化演变综合作用的结果。

东村在20世纪80年代也经历了计划生育风暴，当时干群关系特别紧张。经过政府的严厉处罚后，在1991—2003年间东村再没有超生案例发生。据笔者观察，2007年的东村已经初步形成以“少生、优生、男孩女孩一个样”为主要内容的新型生育文化，父母一般不再干涉儿女的生育行为。[②] 家庭生育主要基于青年夫妇对孩子前途、家庭抚养能力和个体生活质量等方面的形式理性考虑，表现出较强的个体本位色彩：村民越来越注重自己的生活质量，认为不值得为超生孩子弄得倾家荡产，老少不得安宁；也认识到孩子多了确实负担重，普遍接受了“一孩半”的生育政策[③]；随着男女社会地位的改变，男孩、女孩的经济效用差别日益被村民认识，没有男孩也不是不可接受的事情了。

关于分家，丁佩源这样回忆，“办［合作］社前，多数人家讲究家大业大，一个大家庭在一起，在别人眼里很光彩。这种家庭在合作化后就基本上没有了。合作化后，新娶的媳妇多数在一年内分家，一个月内分家的还很少，20世纪80年代以后才有新媳妇过门不出一个月就分家的情况。因为这时房屋不成问题，女方嫁过来之前多数都先要下五间屋，早分开早好，免得婆媳闹矛盾。现在分家和以前不一样了，六七十年代儿子分家后，每年要拿出几十个工日给父母分粮，叫养老工，逢年过节要请父母吃饭，总算还有点义务。现在是分家不分地，就是儿子分出去，自己做饭

① 王跃生：《当代中国家庭结构变动分析》，《中国社会科学》2006年第1期。

② 郑卫东：《村落社会变迁与生育文化》，上海人民出版社2007年版。

③ 1988年出台的《山东省人口与计划生育条例》规定：“只生育一个女孩，母女均为农村居民且母亲居住在农村连续五年以上，以农林牧渔业收入为主要生活来源的，经夫妻双方申请、县级计划生育行政部门批准，可以生育第二个子女。”农村夫妇头胎生育男孩的不再安排生育二胎。此政策在乡村俗称为“一孩半”的生育政策。

吃，打工挣钱，可是不种地，吃粮菜由父母负责，青年打工挣了钱可没有父母的份。多数都这样，可说没有良心了。转变的原因主要是社会风气不佳，青年人为自己考虑得多了，为父母想得少了。这是父母从小对子女的溺爱所造成的。”［丁佩源，050818］

随着家庭规模变小，特别是实施严格计划生育政策后出生的“80”后一代进入娶妻生子的年龄，家庭权威结构变化了很多，子女的自主性有较大增长，而父母在家庭中的权威地位降低。20 世纪 90 年代以来，市场经济逐渐活跃，在村落中间，逐渐形成以年龄为主要标志的新的社会分层：东村青壮年男性劳力主要到城市从事建筑业，收入较高，农业对他们来说已经是副业，他们的生活水平在村中是最高的，家庭平均年毛收入在 2005 年能够达到 2 万元，年净存款能有 5000 元左右。中年人，上有老，下有小，种植业和养殖业是其主要收入来源，收入有限，支出繁多，经济负担沉重，生活拮据。在 2005 年，中年人年家庭毛收入有 3000 元左右，尽管节衣缩食，但一年到头也几乎没有什么净存款。老年人渐渐失去劳动能力，基本无劳动收入，依赖儿女生活；总体上说，老年人在村里住得最差、吃得最差，生活非常被动。农村青年工作日益非农化与相比父母长辈高得多的经济收入，进一步提高了年轻人在家庭中的话语地位。与父母对子女的溺爱相反，当下东村子女孝敬父母的伦理道德有很大滑坡。丁少宁老人抱怨说：“现在男女一样了，说起来生了个男孩还不如生个女孩。譬如说，现在两口子都是媳妇说了算，男的说了不算，有点好吃的，就孝顺她娘家了，家里的公婆不关她的事。可能有人说，我这样说不对，儿子还忘记你了？我说也忘记啊，说了不算他能不忘吗？这种现象现在很普遍，可以说百分之百。”［丁少宁，050412］

本章讨论了新中国成立前东村的家庭结构，尽管累世同居的大家庭是绝大多数村民的理想追求，但在现实社会中，由于贫穷等原因，只有大约 6% 的家庭能够实现和保持这种理想的家庭模式。对于贫穷的复合家庭来说，维系大家庭并不是其实践理性作用的结果，而主要出于价值理性的追求。少数贫穷大家庭虽然得以维系，但是内耗严重，全靠父母的权威，特别是婆婆的力量把儿子儿媳妇团结在一起。大家庭数量虽然少，但是它们是中国传统家族文化的实践者、传承者，其在村落里产生的影响是不容低估的。在生育方面，大家庭的影响主要表现在促进多育。新中国成立以后，特别是改革开放以来，随着各项改革事业的推进，村落家庭规模显著变小，父母家长权威降低，子女的自主性增强。与此同时，村落中逐渐出现以年龄为主要标志的新的社会分层现象，乡村伦理道德滑坡严重，青年生育已经表现出较强的个体本位的色彩。在当下建设社会主义新农村的过程中，有关方面要重视农村的社会分层与道德重建问题，采取适宜的政策，促进乡村社会的健康和谐发展。

附录二　集体化时期的分配制度与人口生育*

一　导论

有关生育的经济学理论工作基本上都源于莱宾斯坦（Harvey Leibenstein）和贝克尔（Gary S. Becker）的研究。① 莱宾斯坦认为，父母对生育子女的选择取决于该孩子的预期的成本效益。孩子的效益包括劳动—经济效益、养老—保险效益、消费—享乐效益等，养育孩子的成本包括直接成本与间接成本（影子价格）。② 贝克尔在莱宾斯坦理论基础上，引用消费者均衡理论，提出孩子的净成本概念。若净成本为正值，则该边际孩子相当于一般耐用消费品；若净成本为负值，则该边际孩子相当于一种耐用生产品。家庭可依据净成本正负，进行生育决策。③ 以消费选择为基础的生育经济理论招致非经济学家的很多批评。④ 澳大利亚国立大学考德威尔（J. C. Caldwell）教授的"代际财富流"理论更具有人口社会学的性质。"财富流"被定义为一个人提供给另一个人的金钱、物品、服务和担保等。考德威尔特别强调他所讲的"财富"并不限于货币，而是具体到"食品；对现在和将来的安全感；办成一件小事的快意；以及随心所欲的

---

* 本章文字最早发表于《开放时代》2010 年第 5 期。

① R. A. Easterlin, "An Economic Framework for Fertility Analysis." *Studies in Family Planning*, Vol. 6, 1975.

② Harvey Leibenstein, *Economic Backwardness and Economic Growth*, New York: John Wiley & Sons, 1957, p. 162.

③ Gary S. Becker, An Economic Analysis of Fertility. *In National Bureau of Economic Research (ed.)*, *Demographic and Economic Change in Developed Countries*, Princeton: Princeton University Press, 1960, pp. 209—231.

④ Freedman R., "Theories of Fertility Decline: A Reappraisal", *Social Forces*, vol. 58, 1979.

乐趣等等”。[①] 考德威尔认为，“代际财富流”流动的方向决定了人们的生育数量，它本质上是由家庭生产方式决定的。在人口转变[②]之前的社会里，代与代之间财富的净流动是从孩子向上流向父母，因此生育是使父母收大于支、可以获取净财富的家庭行为。这种财富的流动方向助长了社会高出生率。

对于集体化时期中国农村持续“高生育率”现象（见表1），国内学者大多采用西方微观人口经济学解释范式。[③] 其中，翟振武的观点具有代表性：“如果说‘按劳分配’可以限制人口生育，‘按人口分配’则为人口增长提供了强烈的刺激剂，因为孩子给家庭带来的经济收益十分显著。孩子从出生第一天起就为家庭带来口粮、蔬菜、柴草燃料、自留地、宅基地、紧缺工业商品的购买票证（工业卷、煤证、布票等），而孩子对这些实物的实际消费远远低于分配的数额。同时，反哺式农村养老方式更强化了子女的经济效用，对农民来说，生育子女如同储蓄一样，抚养子女的成本是储蓄的本金，从储蓄第一天起，就可得到利息，以后利息越来越多，大大超过本金，所以农民无例外地选择了多子女养老策略。”[④]

表1　**中国农村人口历年总和生育率**[⑤]　单位：‰

年份	1950	1951	1952	1953	1954	1955	1956	1957	1958	1959	1960
总和生育率	5.96	5.90	6.67	6.18	6.39	6.39	5.97	6.50	5.78	4.32	4.00
年份	1961	1962	1963	1964	1965	1966	1967	1968	1969	1970	1971
总和生育率	3.35	6.30	7.78	6.57	6.60	6.96	5.85	7.03	6.26	6.38	6.01

① John C. Caldwell, *Theory of Fertility Decline*, New York: Academic Press, 1982, p. 333.

② “人口转变”是指随社会经济条件的发展，各种人口现象处于同一相互联系的体系中，呈有规律的阶段性递进、转变的现象。简言之是指随着传统农业社会向现代工业社会的转型，人口“出生率、死亡率、自然增长率”从“高、高、低”向“低、低、低”转变的过程。

③ 翟振武：《中国农村人口增长的经济机制（1949—1979）》，《人口研究》1991年第4期；张志刚：《人口增长与经济运行——1949—1979年中国农村人口经济关系研究》，《人口研究》1988年第6期；吕昭河：《试论农村集体化经济对我国农村传统生育文化的影响》，《思想战线》1993年第4期。

④ 翟振武：《中国农村人口增长的经济机制（1949—1979）》，《人口研究》1991年第4期。

⑤ 袁永熙主编：《中国人口：总论》，中国财政经济出版社1991年版，第126页。

孩子的经济效用理论对于解释集体化时期的农村高生育率现象是有效的。但也有一些不同的看法，如李银河曾论断贝克尔解释农村养育孩子的成本与效用理论不适用于中国农村①；郑卫东强调要重视文化因素、经济因素与政治因素等多重因素对中国农村人口生育行为的综合影响②；倪志伟（Victor Nee）甚至认为多生孩子是集体化时期农民有相当自主性的证据，农民用多生孩子的方式来“非正式”地反抗国家的粮食征购③。这些不同的声音说明经济效用理论并不是集体化时期人口高生育率的唯一解释。本章旨在进一步探索集体化时期分配制度对农村人口生育的作用机制。

本章以地处鲁东南沿海地区的日照市东港区 H 镇东村的实证资料为基础，综合利用山东省与地方的史志文献资料，讨论上述问题并论述如下观点：过去关于集体化时期高生育率研究着重于家庭经济支撑能力对生育的影响，集体化并没有提高中国农民的经济水平，但是改变了家庭经济支撑模式，由此促进了生育水平的提高。所以，不仅由子代流向父代的“财富流”可以促进家庭多育，财富的分配方式本身也是影响生育的重要因素。

为研究方便，首先界定家庭经济支撑能力与家庭经济支撑模式两个概念的含义。支撑一般是指某物对另一物的基础性和决定性的力量或作用。家庭经济支撑能力是指作为一个独立经济核算单位的家庭的主要经济收入来源对家庭发展目标的支撑限度。家庭经济支撑模式是指家庭在特定时空范围内主要经济收入来源的类型、结构和特点的概括。对新中国成立前东村丁家疃社会基本情况的了解主要是基于对本村 75 岁以上老人的半结构式访谈，以及对他们生育子女情况的数据统计。对新中国成立后东村社会情况的了解则主要得益于东村保存相当完备的村文书档案。

二　集体化时期的分配制度嬗变

东村的初级社在 1954 年冬末开始组建，1955 年春成立了两个初级

① 李银河：《生育与村落文化》，中国社会科学出版社 1994 年版。

② 郑卫东：《村落社会变迁与生育文化：山东东村调查》，上海人民出版社 2007 年版。

③ Victor Nee and Rebecca Mattheews, “Market Transition and Societal Transformation in Reforming State Aocialism”, *Annual Review of Sociology*, vol. 22, pp. 401—435, 1996.

社，取名东社、西社。初级农业合作社时期，按入社生产资料和劳动股份所占比例进行分配。粮食分配是：土地四成、工分六成，称为“四六”分成；现金分配是：农业收入总值扣除农业税、生产费用、公积金、公益金后，剩余部分“四六”分成，即土地四成、工分六成。1956 年 2 月 25 日，东社与西社正式合并为高级社，名称是“灯塔四号农业社”。与初级社不同，在高级社时期，土地不再参加分红，粮食分配在完成国家分配的粮食征购任务，在留足种子、必要的饲料粮和生产用粮后，剩余的为社员口粮（见表 2）。社员口粮按“人六劳四”分配，采用按人定量为主，多劳多得为辅，超过基本工分就多分粮食。现金分配，在扣除生产费用、公积金、公益金、农业税后，按劳动工分分配。粮食分配中要照顾的对象有“五包户”和“三定户”。

表 2　**东村历年粮食分配**

项目＼年份	1957	1958	1959	1960	1961	1962	1963
粮食总产量（斤）	284725	397097	397100	335816	255725	238760	223940
交征购（斤）	39525	90000	90000	70073	43832	48929	15041
扣种子（斤）	18482	42853	42854	40003	10856	20340	24156
扣饲料（斤）		7000	7000	5000			422

资料来源：根据东村文书档案中相应年份《现粮分配表》整理。

1958 年 10 月 10 日，日照县委下达《关于人民公社命名的通知》，取消乡的名称，统一改称“××人民公社”。公共食堂办起来后，采取口粮定量发给饭票、粮票，社员凭票吃饭。10 月初，全县已普遍开展了大炼钢铁运动，东村取消原来定量办法，实行吃饭不定量，让社员敞开肚皮吃饱。顶多吃了半年，已经很难维持下去，到 1959 年春夏之交又恢复了票制。这时候，每个生产小队各自办一个公共食堂，由生产大队统一供给粮食，社员可以拿着饭票、粮票到本食堂打饭回家吃。1960 年冬，生产队开始发给社员锅和粮食，社员陆续回家做饭。到 1961 年春夏之交公共食堂正式宣告解散。

为克服农村人民公社所有制“一大二公”的弊端，从 1960 年开始，中国乡村逐步确立“三级所有，队为基础”的体制。为减轻社员在分配上的平均主义，调动社员生产积极性，1961 年 6 月召开的中共日照县委全体委员扩大会议对生产大队的分配方法做出指导性规定：大队在“三包”落实基础上，按包产计划，向生产队定留量、定上交任务。系统搞好口粮分配人、劳、肥三结合的办法。东村 1961 年的具体分配情况是：全年粮食总收入 255725 斤，征购粮 43832 斤，机动粮 7854 斤，种子 10856 斤，社员分配 193183 斤，以肥代粮 12524 斤（由社员分配中扣除），工日代粮 26581 斤（两头定住，由中间口粮扣除），基本口粮 154078 斤（全部基本口粮数）。现粮分配如表 3。

表 3　**东村现粮分配表（1961 年 11 月 15 日）**

	年龄	原定量（斤）	人数	原定分粮数（斤）	实际分配（斤）	实际分粮数（斤）
两头	1—2	117	23	2691	103	2369
	3—4	160	39	6240	141	5499
	5—6	204	43	8772	180	7740
	7—8	235	20	4700	207	4140
	9—10	268	39	10452	236	9204
	11—12	311	31	9641	274	8494
	60—100	364	35	12740	320	11200
合计				55236		48646
中间	13—14	343	33	11319	241	7953
	15—16	364	24	8736	256	6144
	17—60	418	313	130834	294	92022
合计				150889		106119
总计				206125		154765

资料来源：东村文书档案 1961 年长期卷 5《1961 年现粮分配》。

1962 年初，东村正式调整为三个生产队，开始向以生产队为基本核算单位过渡。是年东村分配采取“取消定两头（老人和小孩），采取肥料固定带粮，其余按劳分配和‘一包一补’”的分配方法。“包”是指对五包户、烈属、复员军人等特殊家庭实行包工，“补”指对村干部的误工补工。

从 1963 年开始东村粮食开始按人、劳、肥比例分配，1964 年三者比例分别是70%、20%、10%，俗称“人七劳三”。人口分配部分完全按人口均分，不再搞按人定量，不考虑年龄差别。这个分配比例关系一直维持到分田单干。东村退休老会计丁佩源就1964年以后的生产小队分配情况向我们做了比较系统的介绍：

“集体化时期一年的分配分预分与决算两次。

预分：每年的农历四月底截工结算一次，这时候将各户的人口、工日、投肥集中起来，搞一个千分比例。就是用1000来分配，人口700斤，按全队人口均分，一口人分多少乘每户的人口数，得出该户的应分斤数。工日250斤，按全队工日数均分，每个工日能分多少，乘各户工分数，得出该户工日应分斤数。投肥50斤，按全队投肥金额均分，得出各户应分斤数乘各户投肥金额，得出各户投肥应分斤数。三个数相加，就是各户的预分比数（见表4）。以后，每次分粮食就按这个比数分。

表4 ××生产队预分方案（千分比）

户主	人口	工日	投肥	人口分	工日分	投肥分	合计
丁权后	7	320.	66.	21.	9.6	2.	32.6
丁树志	6	430.	60.	18.	12.9	1.8	32.7

决算：每年10月底，截工后，开始搞决算。截工后再干的工日就参加明年的分配了。每年各生产队都要留出1万多斤的瓜干用作决算。这时候将各户的人口、工日、投肥都算清。再把预分的粮食结算出来，加上留出来的用于决算的瓜干斤数，来一次再分配。重新算出各户应分数。还是按人70%，工日25%，肥5%比数，算出每人应分多少斤。这样得出各户应分的斤数，再减去预分时分的粮食斤数，剩余数就是该户决算应分得的斤数。决算时按实粮算账。小麦、玉米、大豆1斤是1斤实粮，稻子每斤折7斤实粮。红薯5斤折1斤实粮，瓜干1.5斤折1斤实粮。

工日钱的现金分配：把当年所有的收入、粮油草、副业、畜牧业收入，扣除费用，留出公积金和公益金两项占总收入的5%，剩余金额扣除社员投资金额，剩下的钱就是工日钱了，每户的工日折款加投资款，扣除粮油草钱，就算出各户的余或缺。东村各生产队每年的工日折款多在0.45元左右，很少到0.5元，每年的余款各生产队总共也就1000多元，都能兑现。

分配中的照顾对象：1. 五包户，按平均数参加分配。2. 职工家属，按平均数参加分配，但是秋后要把口粮款交给生产队。别的农户因为孩子多劳力少欠的粮款，生产队一般不要，记在来往账上，以后什么时候工日挣得多了，再顶账。3. 病灾户，适当的照顾。其他人口多劳力少的户一般不照顾，因为人口占了分配的大部分。”①

三 家庭经济支撑能力与幼儿的经济效用

在1963年之前，东村主要采取按人定量为主、多劳多得为辅的分配模式。从东村历年实际按人定量发放的标准来看，村集体不断根据集体收入与支出情况进行调整并细化按人定量的标准，而且按人定量的标准总体偏低。如1957年与1958年分配标准按4个年龄段分配，到1961年已经细化为10个年龄段；1—3岁儿童分配的粮食由1957年的155斤、1958年的160斤，1959年降为62斤，1961年1—2岁的儿童分配粮食103斤，3—4岁的儿童分配141斤。如此低的定量标准保证不了一个幼儿的营养需求。在实行按人定量分配时期，多生孩子的经济效用并不明显。

1963年之后至实施家庭联产承包之前，东村采取“人七劳三”的分配制度，此制度被认为比按人定量分配制度更能体现按劳分配的原则，在此分配模式下，家庭经济收入来源主要由自留地收入、按人口分配收入和劳动者多挣工分收入而构成。其中自留地收入和按人口收入与家庭人口数量直接相关，劳动者多劳动收入则与家庭劳动力多少直接相关。我们以1965年为例说明这时期不同人口结构家庭之间的收入差别。在整个集体化时期，1965年的社员人均口粮情况算是比较好的了，其他年份情况见表5。在表5所统计的14个年份中，只有1955年东村人均粮食超过了450斤，统计年份中有一半的年份人均粮食低于400斤。可以判断，集体化时期的东村村民总体上处于“糊口经济”状态。

① 东村退休会计丁佩源在2005年10月20日给笔者来信中的内容。此信件目前收藏于华东政法大学社会发展学院资料室。

表 5 1955—1977 年东村社员人均分配的现金与口粮

年份	1955	1956	1957	1961	1965	1966	1967
人口	589	594	581	600	630	639	647
人均口粮（斤）	453	397	362	322	422	342	421
年份	1968	1972	1973	1974	1975	1976	1977
人口	655	744	749	765	790	797	790
人均口粮（斤）	400	450	441	377	377	369	418

资料来源：根据东村文书档案 1961 年长期卷 5；1962 年永久卷 2；1965 年永久卷 2、卷 3、卷 4 整理；1966 年后数据根据东村文书档案永久历年《年报》整理。

通过表 6 考察不同人口数量家庭的分配差异，家庭人口规模越大，分配粮食越多。例如，权后［人名］有 8.3 口人，分粮合计 3650 斤；佩国［人名］只有 2.3 口人，分粮合计 1515.4 斤。单纯从家庭占有集体财富份额角度来看，“人七劳三”分配制度对家庭多生育孩子的刺激效用确实存在，用东村村民丁佩杏的话来说就是，“那时孩子多感觉就是好，分粮多，分肉多”。［丁佩杏，050504］进一步比较家庭人口结构与分配的关系，发现劳动力多、孩子少家庭的人均口粮要远远多过劳动力少、孩子多的家庭。在表 6 中，佩国只有大人，没有小孩，他在所有家庭中人均口粮最多（650 斤/人），比拥有 4 个孩子的少子［人名］家庭的人均口粮（438 斤/人）多出 212 斤，比权后家庭人均口粮多出 211 斤。2002 年 6 月联合国粮农组织公布的统计数据表明，如果要达到较好的食物摄取量，人均日需要 2400 大卡的热量，每年约需粮食 450 斤。在表 7 中，所有超过两个小孩的家庭人均口粮都在此标准之下，而孩子少的家庭则基本能够达到这个标准。再看年终现金结算，多孩家庭不仅人均口粮少，而且年终现金分配往往倒欠生产队，孩子数量越多，欠生产队款额就越多。尽管当时倒欠集体现金不影响粮食分配，但是考虑到村民居家过日子少不了使用现金，而集体分配给家庭的粮食仅够维持家庭成员糊口。所以，年终分不到现金对家庭的影响也是非常大的，他们不得不省出部分口粮兑换现金，以应付必须的日常开销项目。斯科特曾论述东南亚农民所处的类似水淹到脖子的那种生存状态，有点风吹草动就可能被淹死。[1] 在集体化时期农民依

① ［美］詹姆斯·C. 斯科特：《农民的道义经济学——东南亚的反叛与生存》，程立显等译，译林出版社 2001 年版，第 1—3 页。

然生活在糊口经济状态下，多孩家庭不得不省出部分口粮兑换现金的行为对生活造成的影响可能是灾难性的。

表 6　1965 年不同人口结构的家庭所分得的粮食

姓名	人口	大人（劳动力）	小孩	应分粮食				人均口粮（斤）	工日应得		工日肥料合计折款（斤）	分各种实物折款（斤）	分配结果	
				人口分粮（斤）	工日分粮食（斤）	肥料分粮（斤）	分粮合计（斤）		工日数（斤）	工日款（斤）			余（斤）	缺（斤）
佩国	2.3	2.3（2）	无	700	744.8	70.6	1515.4	650	409.25	139.55	197.41	129.63	67.78	
少文	3	2（2）	1	900	650.2	27.6	1577.8	526	357.25	121.82	144.48	134.9	9.58	
少成	5	4（3）	1	1500	1074.8	28.9	2603.7	521	590.54	201.37	225.06	217.76	7.3	
仕鱼	4	2（2）	2	1200	566.2	16.7	1782.9	446	311.08	106.08	119.75	153.17	33.42	
佩官	8	6（4）	2	2400	1440	49.6	3889.6	486	791.23	269.81	310.49	331.22		20.73
少奉	4	2（2）	2	1200	669.7	23	1892.7	473	367.96	125.47	144.3	161.24		16.94
少子	6	2（2）	4	1800	800.1	27.2	2627.3	438	439.59	149.9	172.22	227.41		55.19
权后	8.3	2.3（2）	6	2500	1053.2	97.4	3650	439	578.69	197.33	277.18	312.12		34.94

数据来源：东村文书档案 1965 年永久卷 2、卷 3、卷 4。

综合对表 6 数据的分析，在“人七劳三”的分配制度下，多生孩子可以增加家庭占有集体财富的份额，这在一定时期内确实成为刺激家庭生育的因素；但通过生孩子并不能提高家庭的经济支撑能力，反而降低了家庭的生活水平（至少在孩子成长为劳动力之前是如此）。

四　家庭经济支撑模式转变与人口生育

下图 1 展示了新中国成立之后日照县的人口自然变动情况。自 1949 年至 1953 年期间，人口出生率大概呈渐趋减少的趋势。其中，1949 年人口出生率最高，这与战后人口恢复性生育有关系。这种人口出生率减少的趋势让人们产生如果没有集体化运动，人口出生率可能还会自然递减下去的联想。1954 年人口出生率较前几年有所上升，1955 年突然上升到 39.01‰，1956 年仍然处在 37.40‰的高位，1955—1957 年这三年的平均人口出生率达到 37.18‰，高出 1949—1953 年平均人口出生率（34.71‰）2.47 个千分点，这说明集体化运动确实对家庭生育产生了刺激作用。1958 年人口出生率下降到 26.31‰，可能跟兴办人民公社给社会造成的震荡以及“大跃进”时期男女劳力长时间分开参加不同的跃进活动有关。1961 年人口出生率降到底谷 24.86‰。1962—1964 年是人口恢复性增长时期，达到 38.36‰，1965—1970 年间人口出生率为 34.68‰。上述数字一方面显示集体化时期人口高出生率的特征，另一方面也显示出集体化的不同时期人口出生率的变动有一定的规律性特征。即集体化初期人口出生率忽然急剧上升，经过三年困难时期的低出生率到 1962—1964 年的恢复性增长，1965 年之后人口出生率呈稳定回落态势，接近集体化之前的人口出生率。

笔者曾专门探讨中国传统乡村村民的生育意愿，研究发现尽管农民受多子多福传统思想的影响很深，但在糊口经济水平下，农民家庭普遍有节育的要求，只不过受节育技术限制，他们不得不处于自然生育状态。[①] 从图 1 的数据可以发现，尽管集体化时期村民仍然处于“糊口经济”状态，而且在“四清”时期就曾在农村广泛开展计划生育运动，但村民新中国成立前就有的节育要求显然在集体化时期没有坚持下来，反而把自然状态下人口生育的潜能发挥到了极致。

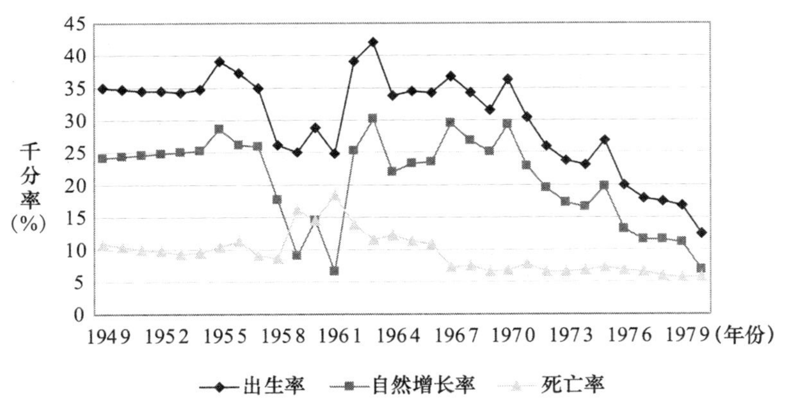

图 1　日照县历年人口出生率、死亡率、自然增长率

既然前面经初步考证不管在“按人定量”分配时期还是在“人七劳三”分配时期，多生孩子都不能提高家庭经济支撑能力与生活水平，为什么集体化时期的人口出生率依然持续走高呢？是家庭之间对占有集体财

---

① 郑卫东：《论小传统生育文化》，《人口学刊》（台湾）2007 年总第 35 期。

富份额的相互攀比？还是计划生育技术满足不了群众的要求？还是一直受多子多福传统生育文化的强烈影响？或者另有原因？针对上述疑问，笔者访谈了部分东村的老人，以下是部分访谈笔录：

丁权后［1928 年生］生育二男四女，在“四清”时就自然结束了生育：“［孩子］少了总是［省心省力］点，但我没有觉得怎么样，四个女孩子都能挣工分，都能自劳自食。孩子多没有影响我挣工分。”［丁权后，050417］丁佩杏［1928 年生］生育五女一男，1972 年生育最后一胎，他对分粮深有体会：“那时分粮照人口，我家分的粮食是东村最大一堆［我家人口最多］，过节分猪肉我分一大篮子，那时孩子多感觉就是好，分粮多分肉多。”［丁佩杏，050504］丁佩农［1927 年生］老人生育六女一男，最后一胎 1972 年生育：“像我这么多人口，就挣不出吃了。只有吃的，没有挣的，劳动力少了，就得早晚多干活，累死了，孩子多就得多干活。那时穿的补丁摞补丁，虽然那时抚养孩子费用低，但一天一天不好捱啊！”［丁佩农，050417］丁权桥［1937 年生］老人生育二男三女，1975 年生育最后一胎，他说：“按人口分粮你得拿钱啊，挣不足工日你就得拿钱。大队里余钱就分给工日多的，工分少就欠队钱，欠钱不耽搁分口粮。像我这样的七口的户，就累了。”［丁权桥，050430］

综合以上四位老人的观点，可以看出集体化时期的分配制度给不同人口结构家庭的影响差别是显著的。对于那些人口多、劳动力比率高的家庭，年终“分粮多分肉多”，从集体分配中占取了较大份额，明显感觉到人口多的好处。而对于那些人口虽多，但劳动力比率低的家庭，因为挣不出足够的工分，分配少，人均占有食物少，父母拖大带小，生活极为艰辛。但这种艰辛并没有成为鼓励这些父母采取节育措施的动力，他们反而把劳动力多家庭看作值得自己效仿的榜样。正如万桂枝老人［丁少子妻，1936 年生，生育六男二女］所说的：“那时感觉孩子越多越好，不怕受穷，多个孩子多双筷子多双碗，都说把孩子拉扯大了就好了。”［万桂枝，050415］

万桂枝老人的朴素话语却反映了一个深刻的逻辑：尽管多生孩子不能在短期内提高家庭的经济支撑能力和生活水平，但是家长把孩子的回报放到孩子长大后。等孩子长大了，能挣工分了，艰苦的日子就到头了，当下的穷苦坚持一下就过去了。如果说在新中国成立前小农自然经济状态下，部分家庭限于“糊口经济”压力，不得不采取溺婴、弃婴等手段控制家庭人口数量[①]，而在集体化时期，家庭成员的基本生活保障负担已经从家庭转嫁给了集体，家庭没有必要继续采取极端手段自觉限制家庭人口数量。家庭成员基本生活保障由家庭向集体转嫁的过程实质是家庭经济支撑模式从家庭支撑转变为集体支撑。

集体化时期的分配制度，改变了家庭经济支撑模式，尽管仍是“糊口经济”，但“吃大锅饭”使集体承担起新生人口的基本生活保障。由此，自然经济状态下小农原本久被压抑的多子多福、家大业大的生育冲动在集体化初期如同决堤之水汹涌而出。丁少宁老人1949年结婚，他的生育观点基本代表了同时代人的生育态度：“生一大群孩子，就是挣不出吃来也高兴，看着一群孩子就高兴，人不巴望别的，就是巴望人口，人口多就高兴，就奔那么点事。虽然男孩、女孩我一样看待，但还是男孩好，孬好给他盖上屋，不就有了接班的了，接班住这个屋。”［丁少宁，050412］

综上，集体化时期多生孩子并不能在短期内提高家庭的经济支撑能力，之所以家庭生育率居高不下，根源则在传统生育文化[②]的影响，物质基础则在于集体化时期家庭经济支撑模式的改变。

五　孩子的长期经济效益消解与村民生育意愿的改变

1970年之前的集体化阶段，农村人口出生率持续居高不下。在这期间，农民的生育意愿是否一直处于集体化初期阶段的亢奋状态？还是随着村民对集体化认识的深入，生育态度也相应发生了一些改变？上述问题的探讨可以深化对集体化时期人口生育情况的了解，反过来增进认识集体化时期分配制度对人口生育的作用。

图1与表8反映日照县历年人口自然变动情况。1970年之前，日照县的人口出生率在变动中居高不下，而自1971年始，人口出生率明显持续快速下降。出现这种情况的政策方面的原因是，1971年国家对人口生

① 常建华：《清代溺婴问题新探》，载李中清等编《婚姻家庭与人口行为》，北京大学出版社1999年版，第197页。

② 文中“生育文化”的概念是指由顾宝昌（1992）提出，经穆光宗（1993）补遗的“五维”生育文化观，主要包括生育态度、性别偏好、对子女数量期望、对子女质量期望、婚育年龄和生育间隔五个方面的生育观念。参见顾宝昌《论生育与生育转变：数量、时间与性别》，《人日研究》1992年第6期；穆光宗：《生育现代化的几个问题——顾宝昌文章的补遗》，《人口研究》1993年第2期。

育提出“一个不少，两个正好，三个多了”的口号，重新开始因“文革”中断多年的计划生育工作。在这一时期，计划生育工作仍然坚持说服教育的动员方式，要求做到：“三不”（不强迫命令、不搞物质刺激、不搞硬性规定）、“三通”（本人通、爱人通、老人通）、“三自愿”（自愿定生育计划、自愿定晚婚计划、自愿选择节育措施）、“三满意”（本人、爱人、老人都满意）[①]，要求通过做艰苦细致的思想工作，让广大群众自觉行动起来，树立新风尚。丁权军在20世纪70年代初任东村大队长，他记得：“咱村计划生育是在‘文革’接近结束的时候重新开始的，上级号召计划生育，那时计划生育工作不像现在抓得这么紧，而是号召一对夫妇一对孩。当时主要是有两个女孩的还想再生个男孩，多生了也没有说罚什么，就是动员你不要多生。……以前不罚，就是上门动员。”［丁权军，050418］可见在计划生育工作重新启动的初期几年，国家的政策是不严厉的。可就是在这样相对宽松的环境中，日照县人口出生率却出现了自1971年始迅速下降的情况。

表7　　**1949—1973年日照县人口自然变动情况**

年份	1949	1950	1951	1952	1953	1954	1955	1956	1957	1958	1959	1960	1961
总人口	58.98	59.48	62.70	64.06	63.79	65.60	67.17	68.11	69.09	70.97	69.81	70.24	71.37
出生率‰	35.01	34.86	34.71	34.56	34.41	34.78	39.01	37.40	35.13	26.31	25.00	28.84	24.86
死亡率‰	10.83	10.43	10.03	9.63	9.23	9.43	10.39	11.24	9.04	8.58	16.05	14.42	18.22
自然增长率‰	24.18	24.43	24.68	24.93	25.18	25.35	28.62	26.17	26.09	17.73	8.95	14.42	6.64

年份	1962	1963	1964	1965	1966	1967	1968	1969	1970	1971	1972	1973	
总人口	73.63	75.07	75.19	75.29	76.81	78.00	79.20	81.58	84.22	85.63	86.52	87.70	
出生率‰	39.17	41.96	33.94	34.69	34.32	36.82	34.35	31.60	36.31	30.50	26.02	23.76	
死亡率‰	13.79	11.57	12.11	11.30	10.78	7.23	7.38	6.59	6.88	7.65	6.62	6.66	
自然增长率‰	25.38	30.40	21.83	23.39	23.54	29.58	26.97	25.00	29.43	22.84	19.40	17.10	

1. 数据来源：日照市计划生育志编纂小组：《日照市计划生育志》（内部资料），1985年。日照市地方史志编纂委员会编：《日照市志》，齐鲁书社1994年，第107—109页。

2. 人口数字单位为“万人”。

① 日照计生委档案计生1972年永久3卷，《认真抓好晚婚和计划生育工作》。

应该如何理解在相对宽松政策环境下农村人口出生率的持续快速下降？笔者在访谈中发现，20 世纪 70 年代初的计划生育工作居然得到了乡村部分育龄妇女的主动响应。

东村的安玉玲［女，1935 年生］回忆她在 20 世纪 70 年代初期的节育经历，“当时玉莲是村里的妇女主任，来到我家，动员我说：‘二婶子，快去计划计划吧，报个名吧。’我说：‘可以，写上个名吧。’我就报了名。过了几天玉莲来领人去放环，我说俺嫂嫂和三弟媳也愿意计划。在我的鼓动下，张传兰［已生育两女一男］、兆协家属、三弟媳和我，少文家属［已生育一男一女］、权丹家属、权桥家属［已生育两男两女］，我们这些人一起去放了环。那时我在坡里干活的时候就跟妇女们说，计划不孬。我的思想是怎么来的？是我在西安的哥哥［生有一男一女］来信告诉我的，他说：‘好儿不用多啊，你已经有四个孩子了［三女一男］，还多要孩子干什么？快去计划！’我们这批放环的，后来少文坚决不愿意，两口子打架，少文家属取下环来又生了一个男孩和一个女孩。张传兰也取了，生了一个女孩后又放上环了。权桥家属取下来又有了一个女孩。其他四人都没有取环。当时妇女步行到公社去放环，村里还给五个工，张榜公布。放环后，这些人都看着，都说这个事情还真好啊，是个好事啊，不生小孩了！开始女的不结扎就是放环，放的不合格就取出来，过些日子再另外放，也不用花钱。妇女都说这个社会好。”［安玉玲，050507］通过安玉玲的回忆，可以发现 20 世纪 70 年代初的部分育龄妇女确有节育的要求，她们为可以不继续多生孩子而对政府心存感激。显然 20 世纪 70 年代初农村育龄妇女的节育要求不是突然出现的，应该是她们早就有这样的要求，只不过是政府重新开始的计划生育工作给了她们表达并实现自己愿望的机会。那么，村民的生育意愿为什么会从集体化之初的拼命多生转变为现在主动要求节育呢？又该如何解释 1970 年之前农村家庭事实上的普遍多育现象呢？

部分村民生育意愿的转变与以下因素关系密切：

第一，公共食堂与困难时期的经历对家庭生育的影响。

公共食堂与三年困难时期的惨痛经历使村民从集体化初期的狂热中清醒过来，初步认识了“大呼隆”“浮夸风”的本质以及人民公社体制的局限。例如 1962 年春日照县的干部和社员在传达、学习“农村六十条”时，“对口粮分配，［干部和社员］普遍主张多劳多得，特别是劳力多人口少的更加拥护，即使劳力少人口多的户，也认为这个办法好”。① 不管是多孩户还是少孩户，都对平均主义分配制度失去了信心。

第二，人民公社体制下“家大业大”梦想破灭。

“人七劳三”的分配制度改变了农村家庭经济支撑模式，不同人口与劳动力结构家庭之间的经济支撑能力发生了变化。但政府文件明确规定：“社员分配口粮，最低不低于三百斤，一般不超过四百斤。余者卖给国家”。② 集体化时期的分配制度让村民逐渐认识到，多生个孩子确实可以占一些集体的便宜，但在人民公社体制下，家大业大的梦想是不可能实现的：人口再多，家再大，全家人也仅仅能够勉强填饱肚子而已。而且把一个孩子拉扯大，也绝不是一件容易的事情。这种利益的权衡说明村民对生育的态度日趋理性，集体化初期阶段的激昂的生育冲动因之发生改变。

第三，村组织对家庭多育从制度上制造不便。

在分配压力下，村组织从制度上采取一些措施，制约村民多生孩子。例如东村干部要求所有男女老少只要能劳动，就一律要求按时出工，每天专门安排人负责检查锁门。安玉玲对此深有体会：“生产队干部高声吼：‘哪个女人不出来上坡就罚工！’哪个女人也不能在家里，孩子小也得抱着出来上坡干活。”［安玉玲，050507］再说妇女也怕耽误挣工分，只要不是非常特殊的情况，总会坚持上坡参加劳动的。李爱梅［1946 年生，1971 年生育第一胎］有如下体会：“为什么我只生两个孩子，就是因为那时日子太穷了，我那时即使生三个孩子也罚不着，就是刚分开家太穷了。我领着一个孩子，抱着一个孩子去拾草，去挣工分，你说怎么办？当时孩子小的时候就怕怀孩子。”［李爱梅，050417］③

最后，娶妻嫁女的现实负担消解儿女的远期经济效用。

如果说新中国成立前因为婴幼儿死亡率高，高出生率不一定意味着高存活率，大多数家庭存活子女数量不至于太多的话，新中国成立后随着医疗条件的改善，婴幼儿死亡率大大降低，这时的高出生率直接意味着家庭

---

① 日照县委档案 1961 年永久卷 398，《县委 1961 年关于执行“农村人民公社工作条例（草案）若干问题的指示、意见、报告”》。

② 东村文书档案 1975 年短期卷 6，《中共日照县委关于做好 1975 年粮油征购和收益分配工作的意见》。

③ “工分制”对劳动力的动员作用参见张江华《工分制下的劳动激励与集体行动的效率》，《社会学研究》2007 年第 5 期。

存活孩子数量会达到很高的水平。到20世纪60年代中期，新中国成立前后生育的孩子逐渐进入嫁娶年龄，娶妻嫁女费用成为父母者不得不面对的问题。按照日照县农村的习惯，儿子娶媳妇父母总要给盖上三间平房，总要给女方置办些彩礼，成婚还要办几桌酒席，还要答谢媒人。在集体化时期，家庭积累起上述费用的难度可想而知。那些儿子多的家庭面临的压力就更大了。丁少子老人养大成人六儿一女，就对此深有体会："我生活一直很累，累就累在儿子多上，［盖屋娶媳妇］一个接一个。女孩子多点还好一些。"［丁少子，050415］丁少子老伴也说："那时抚养一个孩子负担不大，到后来［盖屋娶媳妇］一个接一个就后悔了。"［万桂枝，050415］儿女多的家庭面临娶妻嫁女的压力其他村民都看在眼里，这使他们对子女的数量期望与性别偏好相应发生改变。而那些20世纪60年代以后结婚的青年对子女多的弊端有更深刻的体会，他们中间萌生的节育要求会更加强烈一些。

由此看来，20世纪60年代末的家庭普遍多育基本上是一种"随大流"的惯性行为，少了一些集体化初期的积极主动。村民普遍多育的表象下面涌动着节育的要求，生育意愿的代际差异逐渐呈现。

六　讨论：从"财富流"到家庭经济支撑模式

过去关于集体化时期高生育率研究着重于家庭经济支撑能力对生育的影响，认为孩子的经济效用刺激了家庭的普遍多育。本章通过实证材料分时段、分家庭人口结构具体分析了集体化时期孩子的经济效用，发现在整个集体化时期多生孩子对家庭经济支撑能力的贡献并不明显，甚至多孩家庭的生活水平明显低于少孩家庭。到20世纪60年代中期，新中国成立前后出生的孩子开始进入嫁娶年龄，娶妻嫁女的现实负担进一步消解了家长对子女长期效用的期待。20世纪60年代中后期，村民普遍多育的表象下面涌动着节育的要求，生育意愿的代际差异在20世纪60年代末已经逐渐呈现。

进一步分析发现，财富的分配方式也是影响生育的重要因素，具体体现在集体化时期分配制度对家庭经济支撑模式的影响（见图2）。"吃大锅饭"对家庭生育的刺激作用，不在于多生孩子立即可以给家庭带来经济效益，而在于抚养孩子的主要经济负担由家庭转移给了集体，由此使得自然经济状态下，长期受“糊口经济”压抑的小农多子多福、家大业大的生育冲动释放出来，结果就是农村家庭的普遍多育。经济效益的考量（包括对当下占有集体财富份额的相互攀比和对未来的经济收益预期）在经过“三年困难时期”之后已经不是刺激家庭多育的明显因素，20世纪60年代末的家庭多育基本上是一种“随大流”的惯性行为。所以，集体化时期的家庭普遍多育，根源在传统生育文化的影响，物质基础则在于家庭经济支撑模式的改变。

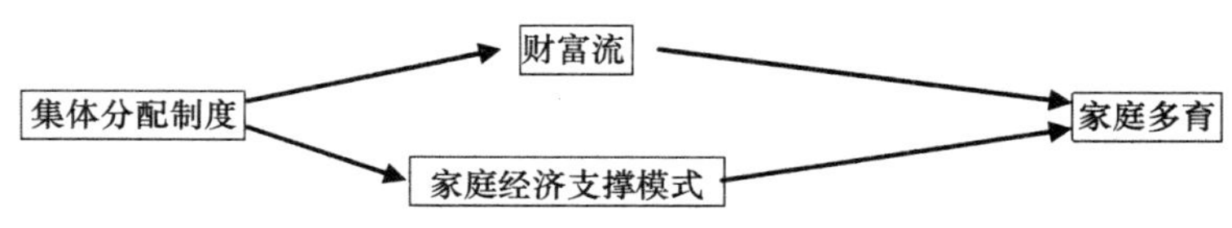

图2　集体分配制度与家庭生育作用路径

考德威尔在 *Theory of Fertility Decline* 一书中探讨的是“财富流”与家庭生育的关系。本章的研究证明财富的分配方式也是影响生育的重要因素，这一发现可以补充发展考德威尔的“代际财富流”理论。受实证资料局限，本章的研究对“财富流”的讨论主要限于与分配制度相关的孩子的经济效用，“财富流”的内涵没有考德威尔丰富，有必要继续做更深入的研究。

附录三　抗战初期日照的武装斗争：郑子久回忆*

在抗日战争的八年时间里，英勇的日照人民在中国共产党的领导下，艰苦奋斗，为民族的解放事业做出了巨大的贡献。我这里回忆的，仅是抗战初期，在日照进行武装斗争的一些情况。

一、七七事变后，日军的铁蹄踏进了日照，日伪军占领了日照城、石臼所、夹仓、涛雒、栈子等沿海一带，并以这些地方为据点，经常进行“扫荡”、疯狂地镇压抗日群众。当时，东北军五十七军一一一师驻日照北部，一一二师之一部驻日照南部。国民党省党部的牟希禹也在日照拉起了有1000多人的国民党第九梯队［即后来顽十六团］，并自任司令。

日照人民和各阶层爱国人士不堪忍受日军的压迫，抗日情绪日益高涨，对国民党顽固派的倒行逆施愈加不满，特别是一些进步学生、青年，更是密切注视着战局的发展，为国土的不断沦丧而焦虑不安。日照县的党组织抓住这个有利时机，大力宣传中国共产党的抗日民族统一战线的政策和主张，积极组织抗日群众，发展党的组织，并且利用“同乡会”、“同学会”、师生关系等各种社会关系尽力扩大党的影响。同时，在东北军一一一师内的共产党地下工委和一一二师内的共产党地下工委，也利用宣传队、战地服务团等合法的手段宣传抗日，发动群众。具有光荣革命传统的日照人民，早在1932年日照暴动时就认识到共产党是真正为解放贫苦大

---

* 郑子久，山东日照人。1938年加入中国共产党。曾任中共日照、海陵县委书记，滨南地委组织部部长，滨海地委书记。新中国成立后，历任中共临沂地委书记，中共中央山东分局副秘书长，中共淄博特委书记，山东省委工业部、交通部部长，山东省科委主任，中共淄博市委书记，山东省副省长，第五届全国人大代表。郑子久是抗战初期日照县委的创立者和主要干部，他关于抗日初期日照的武装斗争的回忆录对于我们了解日照党组织在抗战初期的发展及敌我斗争情况非常有帮助，故选录于此。［《抗战初期日照的武装斗争——郑子久》（http：//sdabc6774. blog. 163. com/blog/static/535733020117175584962/. ］

众而奋斗的人，因而，愿意跟共产党走，从而使党的抗日主张在群众中迅速传播，党的组织迅速扩大。在这期间先后担任中共日照县委主要负责人和在日照的其他同志都做了一些工作。1938 年 12 月，中共日照县委在小曲河［村名］正式成立，范景邃同志任书记，我任组织部长，杨心佩同志任宣传部长，刘鸿若同志任统战部长。到 1939 年初，日照的党员已发展到 500 多人，多数区、乡都建立了党的组织，大部分村子有了党的支部或小组，为进一步开展抗日活动，建立我党领导的地方抗日武装打下了基础。到 1940 年初，全县党员已发展到 1000 人。

二、早在 1938 年秋，八路军二支队四大队就在日照小曲河、皋陆一带活动过。当时在二支队四大队里的刘夏峰同志，经过几个月的努力，在唐家河［村名］组织了一支五六十人的抗日地方武装，但组建不久，就被国民党顽十六团包围缴械。针对这一破坏抗日的行动，我们一方面积极争取社会舆论的同情和支持，向全县散发了《告日照同胞书》，揭露国民党顽固派破坏抗战的罪行。那时我在二支队四大队任组织干事［实际负责大队的秘书工作］，记得我们在《告日照同胞书》中还引了“兄弟阋于墙，外御其侮”这句话，呼吁反对摩擦，一致对外。另一方面也做好了打的准备。经过坚决的斗争，终于迫使他们放了全部被抓的人员。这一事件使我们进一步认识了抓枪杆子的重要性。1939 年 5 月，在日军对鲁东南“扫荡”的前夕，鲁东南特委决定范景邃同志调离日照，由我接任日照县委书记，孙汉卿同志任组织部长，杨心佩同志任宣传部长，刘鸿若同志任统战部长兼八路军驻日照办事处主任。特委同时下达指示，要求我们在反“扫荡”的过程中拉起地方抗日武装。县委坚决执行了特委的指示，立即动员各级党组织，深入发动群众，组织各方面的力量建立队伍。当时最缺乏的是武器，县委就通过各种关系去搞。记得我借到了一支套筒子步枪，孙汉卿和刘鸿若同志各搞了一支匣子枪，杨心佩同志也找到了一支手枪，总共弄到了各种长短枪十几支。但这些枪仅能武装县委本身，要拉队伍是远远不够的。就在这时，一件意外的事情帮了我们的大忙。东北军五十七军一一一师党的地下工委负责人之一张更生同志是我在济南高中的同学，他的公开身份是一一一师副官。有一天他到县委机关找到我，向我要 10 名中学毕业的共产党员，组织宣传队。我说 10 名太多了，我可以给你 5 名中学毕业的共产党员、5 名中学毕业的进步青年。我随后又对他说，我现在正在拉队伍，请帮忙搞点枪。他当时就送给我一支小手枪。我说拉队伍需要长枪。他说，搞长枪我现在也没办法，以后敌人“扫荡”插了枪，我送情报给你。1939 年 6 月，日军进入日照，同驻在大石头村的东北军一一一师之一部打了一仗。这部分队伍撤退时，在大石头村附近的一座坟里藏了部分武器。张更生同志及时将这个消息通知了我们。当时的县职工会负责人李辑五同志是大石头村人，县委通过他立即发动大石头村和附近村的党支部将这批武器找到了。这一下搞到了 5 挺捷克式机枪、30 多支捷克式步枪，解决了大问题，不久就建立起一支近百人的队伍。[1939 年夏建立起抗日人民武装——县大队] 那时条件十分艰苦，队伍的吃穿都很困难。记得为了解决穿的问题，孙汉卿同志把自己保存在大衣里的 10 块钱拿了出来，我、杨心佩和刘鸿若同志也各自从家里拿出了部分衣物。到 1939 年秋队伍发展到 100 多人。此时天气渐冷，部队的冬装成了大问题，我们就到涛雒南边的一个原由国民党收税的盐场，用武力强征了 500 块大洋的盐税，解决了部队的棉衣。1939 年冬，队伍已经发展到 200 多人，正式成立了县大队，不久改名为三大队，下设两个中队：一中队、三中队。

在建立了抗日地方武装后，我们控制了泰石公路以南的大部地区。这引起了国民党顽固派的极端不安。1939 年底，顽县长尹鼎武和顽十六团李延修窜到泰石公路以南的炕头村，企图对我进行“蚕食”。县委决定给以迎头痛击，由我带领一中队，孙汉卿同志带领三中队，连夜奔袭，突然向顽十六团发动进攻。机枪一响，吓得敌人抱头鼠窜，我们英勇追击，把敌人赶回了泰石公路以北，并俘虏了 30 多人，缴获 30 多支枪、6 匹马，然后迅速转移到离炕头村十几里路的邢家沟村。几天后，顽十六团又越过泰石公路向我进行报复，我们在一中队两挺机枪的掩护下安全转移。只有共产党员、大队供给处长王新民同志在保护物资时不幸被俘。后来，他在敌人面前威武不屈，最后高呼“共产党万岁”等革命口号壮烈牺牲。这是队伍建立后打的第一仗。

消灭土顽郑鄂廷 [外号郑“土虺”] 部，是队伍成立后打的第二仗。郑萼廷属于国民党 CC 系，极为反动。我们最初拉队伍时驻在白云寺，郑萼廷部驻望海寺，相距不到 10 里路，开始尚能相安无事，后来他的反革命面目逐渐暴露了。

1940 年初，继王新民同志牺牲后担任大队供给处长的郑世东同志，在丁家疃一带筹措部队给养时，被郑鄂廷部抓住。开始我们进行交涉，向他晓以抗日大义，他非但不放人，反将郑世东同志施以酷刑，郑世东同志顽强不屈，后来被活埋了。

为了打击顽固派的气焰，县委决定消灭这支反动武装。当时，我们在人数和武器上均占一定优势，于是三大队全体出动，在大竹子河涯一带包围了郑鄂廷部，并发起全面进攻。全大队指战员英勇作战，一举全歼了这股反动派武装，俘虏100余人，缴获100多支枪。仅有郑鄂廷及其三个儿子突围逃跑，窜到泰石公路以北的南湖村。南湖村党支部发觉后，立刻派人送情报给县委，县委马上责成三大队派便衣武装连夜赶往南湖村，包围了郑鄂廷和其儿子住处的北屋，俘虏了他的三个儿子，但狡猾的郑鄂廷从厢屋跑掉了。

战斗结束后，我们公审枪决了郑鄂廷三个儿子，对其他俘虏进行了抗日教育。然后宣布，愿留下来抗日的热情欢迎，愿回家的也欢送，实际上大部分留下来参加了我们的队伍。这两仗狠狠地打击了顽固派的势力，在战斗中我们也不断壮大了自己的力量，取得了作战经验。在这之后，我们又抓获了国民党日照顽县长张希周，进一步打击了顽固派。

在反对顽固派的同时，我们对日伪的“扫荡”“蚕食”也做了坚决的斗争，消灭了几小股日伪队伍。对日伪占领区展开了强大的政治攻势，在日伪盘踞的城镇也发展了党的组织，开展了抗日活动，给日伪以有力的打击。我还记得，我们在石臼所建立党的特别支部，特支书记是刘希涛同志。像在栈子这样的敌人据点，我们建立党支部后，领导群众积极开展了政治攻势和各种抗日斗争，迫使敌人龟缩在碉堡里不敢出来。

在武装斗争不断取得胜利、抗日队伍发展壮大的基础上，中共日照县委于1940年3月16日在长兰村召开了有日照各阶层代表和当地群众参加的千人大会，宣布罢免了顽县长张希周，成立了日照县抗日民主政府，刘鸿若同志当选为县长。又召开了参议会，选举我为参议长、高燮宸同志为副参议长。这时三大队已发展到300多人，各区、乡的抗日民主政权和抗日武装也相继建立，我们已控制了全县一半以上的地区和人口，群众的抗日热情日益高涨。在日照，抗日战争出现了一个较好的局面。

1940年夏秋之际，因抗日战争的需要，上级决定三大队升级，改编成两个连并被编入山纵二旅。县里仅留下一个班十几支枪的武装。因为此时有了各级抗日民主政权，群众的觉悟也高了，县委一面让部分区中队升级，一面发动群众参军，几个月的时间又搞起了一支400多人的县大队，番号为四大队，政委仍由我兼任，大队长由上级派来的亓善本同志担任。四大队人数虽然多了，但武器不如以前，没有机枪，步枪的质量也很差，大都是当地铁匠打的土压五［一种土造的步枪］，每人平均5粒子弹，又缺乏作战经验，战斗力差一些。就在这时，国民党制造了皖南事变，发动了第二次反共高潮。日照境内的国民党顽固派分子嚣张起来了，东北军五十七军一一一师旅长孙焕彩扣押了该师万毅旅长［共产党员］。驻在黄墩的独立营长朱信斋于1941年3月公开叛变投敌，大肆逮捕和残杀我党员、干部和抗日群众，形势开始恶化。

1941年春，日照县委、县政府和四大队奉命驻在沟洼村休整。沟洼村地处磴山和圣公山之间的凹地，北面还有一道长步岭，整个村子处在山岭环抱之中，地形对我十分不利。但这里是我们大部队的前哨，也是敌南侵的必经之路。对保卫磴山、圣公山以南地区有重要作用。4月25日，顽固派五十七军孙焕彩旅纠集顽十六团李延修部共几千人突然向沟洼村发动进攻。正巧我和刘鸿若同志分别出发在外。大队原在长步岭设有流动班哨，后因岗哨太多，部队反映疲劳而撤掉了，这使我们未能及时发现敌人的行动。直到拂晓响枪，部队才仓促应战，紧急向沟洼村以南的磴山突围，仍有部分干部和几十名战士被俘，杨进培等七八名同志牺牲。就在这一天，我九支队反攻到圣公山上，敌窜回圣公山以北。后来顽十六团李延修妄图继续向南“蚕食”，又在磴山下的陆家庄向我发动进攻，我们依据磴山的有利地形，打退了他们的进攻。

皖南事变后，随着孙焕彩反动面目的暴露，朱信斋叛变及沟洼事件的发生，我们控制的地区缩小了，斗争更加残酷和尖锐。此时，县委在磴山、圣公山一线坚持武装斗争，领导全县的抗日工作。同时根据特委的指示，在日照北部的沦陷区建立了日北地下工委，由我兼任书记，李桂五同志任副书记。并掩护在小代疃一带坚持地下斗争。将泰石公路以北地区分为东西两片，分别建立了地下区委，由厉席卿同志担任东北部书记，胡润洲同志担任西部区书记。他们在严酷的条件下，以货郎、卖油小挑贩等身份为掩护，秘密地恢复和开展党的工作。在日照城东的游击区，由赵明德同志担任区委书记，在大小古城、前后鹁庄一带开展游击区的工作。他们的地下工作，对后来我军的反攻起了一定作用，为反攻后党的工作发展打下了基础。

1941年6月，我奉命调离日照，去海陵县担任县委书记兼独立团政委，在那里坚持反“蚕食”的斗争，奉命参加对华中、华北交通要道的保卫。日照的同志仍继续坚持严酷的斗争。

附录四　访谈名录

本研究的田野调查主要分三次进行：第一次时间在2005年4月30日—2005年5月7日；第二次时间在2005年1月12日—2005年5月10日，第三次时间在2006年1月12日—2006年2月25日。2006年后断断续续也有一些补充调查。对东村及小村居民的访谈都有录音和文字整理，对市、区、镇［街道］干部的访问只有文字整理，没有录音，前后共整理文字资料逾50万字。

部分访谈对象名录：

丁佩昌：男，1917年生。访谈时间：050417。

丁权布：男，1921年生，1941年入党。访谈时间：040503，050327，050414，050417，060204，060216。

丁权芹：男，1922年生。1942年入党，1945年开始任民兵连长，是集体化时期的主要大队干部，1980年退休。访谈时间：040503，050319，050326，050410，050418。

丁高氏：女，1922年生。访谈时间：050504。

丁权民妻：女，1925年生，“大跃进”时期第一食堂负责人之一。访谈时间：050427。

丁少子：男，1925年生。访谈时间：050415。

丁佩农：男，1927年生，“大跃进”时期第一食堂负责人之一。访谈时间：050417，050427。

丁佩杏：男，1928年生，1947—1957年在外当兵，1959年任第三食堂主任。访谈时间：050504。

李宗清：女，1928年生。访谈时间：050320，050504。

丁仕礼：男，1928 年生。访谈时间：050413。

丁权厚：男，1928 年生，1954 年任初级社［西社］会计，1956 年任高级社会计，1958 年调到马庄公社干文书，1959 年回村继续干会计，1965 年被撤掉会计职务。访谈时间：050218［上午］，050218［下午］，050417，050504。

贺淑芳：女，1929 年生。访谈时间：050504。

丁佩银：男，1930 年生。访谈时间：050417。

丁佩池：男，1930 年生。访谈时间：050320。

丁少宁：男，1930 年生。访谈时间：050427，050426，050412。

丁佩共：男，1931 年生。访谈时间：050224，050326。

崔兆兰：女，1932 年生。访谈时间：050427，050426。

丁权平：男，1932 年生，贫农，1956 年开始任第一生产队队长，1966 年后曾任副支书等职务。访谈时间：050414，060205。

丁仕堂：男，1932 年生，贫农，1953—1963 年任团支书，1965 任贫协主席。访谈时间：050225。

丁仕赞：男，1934 年生。访谈时间：050419。

李溪美：女，1935 年生。访谈时间：050430。

安玉玲：女，1935 年生。访谈时间：050507。

陈秀荣：女，1935 年生。访谈时间：050411。

丁佩石：男，1936 年生。访谈时间：050411。

丁祥凤：男，1936 年生，1959 年开始给大队会计丁权厚帮账，1966 年正式干大队会计，1985 年退休。访谈时间：040504，050417，050422，050503。

丁少永：男，1936 年生。访谈时间：050210。

赵玉：男，1936 年生。访谈时间：050415，050422，050427，060203。

万桂枝［三奶奶］：女，1936 年生。访谈时间：050415。

丁权桥：男，1937 年生。访谈时间：050430。

郭云香：女，1939 年生。访谈时间：050326。

张传兰：女，1939 年生。访谈时间：050415，050422，050427，060203。

丁仕赞妻：女，1939 年生。访谈时间：050419。

丁祥因：男，1943 年生。访谈时间：050423。

丁佩源：男，1944 年生，从 1983 年开始在村里帮账，1985 年正式干大队会计职务，2003 年退休。访谈时间：040430，050218，050423，050507，050818［来信回复问题］。

袁正云：女，1944 年生。访谈时间：050503。

崔兆云：女，1945 年生。访谈时间：050414。

丁相玉：男，1945 年生。访谈时间：050327，060211。

李爱花：女，1946 年生。访谈时间：050417。

赵世分：女，1948 年生。访谈时间：050420。

丁相随：男，1949 年生，20 世纪 90 年代曾任村计划生育委员。访谈时间：050412。

辛崇兰：女，1951 年生。访谈时间：050423。

丁少军：男，1951 年生，1986—1989 年、1991—2004 年任东村党支部书记。访谈时间：060204，060209。

丁佩义：男，1951 年生。访谈时间：050206。

丁少年：男，1952 年生。访谈时间：050423。

丁相申：男，1952 年生。访谈时间：050320。

丁少平：男，1953 年生。访谈时间：050319。

丁华安：男，1953 年生。访谈时间：050420。

丁佩锋：男，1953 年生。访谈时间：050422。

王云平：女，1954 年生。访谈时间：050412。

孙秀英：女，1955 年生。访谈时间：050319。

高曰梅：女，1956 年生。访谈时间：050423。

丁佩永：男，1960 年生，公办教师。访谈时间：050422。

尹桂英：女，1963 年生。访谈时间：050326。

丁佩月：男，1963 年生。访谈时间：050420。

丁相红：男，1965 年生。访谈时间：050326，050417，050504。

丁仕光妻：女，1968 年生。访谈时间：050411。

丁仕伯妻：女，1970 年生。访谈时间：050410。

丁斌妻：女，1970 年生。访谈时间：050502。

丁成依妻：女，1971 年生。访谈时间：050428。

杨秀琴：男，1971 年生。访谈时间：050216。

丁斌：男，1972 年生。访谈时间：050202。

丁新锋：男，1972 年生。访谈时间：050210。

丁仕伯：男，1972 年生。访谈时间：050410。

丁文合：男，1977 年生，H 镇政府公务员。访谈时间：050423。

丁仕江：男，1977 年生。访谈时间：050206。

对市、区、镇［街道］计生干部的访问：

荆建迎：日照市计划生育委员会主任。

刘安一：日照市东港区计划生育局局长。

孔令华：日照市计划生育委员会统计科科长。

李新培：日照市岚山区后村镇计生委副主任。

陈秀峰：日照街道办事处科员。

郑文合：岚山区黄墩镇政府公务员。

附录五　东村历年户数与人口

表 1　　　　东村历年户数与人口

年份	总户数（户）	总人口（人）	户均人口（人）	备注
1949	250	1326	5.30	从 1958 年“大跃进”开始后，现在的三合村被并入东村，所以当年户数与人口有极大增长。1961 年三合村又脱离出东村，所以当年户数与人口又迅速下降。
1955	132	589	4.46	
1956	129	594	4.6	
1957	132	581	4.40	
1958	170	749	4.41	
1959	171	796	4.65	
1960	171	788	4.61	
1961	139	600	4.32	
1962	138	620	4.49	
1963	140	646	4.61	
1965	135	630	4.67	
1966	136	639	4.70	
1967	134	647	4.83	
1968	134	655	4.89	
1969	140	678	4.84	
1970	145	712	4.91	
1971	147	736	5.01	
1972	151	744	4.93	
1973	156	749	4.80	
1974		765		
1975	163	790	4.85	
1976	169	797	4.72	
1977	170	790	4.65	
1978	170	754	4.44	

续表

年份	总户数（户）	总人口（人）	户均人口（人）	备注
1979	171	755	4.42	
1980	175	792	4.53	
1981	170	739	4.35	
1982	180	746	4.14	
1983	182	750	4.12	
1984	186	757	4.07	
1985	192	729	3.80	
1986	195	735	3.77	
1987	204	739	3.62	
1988	220	733	3.33	
1990	224	752	3.36	
1991	230	766	3.33	
1992	232	764	3.29	
1993	232	779	3.36	
1994	235	784	3.34	
1995	235	770	3.28	
1996	236	761	3.22	
1997	238	730	3.07	
1998	241	733	3.04	
1999	243	733	3.02	
2000	247	718	2.91	
2001	247	718	2.91	
2002	248	725	2.92	
2003	251	730	2.91	
2004	251	730	2.91	

表注：郑卫东根据东村文书档案历年人口数据整理。

附录六　集体化时期东村大队部分统计资料汇总表

表 1　　1964 年 1 月东村生产大队基本情况底账

项目			1957	1958	1959	1960	1961	1962	1963
户数（户）	合计		132	170	171	171	139	138	140
	入社户数		126	170	171	171	139	138	140
	其中	农业户	120	170	171	171	139	138	140
		渔业户							
		盐业户							
	个体农民		3						
人口（人）	合计		581	749	796	788	600	620	646
	入社人口		575	749	796	788	600	620	646
	其中	男	277	385	411	399	309	307	336
		女	298	364	385	389	291	313	310
	在入社人口中	农业人口	575	749	796	788	600	620	646
		渔业人口	-						
		盐业人口							
	个体农民人口		6						
耕地面积（亩）	合计		1207	1404	1421	1460	949	1061	1080
	集体经营		1182	1404	1372	1381	891	990	1017
	社员自营（包括开荒地）		12		49	79	58	71	63
	个体农民		13						

续表

项目		年份	1957	1958	1959	1960	1961	1962	1963
劳动力（人）	入社的劳动力		230	300	318	315	240	248	257
	其中	男	161	210	223	220	168	174	181
		女	69	90	95	95	72	74	76
	社内劳力使用情况	农业	198	248	275	282	223	231	351
		林牧渔业	2	5	5	2	3	3	
		副业	5	10	6	6	6	6	3
		基建（水利）	20	30	25	20	5	5	
		其他	5	7	7	5	3	3	3
	个体农民劳力								

数据来源：《马庄区东村公社东村大队统计资料档案（1957—1963）》，1964 年 1 月制，东村文书档案 1967 年永久卷 40。

表 2　　1964 年 1 月东村生产大队耕地面积底账　　（单位：亩）

项目		年份	1957	1958	1969	1960	1961	1962	1963
年初实有耕地			1207	1207	1404	1421	1460	949	106
年内增加耕地	合计			197	17	39		112	19
	当年新开荒					5		10	10
	基建还耕					30		30	5
	其他增加			197	17	4		72	4
年内减少耕地	合计						511		
	水利占地						11		
	交通占地						10		
	基建用地						20		
	因灾废弃						15		
	其他原因减少						455		
耕地面积市亩	合计		1207	1404	1421	1460	949	1061	1080
	水田		140	150	150	150	140	140	140
	旱田		1067	1254	1271	1310	809	921	940
	其中：水浇地		140	150	150	150	140	140	140
	在合计中	集体经营的	1182	1404	1372	1381	891	990	1017
		社员经营的	12		49	79	58	71	63
		其中：自留地	12		49	79	58	71	63
		个体农民	13						

数据来源：《马庄区东村公社东村大队统计资料档案（1957—1963）》，1964 年 1 月制，东村文书档案 1967 年永久卷 40。

表 3　　1964 年 1 月东村生产大队农作物实际种植面积和产量底账

（单位：亩、斤）

项目			1957	1958	1959	1960	1961	1962	1963
全年总播种面积			1742	1971	1492	1673	1317	1136	1562
粮食作物	粮田面积		971	1094	1115	1220	753	932	1288
	耕种单产		295	362	357	248	339	274	188
	播种面积		1526	1689	1443	1535	1199	1416	965
	收获面积		1526	1689	1443	1535	1199	1416	965
	播种单产		190	235	275	198	213	209	267
	总产量		286882	396708	397100	302401	255725	254935	241790
夏收粮食	播种面积		555	595	328	611	446	484	383
	收获面积		555	595	328	611	446	484	383
	播种单产		106	106	193	112	79	84	95
	总产量		58807	63216	63216	68474	34374	40796	36420
	其中小麦	播种面积	358	421	210	389	234	252	265
		收获面积	358	421	210	389	234	252	265
		播种单产	103	111	221	108	86	89	92
		总产量	36730	46498	46498	41783	20159	22561	24333
秋收粮食	播种面积		971	1094	1115	924	753	932	905
	收获面积		971	1094	1115	924	753	932	905
	播种单产		234	305	300	282	302	230	227
	总产量		228075	333492	333884	260618	220351	214143	205370
	稻子	播种面积	108	118	123	86	87	63	87
		收获面积	108	118	123	86	87	63	87
		播种单产	135	145	139	115	181	209	159
		总产量	14571	17128	17128	13373	15813	13159	13164
	玉米	播种面积	38	30	43	79	7	18	23
		收获面积	38	30	43	79	7	18	23
		播种单产	151	436	304	68	185	131	188
		总产量	5736	13075	13075	5453	1297	2351	4342

续表

项目		年份	1957	1958	1959	1960	1961	1962	1963
秋收粮食	高粱	播种面积	64	50	74	67	36	60	63
		收获面积	64	50	74	67	36	60	63
		播种单产	97	328	222	76	156	66	78
		总产量	6199	16422	16422	5075	5629	3930	4934
	谷子	播种面积	68	41	68	36	22	30	40
		收获面积	68	41	68	36	22	30	40
		播种单产	91	283	171	113	125	63	55
		总产量	6169	11601	11602	4076	2744	1882	2186
	穇子	播种面积	68	50	44	19	50	80	111
		收获面积	68	50	44	19	50	80	111
		播种单产	137	174	198	89	198	190	160
		总产量	9296	8709	8709	6694	9877	15221	17754
	其他什粮	播种面积	37	42	49	27	21	71	33
		收获面积	37	42	49	27	21	71	33
		播种单产	153	131	120	80	134	140	104
		总产量	5654	5488	5879	2156	2823	1037	3429
	红薯	播种面积	503	652	479	477	458	550	498
		收获面积	503	652	479	477	458	550	498
		播种单产	299	360	470	350	370	300	293
		总产量	150192	234734	234734	176144	169494	165312	145968
	大豆	播种面积	85	111	235	133	72	60	54
		收获面积	85	111	235	133	72	60	54
		播种单产	356	237	112	134	176	187	252
		总产量	30258	26335	26335	17798	12672	11251	13593
经济作物	播种面积合计		173	216	176	18	126	149	198
	棉花	播种面积							
		收获面积							
		单产皮棉							
		总产皮棉							

续表

项目 \ 年份			1957	1958	1959	1960	1961	1962	1963
经济作物	花生	播种面积	173	213	176	18	124	140	197
		收获面积	173	213	176	18	124	140	197
		单产（米）	100	80	137	122	83	122	95
		总产（米）	17217	16916	24128	2206	10262	17197	18772
	芝麻	播种面积							
		单产							
		总产							
	麻类	播种面积		3			2	9	1
		单产		3			95	17	100
		总产		350			189	150	100
	土烟面积								
	药材面积								
其他	合计面积		43	66	109	120	69	55	
	蔬菜面积		43	60	109	120	68	49	70
	瓜类面积			6				6	6

数据来源：《马庄区东村公社东村大队统计资料档案（1957—1963）》，1964 年 1 月制，东村文书档案 1967 年永久卷 40。

表 4　1964 年 1 月东村生产大队集体粮食、油料收益分配底账（单位：斤、人）

项目 \ 年份			1957	1958	1959	1960	1961	1962	1963
粮食	粮食总收入		284725	397097	397100	335816	255725	238760	223940
	交征购		39525	90000	90000	70073	43832	48929	15041
	扣种子		18482	42853	42854	40003	10856	20340	24156
	扣饲料	合计		7000	7000	5000			422
		牲畜饲料		3000	3000	2000			422
		猪饲料		4000	4000	3000			
	扣储备、机动粮		18149	30222	3000	90682	7855	2588	3088

续表

项目		年份	1957	1958	1959	1960	1961	1962	1963
	社员口粮	数量	208569	227022	254764	130058	193182	166903	181233
		参加分配人口	575	749	796	788	600	620	646
		人均口粮	363	303	320	165	322	269	281
花生（米）	花生（米）总收入		17157	16916	24125	2206	10262	16336	18772
	交征购		8400	11001	19128		3763	7633	8555
	扣种子		3500	5200	5000	2206	3500	2215	2706
	社员	数量	5257				2999	6458	7511
	油料	分配人口	575	715			600	620	646
		人均油料	9						
附记资料	社员自营地粮食收入人均					15	20	30	27
	社员自营收入花生人均数								
	个体农民收入粮食		2160						
	人均口粮		360						
	个体农民人均花生米数		60						

数据来源：《马庄区东村公社东村大队统计资料档案（1957—1963）》，1964 年 1 月制，东村文书档案 1967 年永久卷 40。

参考文献

一　档案、史料、方志、年鉴

日照县委档案

新中国成立前日照县委档案，永久：59 卷（1947 年），103 卷（1949 年）。

日照县委档案，永久：282 卷（1958 年），295 卷（1958 年），395 卷（1961 年）。

H 镇档案

H 镇档案，永久：34 卷（1966 年），66 卷（1973 年）。

H 镇档案，长期：40 卷（1971 年）。

东村文书档案

东村文书档案，永久：1962 年卷 2；1965 年卷 2，卷 3，卷 4，1968 年卷 1；1967 年卷 2；1966 年卷 3；1967 年卷 4，卷 18，卷 40。

东村文书档案，长期：卷 5，卷 6，卷 7，卷 8，卷 9，卷 11。

东村文书档案，短期：卷 6。

东村永久文书档案中历年《现金日记账》《实物日记账》与历年《年报》。

史料、方志、年鉴

丁佩银编：《曙光小学校史》（征求意见稿），1999 年。

莒县地方史志编纂委员会编：《莒县志》，中华书局 1999 年版。

两狼山人：《土匪朱信斋》（未刊稿）。

平阴县地方史志编纂委员会编:《平阴县志》,济南出版社 1991 年版。
日照市地方史志编纂委员会编:《日照市志》,齐鲁书社 1994 年版。
日照市计划生育志编纂小组:《日照市计划生育志》(内部资料),1985 年。
山东省人民政府农林厅编印:《山东省农业生产调查统计资料》,1950 年。
《山东省日照市国民经济及社会统计资料》(内部资料),1989 年。
田文阁:《血雨腥风“四七年”》(未刊稿)。
《辛兴村村志文稿》(1996 年)。
中共日照县委党史资料征集小组办公室:《山东省日照县中共党史大事记(1921—1949)》(讨论稿),1983 年。

二 报纸、杂志、网络文章

曹学恩:《20 世纪三十年代国民党的团结统一运动》,《陕西师范大学学报》(哲学生活科学版)2005 年第 2 期。
顾宝昌:《论生育与生育转变:数量、时间与性别》,《人口研究》1992 年第 6 期。
黄宗智:《中国革命中的农村阶级斗争——从土改到文革时期的表述性现实与客观性现实》,《国外社会科学》1998 年第 4—5 期。
《莒地红魂之鲁东南特委抗战初期的斗争》,2012 年 11 月 30 日,莒县党务公开网(http://www.jzw.gov.cn/dwgk/bencandy.php?fid=147&id=16425)。
《抗战初期日照的武装斗争——郑子久》(http://sdabc6774.blog.163.com/blog/static/535733 020117175584962/)。
吕昭河:《试论农村集体化经济对我国农村传统生育文化的影响》,《思想战线》1993 年第 4 期。
穆光宗:《生育现代化的几个问题——顾宝昌文章的补遗》,《人口研究》1993 年第 2 期。
山东省情网·大事记(http://www.infobase.gov.cn/today/today/200707/article_13423.html)。
项辉、周俊麟:《乡村精英格局的历史演变及现状——“土地制度—国家控制力”因素之分析》,《中共浙江省委党校学报》2001 年第 5 期。

翟振武：《中国农村人口增长的经济机制（1949—1979）》，《人口研究》1991 年第 4 期。
张宝根、张兆龄：《山东抗日根据地缉私述论》，《湘潭大学学报》（哲学社会科学版）2007 年第 2 期。
张江华：《工分制下的劳动激励与集体行动的效率》，《社会学研究》2007 年第 5 期。
张佩国：《山东“老区”土地改革与农民日常生活》，《二十一世纪》2003 年第 4 期。
张志刚：《人口增长与经济运行——1949—1979 年中国农村人口经济关系研究》，《人口研究》1988 年第 6 期。
郑卫东：《论小传统生育文化》，《人口学刊》（台湾）2007 年总第 35 期。
朱玉湘：《解放战争时期山东解放区的土地改革》，《文史哲》1990 年第 2 期。
常建华：《清代溺婴问题新探》，载李中清等编《婚姻家庭与人口行为》，北京大学出版社 1999 年版。

三　论著、学位论文

从翰香：《近代冀鲁豫乡村》，中国社会科学出版社 1995 年版。
［美］杜赞奇：《文化、权力与国家——1900—1942 年的华北农村》，王福明译，江苏人民出版社 1994 年版。
费孝通：《中国绅士》，中国社会科学出版社 2006 年版。
［美］弗里曼等：《中国乡村，社会主义国家》，陶鹤山译，社会科学文献出版社 2002 年版。
韩丁：《翻身——中国一个村庄的革命纪实》，北京出版社 1980 年版。
何高潮：《地主、农民、共产党》，牛津大学出版社 1997 年版。
黄树民：《林村的故事》，素兰、纳日碧力戈译，生活·读书·新知三联书店 2002 年版。
胡绳主编：《中国共产党的七十年》，中共党史出版社 1991 年版。
黄宗智：《华北的小农经济与社会变迁》，中华书局 2000 年版。
李建欣：《1947 年日照县土改复查严重“过火”现象及其由来》，硕士学位论文，华东师范大学，2009 年。
李康：《西村十五年：从革命走向革命——1938—1952》，博士学位论文，北京大学，1999 年。
罗平汉：《土地改革运动史》，福建人民出版社 2005 年版。
孙祚民主编：《山东通史》（下卷），山东人民出版社 1992 年版。
唐致卿：《近代山东农村社会经济研究》，人民出版社 2004 年版。
王铭铭：《村落视野中的文化与权力》，生活·读书·新知三联书店 1997 年版。
杨懋春：《一个中国村庄：山东台头》，江苏人民出版社 2001 年版。
［加］伊莎贝尔·柯鲁克、［加］大卫·柯鲁克：《十里店——中国一个村庄的群众运动》，安强、高建译，北京出版社 1982 年版。
袁永熙主编：《中国人口：总论》，中国财政经济出版社 1991 年版。
［美］詹姆斯·C. 斯科特：《农民的道义经济学——东南亚的反叛与生存》，程立显等译，译林出版社 2001 年版。
张乐天：《告别理想：人民公社研究》，东方出版社 1998 年版。
张学强：《乡村变迁与农民记忆——山东老区莒南县土地改革研究》，社会科学文献出版社 2006 年版。
张仲礼：《中国绅士——关于其在 19 世纪中国社会中作用的研究》，上海社会科学院出版社 1991 年版。
郑卫东：《村落社会变迁与生育文化：山东东村调查》，上海人民出版社 2007 年版。
中共山东省委党史研究室编：《解放战争时期山东的土地改革》，山东人民出版社 1993 年版。
钟霞：《集体化与东邵疃村经济社会变迁》，合肥工业大学出版社 2007 年版。
朱德新：《20 世纪三四十年代河南冀东保甲制度研究》，中国社会科学出版社 1994 年版。

四　外文文献

John C. Caldwell, *Theory of Fertility Decline*, New York: Academic Press, 1982.
Gary S. Becker, An Economic Analysis of Fertility. In National Bureau of E-

conomic Research (ed.), *Demographic and Economic Change in Developed Countries*, Princeton: Princeton University Press, 1960.

R. A. Easterlin, "An Economic Framework For Fertility Analysi." *Studies in Family*, *Planning*, Vol. 6, 1975.

Freedman R., "Theories of Fertility Decline: A Reappraisal", *Social Forces*, 1979.

Harvey. Leibenstein, *Economic Backwardness and Economic Growth*, New York: John Wiley & Sons, 1957.